독자의 **1초**를 아껴주는 정성!

—

세상이 아무리 바쁘게 돌아가더라도

책까지 아무렇게나 빨리 만들 수는 없습니다.

인스턴트 식품 같은 책보다는

오래 익힌 술이나 장맛이 밴 책을 만들고 싶습니다.

길벗이지톡은 독자여러분이 우리를 믿는다고 할 때 가장 행복합니다.

나를 아껴주는 어학도서, 길벗이지톡의 책을 만나보십시오.

독자의 1초를 아껴주는 정성을 만나보십시오.

미리 책을 읽고 따라해본 2만 베타테스터 여러분과 무따기 체험단, 길벗스쿨 엄마 2% 기획단,

시나공 평가단, 토익 배틀, 대학생 기자단까지!

믿을 수 있는 책을 함께 만들어주신 독자 여러분께 감사드립니다.

홈페이지의 '독자마당'에 오시면 책을 함께 만들 수 있습니다.

(주)도서출판 길벗　www.gilbut.co.kr

길벗 이지톡　www.eztok.co.kr

길벗 스쿨　www.gilbutschool.co.kr

	말하기 & 듣기	읽기 & 쓰기	발음 & 단어
첫걸음			
초급		  	
비즈니스	  		

: QR 코드로 음성 자료 듣는 법 :

1

Q QR코드 / 앱

1. QR Droid™ (한국어)
   DroidLa
2. QR BARCODE SCANNER
   WB Development Team
3. QR 바코드 스캐너
   VillaCat
4. QR Code Reader
   Scan, Inc.

스마트 폰에서 'QR 코드 스캔' 애플리케이션을 다운 받아 실행합니다.
[앱스토어나 구글 플레이 스토어에서 'QR 코드'로 검색하세요]

2

강의듣기 03

애플리케이션의 화면과 도서 각 unit 시작 페이지에 있는 QR 코드를 맞춰 스캔합니다.

3

03

We enjoyed the trip.
우리는 그 여행을 즐겼다.

▶ 음성 강의 듣기
▶ 워크북 MP3 듣기

스캔이 되면 '음성 강의 듣기', '워크북 mp3 듣기' 선택 화면이 뜹니다.

4

We enjoyed the trip.
우리는 그 여행을 즐겼다.

▶ 음성 강의 듣기
▶ 워크북 MP3 듣기

원하는 음성 자료를 터치해서 학습을 시작합니다.

: 길벗이지톡 홈페이지에서 자료 받는 법 :

1

길벗이지톡 홈페이지(www.eztok.co.kr) 검색창에서 《영작문 무작정 따라하기》를 검색합니다.
[자료에 따라 로그인이 필요할 수 있습니다]

2

검색 후 나오는 화면에서 해당 도서를 클릭합니다.

3

영작문 무작정 따라하기

해당 도서 페이지에서 '부록/학습자료'를 클릭합니다.

4

다운로드 아이콘을 클릭해 자료를 받습니다.

학　습　스　케　줄

〈영작문 무작정 따라하기〉는 어학 초보자가 하루에 30분을 집중하여 공부하는 것을 기준으로 구성했습니다. 50개 유닛을 하루에 하나씩 공부하면 알맞습니다. 단번에 모든 것을 이해하고 외운다고 생각하지 말고 처음에는 전체를 보려고 노력하세요. 그리고 복습을 하며 세세한 내용을 챙기면 좋습니다. '스스로 진단'에는 공부하면서 어려웠던 점이나 궁금했던 사항을 적어두세요. 나의 영작 실력 향상을 위해 필요한 부분이 무엇인지 한눈에 확인할 수 있습니다.

영작문
무작정
따라하기

박상준 지음

영작문 무작정 따라하기
The Cakewalk Series – English Writing

초판 1쇄 발행 · 2014년 9월 1일
초판 9쇄 발행 · 2022년 1월 25일

지은이 · 박상준
발행인 · 이종원
발행처 · (주)도서출판 길벗
브랜드 · 길벗이지톡
출판사 등록일 · 1990년 12월 24일
주소 · 서울시 마포구 월드컵로 10길 56(서교동)
대표 전화 · 02)332-0931 | **팩스** · 02)323-0586
홈페이지 · www.gilbut.co.kr | **이메일** · eztok@gilbut.co.kr

기획 및 책임편집 · 임명진(jinny4u@gilbut.co.kr) | **디자인** · 강은경 | **제작** · 이준호, 손일순, 이진혁
마케팅 · 이수미, 장봉석, 최소영 | **영업관리** · 김명자, 심선숙 | **독자지원** · 윤정아, 홍혜진

원고정리 및 편집진행 · 김현정 | **표지 일러스트** · 삼식이 | **본문 일러스트** · 김혜연 | **전산편집** · 엘림
녹음 및 편집 · 와이알미디어 | **CTP 출력 및 인쇄** · 예림인쇄 | **제본** · 예림바인딩

ISBN 978-89-6047-885-5 (03740) (길벗 도서번호 300744)

정가 13,000원

독자의 1초까지 아껴주는 정성 길벗출판사
(주)도서출판 길벗 | IT실용서, IT/일반 수험서, IT전문서, 경제경영서, 취미실용서, 건강실용서, 자녀교육서
더퀘스트 | 인문교양서, 비즈니스서
길벗이지톡 | 어학단행본, 어학수험서
길벗스쿨 | 국어학습서, 수학학습서, 유아학습서, 어학학습서, 어린이교양서, 교과서

페이스북 · www.facebook.com/gilbuteztok
네이버 포스트 · http://post.naver.com/gilbuteztok
유튜브 · https://www.youtube.com/gilbuteztok

이유라 | 25세, 대학생

영어 라이팅은 물론 스피킹까지!

우리말과 영어의 차이점을 비교해주고, 영어식 사고를 할 수 있도록 아낌없이 조언해 줍니다. 책에서 하라는 대로 차근차근 따라하다 보면 어느 순간 쓱쓱 영어 문장을 완성하게 됩니다. 영작을 하면서 어느 순간 '와, 이제 이 말을 영어로 말할 수 있겠다!'는 확신이 들더군요. 영어 라이팅은 물론이고 스피킹을 시작하는 책으로도 손색이 없네요. 역시 무따기입니다!

박현호 | 24세, 대학생

영작 입문자를 위한 최고의 영작문 내비게이션!

『영작문 무작정 따라하기』라는 제목처럼 영작을 처음 접하는 사람들이 쉽게 따라갈 수 있도록 구성돼 있어요. 문장의 구성 요소를 다루는 기본부터 고급 영작까지 작문의 전 단계를 아우르는 교재입니다. 배운 내용을 실생활에 적용하는 실용 영작 연습도 할 수 있어서 활용성이 높습니다. 배움에 끝은 없지만 현재 공부하는 것의 목적은 있을 겁니다. 이 책은 여러분이 목적지까지 정확하고 빠르게 도착하도록 안내할 최고의 내비게이션입니다.

윤혜경 | 29세, 직장인

SNS! 이메일! 토플 라이팅까지! 영작 고민 해결~

영작 연습코너가 이메일, SNS, 토플 라이팅의 포맷으로 디자인되어 있어 마치 그 상황에서 쓰는 것처럼 몰입이 되네요! 쉽고 간단한 표현을 활용해 생활 속에서 바로 써먹을 수 있는 영작 노하우를 배울 수 있어 좋았습니다. 영문 이메일을 쓸 일이 많은데 단어만 살짝 바꿔서 활용하면 되는 문장들이 많아서 요긴합니다. 짧은 시간 집중해서 학습할 수 있도록 짜임새 있게 잘 만들어진 책 같아요. 이 책 덕분에 오랜 영작 고민이 해결되었답니다!

김하련 | 30세, 대학원생

초보자에 대한 배려 돋는 최고의 영작 입문서!

차례에서부터 영어 초보자에 대한 배려가 묻어납니다. 영어의 기본 구조부터 주어-동사의 수일치, 시제, 전치사 등 영작하면서 실수하기 쉬운 부분들이 세심하게 정리되어 있어요. 카톡 대화, 이메일, 토플 라이팅, 일기 등 일상생활과 연관된 영어 글쓰기와 '오, 제길! 우린 묻지도 않았다고!'와 같이 다른 책에서는 보지 못했던 실생활 예문이 가득해서 정말 유용하고 재미있습니다. 영작 공부하려는 분들은 꼭 이 책으로 시작하세요!

베타테스터에 참여해주신 모든 분께 감사드립니다.
이 책을 만드는 동안 베타테스터 활동을 해주시고 아낌없는 조언과 소중한 의견을 주셨던
이유라 님, 박현호 님, 윤혜경 님, 김하련 님, 김정심 님께 감사드립니다.

50가지 비법 공식으로 영작의 달인 되기
SNS 영작부터 비즈니스 이메일,
라이팅 시험까지 완전 정복!

우리에게 영작이 여전히 어려운 이유

시중에는 재미있고 유용한 영어 표현을 익히게 해주는 회화책이 많습니다. 그런데 그런 책을 열심히 공부해서 많은 영어 표현을 익혔는데도 막상 작문을 하려고 하면 아주 간단한 문장조차도 잘 만들어지지 않습니다. 그 이유가 무엇일까요? 그것은 기본적인 문장 구조에 익숙하지 않기 때문입니다.

예를 들어 회화책에서 Get out of here.(여기서 나가.)라는 말이 No kidding.(농담하지 마.)이라는 의미로도 쓰인다는 것을 배웠다고 하더라도 '지금 비가 온다면, 나는 여기 있지 않을 것이다.(If it rained now, I would not be here.)' 혹은 '앞으로는 너한테 절대 밥 안 사줄래. 정말이야!(I'll never buy lunch for you. I'm not kidding!)'라는 문장은 만들지 못하는 분들이 많습니다. **단어나 단편적인 표현의 의미는 대충 알더라도 이를 문장으로 어떻게 엮어야 할지, 문장의 기본 구조를 모르는 거죠.**

50가지 영작 공식으로 부담 없이

흔히들 이런 오해를 합니다. 영작은 어느 정도 기초가 있는 사람만 가능한 것이라고. 일단 영어로 말하는 게 시급하니 영작은 그 이후에 시작해도 된다고 말입니다. 하지만 영어회화와 영작이 그렇게 다른 분야일까요? 그렇지 않습니다. 입으로 뱉느냐 글로 옮기냐의 차이일 뿐입니다. 그리고 영어 문장을 완성하는 규칙은 우리가 생각하는 것처럼 복잡하고 어렵지도 않습니다. 저는 이것을 50가지 영작 공식으로 정리했습니다.

이 공식만 알고 있으면 여러분이 일상에서 영어를 사용할 때, 비즈니스 영작을 할 때는 물론 영어 라이팅 시험을 보는 데에도 어려움이 없을 것입니다.

내공 제로에서 시작하는 초고속 영작 터득법

주어-동사 위치도 헷갈리고 '관계대명사', '부정사'라는 말만 들어도 골치가 아픈 분들도 걱정 마세요. 현장에서 15년 넘게 영작을 가르쳐온 전문 강사로서, **우리나라 학습자들이 영작을 할 때 가장 헷갈려하고 어려워하는 사항을 선별하여 기초부터 차근차근 꼼꼼하게 설명해 드릴 테니까요.**

이 책을 통해 여러분은 평소 영작을 하면서 애매했던 부분에 관한 명쾌한 해답을 얻게 될 것이며, 문법책만 봐서는 왜 문장이 안 써질까 했던 의문점이 풀리게 될 겁니다. 책 제목처럼 부담은 잠시 내려놓으시고 무작정 따라해 주세요.

생활 밀착형 예문으로 영작의 재미에 흠뻑 빠져들다

시중에 나온 영어 학습법 책들을 보면 이구동성으로 하는 말이 있습니다. 영어에 재미를 들이고 꾸준히 조금씩이라도 공부하라는 말. 공부하라고 해놓고선 그런 이야기를 재미없는 방식으로 설명을 해놓으면 안 되겠지요. **"나는 달린다", "그는 학생이다" 같이 일상에서 평생 쓸 일 없는 예문 대신 "어제 온종일 연락이 안 되던데 어디 갔었어?(I couldn't reach you all day yesterday. Where were you?)", "나한테 그 첨부파일 좀 보내줘. 내 컴퓨터에서 도저히 못 찾겠어.(Please send the attached to me. I just can't find it on my computer.)"와 같이 생활 밀착형 예문을 담았습니다.** 온라인에서 만난 외국인 친구에게 보내는 SNS 메시지, 해외 바이어에게 보내는 이메일 등 모두 우리의 생활 속에서 필요한 영어 글쓰기입니다. 영작을 어렵게만 생각했던 사람이라도 이 책을 통해 영작의 재미에 흠뻑 빠지게 될 겁니다.

그럼 지금부터 영작의 달인이 되는 길을 향하여 힘차게 출발해 볼까요?

Better late than never!
늦어도 안 하는 것보단 낫다.

2014년 화창한 봄날
박상준

시리즈 활용법

500만 명의 독자가 선택한 〈무작정 따라하기〉 시리즈는 모든 원고를 독자의 눈에 맞춰 자세하고 친절한 해설로 풀어냈습니다. 또한 저자 음성강의, mp3 파일 무료 다운로드, '무작정 따라하기' 애플리케이션, 길벗 독자 지원팀 운영 등 더 편하고 쉽게 공부할 수 있도록 아낌없는 서비스를 제공합니다.

1 음성강의

모든 과에 저자 음성강의를 넣었습니다. QR코드를 스캔해 핵심 내용을 먼저 들어보세요.

2 본 책

쉽고 편하게 배울 수 있도록 단계별로 구성했으며 자세하고 친절한 설명으로 풀어냈습니다.

3 무료 mp3

홈페이지에서 mp3 파일(훈련용 소책자)을 무료로 다운 받을 수 있습니다. 듣고 따라하다 보면 영작은 물론 영어 말하기 실력도 향상됩니다.

4 소책자

출퇴근 시간에 지하철이나 버스에서 편하게 공부할 수 있도록 훈련용 소책자(말하기 영작 워크북)를 준비했습니다.

5 애플리케이션

〈무작정 따라하기〉 시리즈의 모든 자료를 담았습니다. 어디서나 쉽게 저자 음성강의와 예문, 텍스트 파일까지 볼 수 있어요. (추후 서비스 예정)

6 홈페이지

공부를 하다 궁금한 점이 생기면 언제든지 홈페이지에 질문을 올리세요. 저자와 길벗 독자 지원 팀이 신속하게 답변해 드립니다.

7 동영상 강의

효과적인 학습을 돕는 동영상 강의도 준비했습니다. 혼자서 공부하기 힘들면 동영상 강의를 이용해 보세요. (유료 서비스)

일단 책을 펼치긴 했는데 어떻게 공부를 시작해야 할지 막막하다고요? 그래서 준비했습니다. 무료로 들을 수 있는 저자의 친절한 강의와 베테랑 원어민 성우가 녹음한 예문 mp3 파일이 있으면 혼자 공부해도 어렵지 않습니다.

음성강의 활용법

모든 과에 저자의 음성강의를 담았습니다. 본격적인 학습에 들어가기 전에 강의를 먼저 들으며 배울 내용을 워밍업하고 어떻게 공부해야 하는지 조언도 들어보세요.

❶ QR코드로 확인하기

스마트폰에서 QR코드 스캐너 어플을 설치한 후, 각 과 상단의 QR코드를 스캔해 주세요. 저자의 음성강의를 바로 들을 수 있습니다.

❷ 홈페이지에서 다운로드 받기

음성강의를 항상 가지고 다니며 듣고 싶다면 홈페이지에서 파일을 다운로드 받으세요. 이지톡 홈페이지(www.eztok.co.kr)에 접속한 후, 자료실에 '영작문 무작정 따라하기'를 검색하면 음성강의를 다운로드 받을 수 있습니다.

예문 mp3 파일 활용법

훈련용 소책자(말하기 영작 워크북)에 수록된 모든 문장을 네이티브의 음성으로 녹음했습니다. 글로 써봤던 표현들을 이제 입으로 한번 말해 보세요. 눈으로만 공부하지 말고 귀로 듣고 입으로 따라해야 학습 효과가 배가됩니다. 영어 문장을 들으며 큰 소리로 따라해 보세요. 예문 mp3 파일은 각 과 상단의 QR코드를 스캔하거나 길벗 이지톡 홈페이지(www.eztok.co.kr)에서 무료로 다운로드 받으세요.

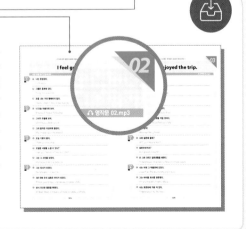

전체 마당

- 영작문 **기초**(문장의 기본 구조와 동사 익히기) → **확장**(영작 단골 실수와 영작의 복병 관사 정복하기) → **완성**(관용표현 및 고급영작 정리하기)의 3개 마당으로 나뉘어 있습니다.

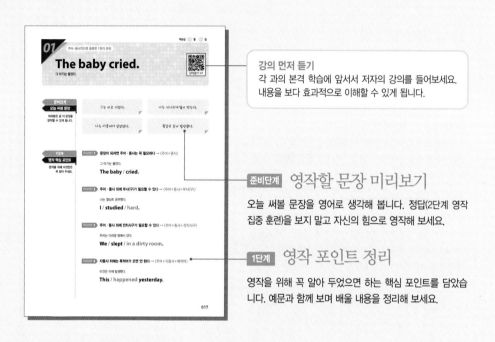

강의 먼저 듣기
각 과의 본격 학습에 앞서서 저자의 강의를 들어보세요.
내용을 보다 효과적으로 이해할 수 있게 됩니다.

준비단계 영작할 문장 미리보기
오늘 써볼 문장을 영어로 생각해 봅니다. 정답(2단계 영작
집중 훈련)을 보지 말고 자신의 힘으로 영작해 보세요.

1단계 영작 포인트 정리
영작을 위해 꼭 알아 두었으면 하는 핵심 포인트를 담았습니다. 예문과 함께 보며 배울 내용을 정리해 보세요.

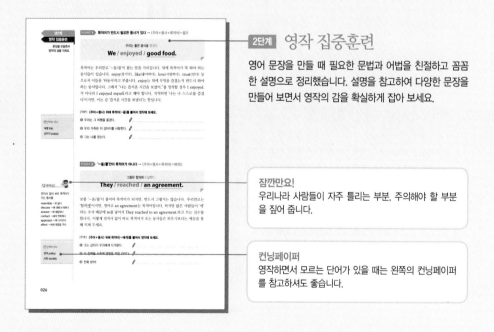

2단계 영작 집중훈련
영어 문장을 만들 때 필요한 문법과 어법을 친절하고 꼼꼼한 설명으로 정리했습니다. 설명을 참고하여 다양한 문장을 만들어 보면서 영작의 감을 확실하게 잡아 보세요.

잠깐만요!
우리나라 사람들이 자주 틀리는 부분, 주의해야 할 부분을 짚어 줍니다.

컨닝페이퍼
영작하면서 모르는 단어가 있을 때는 왼쪽의 컨닝페이퍼를 참고하셔도 좋습니다.

각 과는 총 **50가지 영작 공식**을 중심으로 정리되어 있습니다. 〈**영작 포인트 정리 → 영작 집중훈련 → 도전! 실전 영작**〉의 체계적인 3단계 구성과 자세하고 친절한 설명으로 여러분의 영작 자신감을 확실하게 찾아드립니다!

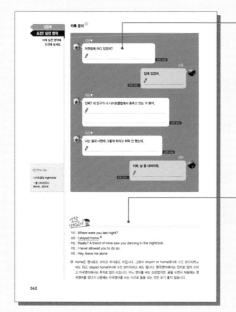

3단계 도전! 실전 영작

문자대화, SNS, 이메일, 토플 라이팅 등 생활 속에서 자주 접하게 되는 영작 상황과 생생한 표현들이 가득합니다. 앞에서 배운 영작 공식과 포인트를 잘 활용하여 실전 영작에 도전해 보세요!

영작 가정교사
일대일 과외를 하듯 친절한 설명으로 헷갈리기 쉬운 사항, 중요한 내용들을 하나하나 짚어 드립니다. 영작할 때 자주 틀리는 부분이니 꼭 읽고 지나가세요.

훈련용 소책자

바쁜 직장인과 학생들이 지하철이나 버스 안에서도 편하게 공부할 수 있도록 훈련용 소책자(말하기 영작 워크북)를 준비했습니다.

본 책에 있는 예문을 활용하여 영어 말하기 훈련을 할 수 있는 책입니다. 글로 써봤던 표현들을 이제 입으로 말해볼 차례입니다. mp3 파일을 들으면서 큰 소리로 훈련하세요. 영작은 물론 영어 말하기 자신감도 키울 수 있습니다!

첫째마당 : 영작문 기초
문장 구조만 알아도 영작의 70%는 해결된다

둘째마당 : **영작문 확장**
내 영어를 망치는 영작 실수를 예방하라

셋째마디 ● **영작 단골실수 퇴치하기**

셋째마당 : 영작문 완성

영작에 날개를 달아주는 15가지 어법을 잡아라

여섯째마디 ● **문장 수준을 높이는 고급 영작 따라잡기**

문장 구조만 알아도 영작의 70%는 해결된다

첫째마디 · 문장이 써지는 기본 구조 익히기
둘째마디 · 문장력을 키우는 동사 주무르기

첫째마당에서는 영작문을 시작하기 전에 꼭 알아야 하는 영어의 가장 기본적인 문장 구조와 영작의
기틀을 제대로 다져주는 동사 부분을 정리했습니다. 우리말과 영어의 차이를 이해하고 영작에 필요한
영어식 사고의 기초를 완성하세요.

문장이 써지는
기본 구조 익히기

영어 문장 만들기의 기본은 주어와 동사를 잡는 것입니다. 우리나라 사람들에게 강아지가 있는 사진을 보여주고 설명하라고 하면 "방 안에 개가 있어요.(There is a dog in a room.)"라고 표현합니다. 반면 미국인들은 **A puppy is waiting for his master.**(강아지가 주인을 기다리고 있어요.)라고 표현하죠. 이처럼 우리말은 상태나 주변 상황에 중점을 두는 데 비해, 영어는 행동의 주체를 주어로 잡고 문장을 시작하는 경우가 많습니다. 그래서 한국인들은 영어를 쓸 때 상태·상황을 표현하는 **There is/are...** 구문을 많이 사용합니다. 이 구문이 틀린 것은 아니지만, 원어민들은 우리만큼 그런 형태를 많이 사용하지는 않습니다. 영어식 사고를 갖추기 위해서는 상황을 설명하는 패턴에 의지하기보다는 주어와 동사부터 제대로 잡아야 합니다.

01
주어-동사만으로 충분한 1형식 문장

The baby cried.

그 아기는 울었다.

강의듣기 01

그는 미소 지었다.

나는 지나치게 많이 먹는다.

나는 서울에서 살았었다.

똑같은 일이 발생했다.

1단계
영작 핵심 포인트

영작을 위해 이것만은
꼭 알아 두세요.

POINT 1 문장이 되려면 주어 · 동사는 꼭 필요하다 → 〈주어+동사〉

그 아기는 울었다.

The baby / cried.

POINT 2 주어 · 동사 외에 부사(구)가 필요할 수 있다 → 〈주어+동사+부사(구)〉

나는 열심히 공부했다.

I / studied / hard.

POINT 3 주어 · 동사 외에 전치사구가 필요할 수 있다 → 〈주어+동사+전치사구〉

우리는 더러운 방에서 잤다.

We / slept / in a dirty room.

POINT 4 자동사 뒤에는 목적어가 오면 안 된다 → 〈주어+자동사+목적어〉

이것은 어제 발생했다.

This / happened yesterday.

POINT 1 문장이 되려면 주어·동사는 꼭 필요하다 → 〈주어+동사〉

그는 미소 지었다.

He / smiled.

독해를 할 때 주어와 동사만 구분하면 된다는 말을 자주 들었을 겁니다. 영작에 있어서도 이는 동일합니다. "나의 사돈의 팔촌이 부자로 잘 살았다."라는 문장도 크게는 주어와 동사로 구성된 문장입니다. 그런데 우리나라 사람들은 '내가 갈게' 또는 '네가 가라'를 표현할 때 흔히 주어를 생략한 채 '가'라고 말하기 때문에, 영작을 할 때도 주어를 생략하는 실수를 저지르곤 합니다. 명령문이 아니라면 항상 주어와 동사부터 챙기도록 하세요.

{TIP} 주어와 동사부터 챙기면서 영작해 보세요.

❶ 그는 수영한다.

❷ 이 돌이 움직였어.

❸ 나의 늙은 개는 절대 안 짖는다.

POINT 2 주어·동사 외에 부사(구)가 필요할 수 있다 → 〈주어+동사+부사(구)〉

나는 지나치게 많이 먹는다.

I / eat / too much.

I eat.(나는 먹는다.)는 틀린 문장은 아니지만 내용이 부자연스럽습니다. '나는 자주 먹는다', '나는 많이 먹는다'와 같은 추가요소가 들어가야 내용이 완성됩니다. '나는 지나치게 많이 먹는다'고 하려면 I eat 뒤에 too much(너무 많이)라는 부사구를 넣어서 만들면 됩니다. '자주'라는 뜻의 부사로는 often을, '항상'이라는 뜻의 부사로는 always를 씁니다. '거의 ~하지 않다'고 하려면 부사 hardly를 사용합니다.

잠깐만요!

often, always, hardly는 빈도부사로서 보통 일반동사 앞에, be동사 뒤에 위치합니다.

{TIP} 〈주어+동사〉에 부사를 추가해서 영작해 보세요.

❶ 이 고양이는 항상 잔다.

❷ 그 아기는 거의 울지 않는다.

❸ 그는 어제 너무 많이 잤다.

나는 서울에서 살았었다.

I / lived / in Seoul.

I lived.(나는 살았었다.)라는 문장도 어색하기는 마찬가지입니다. 어떻게 살았는지 혹은 어디에서 살았는지 등 내용이 보충되어야 어색하지 않습니다. 장소를 나타낼 때는 here(여기에)나 there(거기에)와 같은 부사를 쓰기도 하지만, in Seoul(서울에서)이나 at the gas station(주유소에서)과 같이 〈전치사+장소〉 형태의 전치사구가 자주 쓰입니다. 이렇게 〈주어+동사〉 뒤에 다양한 전치사구를 붙여서 문장 내용을 보충할 수 있어요.

{TIP} 〈주어+동사〉에 전치사구를 추가해서 영작해 보세요.

❶ 그들은 내 방에서 잤다.

❷ 그의 차가 주유소에서 멈췄다.

❸ 직원들은 3월에 열심히 일했다.

똑같은 일이 발생했다.

The same thing / happened.

eat나 read는 뒤에 목적어가 와도 되고 안 와도 되는 동사입니다. 그래서 I ate nothing yesterday.(나는 어제 아무것도 안 먹었어.)도 가능하고 I did not eat yesterday.(나는 어제 안 먹었어.)도 가능합니다. 하지만 절대 목적어가 못 오는 동사도 있습니다. happen(발생하다), occur(발생하다), exist(존재하다), work(일하다) 같은 동사가 그렇습니다. 그래서 He worked a job.과 같이 쓰면 안 됩니다. 새로운 단어를 배울 때마다 이처럼 어법도 같이 익혀야 영작 실수를 줄일 수 있습니다.

{TIP} 〈주어+자동사〉를 이용해서 영작해 보세요.

❶ 문제가 발생했다.

❷ 신은 존재한다.

❸ 나는 지난달에 아르바이트를 했다.

컨닝페이퍼

주유소 gas station
직원 worker
3월 March

컨닝페이퍼

문제 problem
아르바이트
a part-time job

★ 정답은 p.234를 확인하세요.

카톡 문자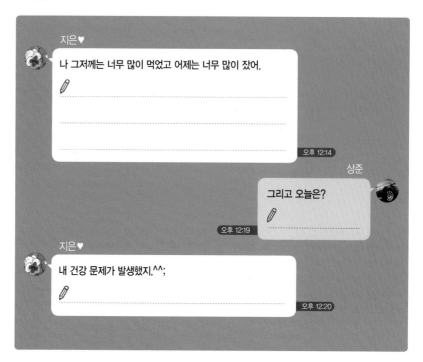

영작
가정교사

지은 : I ate <u>too much</u>❶ the day before yesterday and I slept <u>too much</u>❷ yesterday.
상준 : And today?
지은 : My health problem happened.^^;

❶~❷ 위 글에서 too much라는 표현이 중복되었습니다. 이렇게 문자나 이메일 같은 가벼운 글에서는 표현을 중복해도 괜찮습니다. 하지만 논문이나 writing assignment 등 공식적인 글에서는 같은 표현을 자주 반복하는 것은 지양해야 합니다.

02 주어에 대한 설명이 필요한 2형식 문장

I feel good.
기분이 좋아.

강의듣기 02

그녀는 항상 행복하다.

그의 조언은 좋게 들리지 않는다.

나는 기분이 정말 안 좋아.

이 좋은 멸종되었다.

1단계

영작 핵심 포인트

영작을 위해 이것만은
꼭 알아 두세요.

POINT 1 be동사 뒤에 형용사가 올 수 있다 → 〈주어＋be동사＋형용사〉

당신은 귀엽다.
You / are / pretty.

POINT 2 sound 뒤에도 형용사가 올 수 있다 → 〈주어 sound 형용사〉

좋게 들리는데!
It / sounds / good!

POINT 3 feel 뒤에도 형용사가 올 수 있다 → 〈주어 feel 형용사〉

나 기분 최고야.
I / feel / terrific.

POINT 4 '~이 되다'라고 할 때는 become → 〈주어 become 명사/형용사〉

그녀는 아름다워졌다.
She / has become / beautiful.

POINT 1 be동사 뒤에 형용사가 올 수 있다 → 〈주어+be동사+형용사〉

그녀는 항상 행복하다.
She / is / always happy.

be동사 뒤에는 I am Thomas.처럼 명사가 올 수도 있고, She is happy.처럼 형용사가 올 수도 있습니다. always와 같은 부사는 be동사 뒤에 옵니다. 그래서 '그녀는 항상 행복하다.'는 She is always happy.라고 하면 됩니다. be동사 뒤에는 I am depressed.(나는 우울해.) 또는 I am interested.(나는 관심 있어.)처럼 과거분사형(p.p.)이 오기도 합니다. 과거분사형이 형용사처럼 쓰이는 것이지요.

{TIP} 〈주어+be동사+형용사〉를 이용해서 영작해 보세요.

❶ 나는 못생겼다.
❷ 그들은 흥분해 있다.
❸ 요즘 나는 거의 행복하지 않다.

POINT 2 sound 뒤에도 형용사가 올 수 있다 → 〈주어 sound 형용사〉

그의 조언은 좋게 들리지 않는다.
His advice / does not sound / good.

sound(들리다), smell(냄새가 난다), look(보이다) 같은 지각동사 뒤에도 형용사가 올 수 있습니다. look은 '보다'뿐만 아니라 '보이다'는 의미로도 쓰이기 때문에 "너 아주 좋아 보인다."라고 할 때 뒤에 형용사 great을 붙여서 You look great.이라고 하면 됩니다. 또 "안 좋은 냄새가 난다."는 smell 뒤에 형용사 bad를 붙여서 It smells bad.라고 하고요. 위에서 설명한 대로 형용사 대신 과거분사형(p.p.)을 써도 됩니다.

{TIP} 〈주어 sound/look 형용사〉를 이용해서 영작해 보세요.

❶ 너 오늘 아름다워 보여.
❷ 그녀가 우울해 보여.
❸ 그의 음악은 이상하게 들린다.

POINT 3 **feel 뒤에도 형용사가 올 수 있다** → 〈주어 feel 형용사〉

나는 기분이 정말 안 좋아.

I / feel / terrible.

feel은 '느끼다, ~한 기분이 든다'라는 뜻으로서, feel 뒤에는 형용사 또는 명사가 옵니다. 그래서 기분이 좋을 때는 I feel good.이라고 하고, 기분이 엉망일 때는 I feel terrible.이라고 합니다. feel 뒤에는 명사가 올 수 있으므로 Can you feel it? 과 같이 쓸 수 있지만, look/listen은 목적어를 바로 취할 수 없는 자동사이므로 Listen me.나 Look me.와 같이 쓸 수는 없습니다. 각각 Listen <u>to</u> me.와 Look <u>at</u> me.라고 해야 합니다.

{TIP} 〈주어 feel 형용사〉, 〈주어 look at 명사〉를 이용해서 영작해 보세요.

❶ 오늘 기분이 좋다.　🖉 ....

❷ 오늘밤 사랑을 느낄 수 있니?　🖉 ....

❸ 그는 그 사진을 보았다.　🖉 ....

POINT 4 **'~이 되다'라고 할 때는 become** → 〈주어 become 명사/형용사〉

이 종은 멸종되었다.

This species / became / extinct.

be동사는 단순히 상태를 나타내는 '~이다'라는 뜻이고, become은 '~이 되다'라는 뜻입니다. 둘의 의미가 비슷해서 별 구분 없이 쓰이기도 하지만, 관용적으로 become을 쓰는 경우가 있습니다. 예를 들어 '멸종하다'라는 표현은 become extinct나 go extinct를 많이 씁니다. 이때 extinct는 '멸종된'이란 뜻의 형용사입니다.

{TIP} 〈주어 become 명사/형용사〉를 이용해서 영작해 보세요.

❶ 그는 의사가 되었다.　🖉 ....

❷ 3년 전에 우리 삼촌은 부자가 되었다.　🖉 ....

❸ 당시 인간은 멸종할 뻔했다.　🖉 ....

컨닝페이퍼

사진 picture

잠깐만요!

'종'을 뜻하는 species는 단수와 복수의 형태가 동일하니 헷갈리지 마세요.

컨닝페이퍼

당시 at that time

인간 human

★ 정답은 p.234를 확인하세요.

영어일기 3

2014년 7월 7일 (화창함)

그는 잘생겼다.

그래서 나는 기분이 안 좋다

많은 여자들이 그를 볼 때 행복을 느끼니까.

기분이 우울하다.

July[2] 7, 2014,[1] Sunny

He is handsome.
So I feel bad because a lot of women feel happy when they look at him.
I feel depressed.

[1] 날짜를 쓸 때 미국식은 〈월 일, 연도〉의 순서로 쓰고, 영국식은 〈일 월 연도〉의 순서로 씁니다.

[2] 월은 아래와 같이 약자로 쓰기도 합니다.

January → Jan.	February → Feb.	March → Mar.
April → Apr.	May → May	June → Jun.
July → Jul.	August → Aug.	September → Sep.
October → Oct.	November → Nov.	December → Dec.

03 '누구를 · 무엇을'이 궁금한 3형식 문장

We enjoyed the trip.

우리는 그 여행을 즐겼다.

강의듣기 03

준비단계
오늘 써볼 문장

여러분은 곧 이 문장을
영작할 수 있게 됩니다.

우리는 좋은 음식을 즐겼다.

그들은 합의에 도달했다.

나는 지난해 그와 결혼했다.

우리는 지난 여름 뉴욕시를 방문했다.

1단계
영작 핵심 포인트

영작을 위해 이것만은
꼭 알아 두세요.

POINT 1 목적어가 반드시 필요한 동사가 있다 → 〈주어＋동사＋목적어(~을)〉

아무도 우리를 언급하지 않았다.

No one / mentioned / us.

POINT 2 '~을/를'만이 목적어가 아니다 → 〈주어＋동사＋목적어(~에게)〉

그가 내게 다가왔다.

He / approached / me.

POINT 3 누구와 결혼할 때도 목적어 → 〈주어 marry 목적어〉

나와 결혼해 줄래?

Will you / marry / me?

POINT 4 어디를 방문하는 것도 목적어 → 〈주어 visit 목적어〉

그들은 백악관을 방문할 것이다.

They will / visit / the White House.

POINT 1 목적어가 반드시 필요한 동사가 있다 → 〈주어＋동사＋목적어(～을)〉

우리는 좋은 음식을 즐겼다.

We / enjoyed / good food.

목적어는 우리말로 '～을/를'이 붙는 말을 가리킵니다. 뒤에 목적어가 꼭 와야 하는 동사들이 있습니다. enjoy(즐기다), like(좋아하다), love(사랑하다), trust(믿다) 등으로서 이들을 '타동사'라고 부릅니다. enjoy는 뒤에 무엇을 즐겼는지 반드시 와야 하는 동사입니다. 그래서 "나는 즐거운 시간을 보냈어."를 영작할 경우 I enjoyed. 가 아니라 I enjoyed myself.라고 해야 합니다. 직역하면 '나는 나 스스로를 즐겼다'이지만, 이는 곧 '즐거운 시간을 보냈다'는 뜻입니다.

{TIP} 〈주어＋동사〉 뒤에 목적어(～을)를 붙여서 영작해 보세요.

❶ 우리는 그 여행을 즐겼다.　　✎ _____

❷ 우리 가족은 이 강아지를 사랑한다.　✎ _____

❸ 그는 나를 믿는다.　　✎ _____

POINT 2 '～을/를'만이 목적어가 아니다 → 〈주어＋동사＋목적어(～에게)〉

그들은 합의에 도달했다.

They / reached / an agreement.

보통 '～을/를'이 붙어야 목적어가 되지만, 반드시 그렇지는 않습니다. 우리말로는 '합의에'이지만, 영어로 an agreement는 목적어입니다. 하지만 많은 사람들이 '에'라는 조사 때문에 to를 넣어서 They reached to an agreement.라고 쓰는 실수를 합니다. 이렇게 전치사 없이 바로 목적어가 오는 동사들은 외우기보다는 예문을 통해 익혀 두세요.

{TIP} 〈주어＋동사〉 뒤에 목적어(～에게)를 붙여서 영작해 보세요.

❶ 그는 갑자기 우리에게 다가왔다.　✎ _____

❷ 이 정책은 사회에 영향을 끼칠 것이다.　✎ _____

❸ 전화 받아!　　✎ _____

잠깐만요!

전치사 없이 바로 목적어가
오는 동사들

resemble ～와 닮다
discuss ～에 대해 논의하다
answer ～에 대답하다
contact ～에게 연락하다
approach ～에 다가오다
affect ～에게 영향을 주다

나는 지난해 그와 결혼했다.

I / married / him last year.

marry(결혼하다)도 자동사인지 타동사인지 헷갈리는 동사 중 하나입니다. 누군가에게 청혼할 때 Will you marry me?라고 하지, Will you marry <u>with</u> me?라고 하지는 않습니다. marry가 타동사라는 얘기이지요. 그런데 가끔 이 동사를 수동태로 쓰기도 합니다. 결혼 생활을 해왔다는 상태를 나타낼 때 I have been married <u>to</u> her for five years.(나는 그녀와 5년 동안 결혼생활을 해왔다.)와 같이 씁니다. 이 경우 전치사로 with가 아니라 to가 붙는 것에 주의해야 해요.

{TIP} marry 뒤에 목적어를 붙여서 영작해 보세요.

❶ 나와 결혼해 줄래? 🖉 ....

❷ 결혼하셨어요? 🖉 ....

❸ 난 그와 3년간 결혼생활을 해왔다. 🖉 ....

우리는 지난여름 뉴욕시를 방문했다.

We / visited / New York City last summer.

어디로 간다고 할 때는 go 뒤에 to가 와야 합니다. 하지만 '방문하다'는 의미의 visit은 전치사 없이 목적어를 바로 씁니다. 이러한 차이 때문에 헷갈리는 사람들이 많습니다. 다시 말해 We visited <u>to</u> New York City.라고 하면 틀린 문장이 됩니다. 참고로 〈have been to 장소〉라는 관용적 표현이 있습니다. 방문했다는 것과 비슷한 의미로 '~에 가본 적 있다'는 뜻입니다. 이 표현을 쓸 때는 보통 언제 가보았는지는 구체적으로 나오지 않습니다.

{TIP} visit/go/been 등을 사용하여 영작해 보세요.

❶ 나는 어제 그 박물관에 갔었다. 🖉 ....

❷ 그는 마이클 회사를 방문했다. 🖉 ....

❸ 나는 토론토에 가본 적 있다. 🖉 ....

커닝페이퍼

박물관 museum

회사 office

토론토 Toronto

★ 정답은 p.234를 확인하세요.

영문 이메일 ✉

메일쓰기

| HTML ▼ | □ 서명첨부 □ V-Card □ ! 중요 | 한국어(EUC-KR) ▼ | 편지지 |

스타일 ▼ 포맷 ▼ 폰트 ▼ 글자 크기 ▼

행크 씨께, ✏

지난 회의에서 우리가 합의에 도달해서 매우 기쁩니다.

✏

우리는 당신의 집도 방문했고 집에서 만든 맛있는 음식도 잘 즐겼습니다.

✏

매우 감사드립니다.

✏

토마스 박 ✏

영작
가정교사

Dear Mr. Hank,

We are❶ very pleased because we reached❷ an agreement in the last meeting.
We visited❸ your house and enjoyed❹ delicious home-made food.
Thank you very much.

Sincerely,
Thomas Park

❶~❹ 기쁜 것은 지금이지만 합의에 도다른 것, 집을 방문한 것, 음식을 즐긴 것은 모두 과거입니다.
시제는 잘 알고 있으면서도 많이 틀리는 요소이니, 영어 문장을 많이 써 보면서 틀리지 않도
록 숙달시켜야 합니다.

04

누구에게 무엇을 해주는 4형식 문장

I will buy you a drink.

내가 너에게 술 한잔 살게.

강의듣기 04

여러분은 곧 이 문장을
영작할 수 있게 됩니다.

> 그가 나에게 돈을 줬다.

> 그는 나에게 사진을 보내줬다.

> 그는 아들에게 많은 장난감을 사준다.

> 제발 저에게 어려운 질문을 하지 마세요.

1단계
영작 핵심 포인트

영작을 위해 이것만은
꼭 알아 두세요.

POINT 1 B에게 A를 주다 → 〈give A to B // give B A〉

그는 우리에게 소중한 조언을 해줬다.

He gave us valuable advice.

POINT 2 B에게 A를 보내다 → 〈send A to B // send B A〉

그녀가 나에게 그 이모티콘을 보냈다.

She sent me the emoticon.

POINT 3 B에게 A를 사주다 → 〈buy A for B // buy B A〉

내가 너에게 술 한잔 살게.

I will buy you a drink.

POINT 4 B에게 A를 묻다 → 〈ask B A〉

그는 나에게 내 이름을 묻지 않았다.

He did not ask me my name.

POINT 1 **B에게 A를 주다** → 〈give A to B // give B A〉

그가 나에게 돈을 줬다.

He gave money to me. // He gave me money.

"그가 돈을 줬다."는 He gave money.입니다. "그가 나에게 돈을 줬다."고 하려면
to me(나에게)를 붙여서 He gave money to me.라고 합니다. 그런데 이 문장은
He gave me money.로 바꿔 쓸 수 있습니다. 첫 번째 문장은 '무엇을' 주는지를
먼저 쓰고, '누구에게' 주는지를 밝힐 때 to를 사용했습니다. 두 번째 문장은 to 없
이 '누구에게'를 먼저 쓰고, 그 뒤에 '무엇을'을 썼습니다. give 동사는 이렇게 두 가
지 형식이 가능합니다. 전자는 3형식 문장이고, 후자는 4형식 문장입니다.

{TIP} give를 이용해서 영작해 보세요.

❶ 나에게 조언 좀 주세요.

❷ 그 개에게 어떤 음식도 주지 마세요.

❸ 우리 회사는 나에게 보너스를 주었다.

컨닝페이퍼

조언 advice

보너스 bonus

POINT 2 **B에게 A를 보내다** → 〈send A to B // send B A〉

그는 나에게 사진을 보내줬다.

He sent the picture to me.
He sent me the picture.

send(보내다), show(보여주다), teach(가르치다) 등도 give와 같은 어법을 취합니
다. "그는 그들에게 영어를 가르친다."는 He teaches English to them.(3형식)
또는 He teaches them English.(4형식)라고 쓸 수 있어요. give, send, teach,
show 같은 동사들은 '누군가에게 무엇인가를 준다'와 같은 뜻이 있기 때문에 '수여
동사'라는 문법적인 명칭이 붙었습니다.

{TIP} send, teach, show 등을 이용해서 영작해 보세요.

❶ 나한테 그런 이메일들 보내지 마.

❷ 선생님들은 우리에게 삶의 교훈들을 가르친다.

❸ 그가 나에게 길을 보여줬다.

컨닝페이퍼

삶의 교훈 lesson of life

그는 아들에게 많은 장난감을 사준다.

He buys a lot of toys for his son.
He buys his son a lot of toys.

수여동사 중에 쓰임이 약간 다른 것이 있습니다. 4형식을 3형식으로 바꿀 때 전치사 to가 쓰이는 게 보통인데, to 대신에 for를 써야 하는 동사들이 있습니다. buy(사주다), cook(요리해 주다), order(주문해 주다) 등이 그렇습니다. 그래서 He buys his son a lot of toys.를 3형식으로 바꿀 때는 for를 써서 He buys a lot of toys <u>for</u> his son.이라고 해야 합니다.

{TIP} buy, cook, order를 이용해서 영작해 보세요.

❶ 그는 절대 나에게 점심 안 사줄 것이다. ✎ _____

❷ 아버지가 나에게 라면을 끓여 주셨다. ✎ _____

❸ 그녀는 나에게 햄버거를 주문해 줬다. ✎ _____

제발 저에게 어려운 질문을 하지 마세요.

Please, do not ask me difficult questions.

ask는 '묻다'라는 뜻 외에 '요청하다'는 뜻으로도 쓰입니다. 위 예문처럼 '묻다'는 뜻으로 쓰일 때는 주로 4형식으로 사용됩니다. 하지만 '요청하다'는 뜻으로 쓰일 때는 4형식으로 써도 되고, 〈주어 ask A of B〉(주어가 B에게 A를 요청하다)의 3형식으로 쓸 수도 있습니다. 그래서 회화 시간에 많이 배우는 문장 Can I ask you a favor?(부탁 좀 들어주시겠어요?)는 Can I ask a favor of you?로 바꿔 쓸 수 있습니다.

{TIP} ask를 이용해서 영작해 보세요.

❶ 나는 그에게 너무 많은 질문을 했다. ✎ _____

❷ 나에게 그녀 전화번호 묻지 마. ✎ _____

❸ 그녀가 나에게 부탁했다(호의를 요청했다). ✎ _____

★ 정답은 p.235를 확인하세요.

영문 이메일 ✉

오랜만이다! 잘 지냈니?

✎ _____

네가 나에게 한국에 관해 질문했었잖아, 맞지? 첨부 파일을 봐.

✎ _____

아, 그런데 뉴욕시에서 찍은 사진들 기억나니?

✎ _____

나한테 그것들 좀 보내줘. 내 컴퓨터에서 찾을 수가 없네.

✎ _____

이곳에 와라. 내가 술 살게.

✎ _____

나중에 봐.

✎ _____

컨닝페이퍼

첨부한 것 the attached

Long time no see! How are you?
You asked me some questions about Korea, right? See the attached.
Oh, by the way, remember the pictures in NYC?❶
Send them to me. I can't find them on my computer.
Come here. I'll buy you a drink.
See you.

❶ New York이라고 하면 '뉴욕주'를 의미하기도 합니다. 그래서 '뉴욕시'는 New York City, 줄여서
   NYC라고 합니다. 워싱턴의 경우도 마찬가지입니다. Washington이라고 하면 보통 '워싱턴주'를
   의미하는 경우가 많고, Washington D.C.라고 해야 미국의 수도 '워싱턴'을 의미합니다.

05 목적어에 대한 설명이 필요한 5형식 문장 ❶

I want you to stay.
네가 머물러주면 좋겠어.

강의듣기 05

준비단계

오늘 써볼 문장

여러분은 곧 이 문장을
영작할 수 있게 됩니다.

> 나는 네가 공부하길 원해.

> 그는 내가 교회 가는 걸 허락했다.

> 이 훈련은 그 강아지가
> 점프할 수 있게 해줬다.

> 그는 내게 진실을 얘기하지 말라고
> 부탁했다.

1단계

영작 핵심 포인트

영작을 위해 이것만은
꼭 알아 두세요.

POINT 1 (명사)가 (동사)하길 원하다 → ⟨want 명사 to 동사⟩

그들은 우리가 그들을 방문하길 원한다.

They want us to visit them.

POINT 2 (명사)가 (동사)하도록 허락하다 → ⟨allow 명사 to 동사⟩

제 소개를 하겠습니다.

Please allow me to introduce myself.

POINT 3 (명사)가 (동사)할 수 있도록 하다 → ⟨enable 명사 to 동사⟩

이 책은 내가 성공할 수 있게 해줬다.

This book enabled me to succeed.

POINT 4 (명사)가 (동사)하지 말라고 부탁하다 → ⟨ask 명사 not to 동사⟩

그녀는 나에게 거기 가지 말라고 부탁했다.

She asked me not to go there.

POINT 1 (명사)가 (동사)하길 원하다 → 〈want 명사 to 동사〉

나는 네가 공부하길 원해.
I want **you to study.**

"나는 너를 원해."는 I want you.라고 쓰면 됩니다. 이는 단순한 〈주어＋동사＋목적어〉의 문장이지요. 하지만 '너'를 원하는 게 아니라, '네가 뭔가를 하기를' 원하는 거라면 얘기가 달라집니다. want는 that절을 이끌지 못하는 동사이므로 〈want 명사 to 동사〉의 형태로 써야 합니다. 이런 형식을 취하는 동사로는 want(원하다), allow(허락하다), ask(부탁하다), enable(가능하게 하다) 등이 대표적입니다.

{TIP} 〈want 명사 to 동사〉를 이용해서 영작해 보세요.

❶ 우리 선생님은 우리가 공부만 하기를 원한다. 🖊 _____

❷ 그들은 내가 그들을 떠나는 걸 원치 않는다. 🖊 _____

❸ 부모는 자식들이 성공하길 원한다. 🖊 _____

POINT 2 (명사)가 (동사)하도록 허락하다 → 〈allow 명사 to 동사〉

그는 내가 교회 가는 걸 허락했다.
He **allowed me to go to church.**

allow(허락하다) 역시 누가 뭔가를 하도록 허락할 때는 〈allow 사람 to 동사〉의 형태로 씁니다. 만약 내가 허락을 한 게 아니라, 내가 뭔가를 하도록 허락을 받았다면 수동태 문장으로 쓰면 됩니다. 그렇게 되면 목적어는 주어로 가고, 동사는 be allowed 형태로 쓰고, 나머지 부분인 〈to 동사〉는 그대로 남깁니다. allow와 permit은 어떤 차이가 있을까요? 전자는 '허락하다'이고, 후자는 좀 더 공식적인 뉘앙스로서 '허가하다' 정도의 의미라고 보면 됩니다.

{TIP} 〈allow/permit 명사 to 동사〉를 이용해서 영작해 보세요.

❶ 그들은 우리가 테니스 치는 것을 허락했다. 🖊 _____

❷ 우리는 여기서 테니스 치는 것을 허락 받았다. 🖊 _____

❸ 정부는 우리가 이곳에 집 짓는 것을 허가했다.

🖊 _____

이 훈련은 그 강아지가 점프할 수 있게 해줬다.

This training enabled the puppy to jump.

enable(~할 수 있게 하다)도 누가 뭔가를 할 수 있게 할 때는 〈enable 명사 to 동사〉의 형태를 취합니다. 이 단어의 구성을 살펴보면 en-은 make를 의미하는 접두사이고, able은 can의 의미입니다. 다시 말해, '~하는 걸 가능하게 만들다'는 의미가 있음을 알 수 있습니다. 영작할 때 can make라는 표현을 많이 사용하는데, 그 표현 대신 enable을 쓰는 게 좋습니다.

{TIP} 〈enable 명사 to 동사〉를 이용해서 영작해 보세요.

❶ 그는 내가 열심히 공부할 수 있게 해줬다. _____

❷ 네 조언이 내가 그것을 극복할 수 있게 해줬다. _____

❸ 이 책은 내가 그 이론을 이해할 수 있게 해줬다.

 _____

그는 내게 진실을 얘기하지 말라고 부탁했다.

He asked me not to tell the truth.

ask(요청하다, 부탁하다)도 누가 뭔가를 하도록 부탁할 때는 〈ask 명사 to 동사〉의 형태를 취합니다. "그는 내게 진실을 얘기하라고 부탁했다."는 He asked me to tell the truth.입니다. 하지만 "그는 내게 진실을 얘기하지 말라고 부탁했다."고 하려면 to 앞에 not을 넣어서 He asked me <u>not</u> to tell the truth.라고 해야 합니다. 〈to 동사〉의 부정형은 〈not to 동사〉라는 점을 기억해 두세요. 이는 ask뿐만이 아니라 위에서 언급한 다른 동사의 경우도 마찬가지입니다.

{TIP} 〈ask 명사 (not) to 동사〉를 이용해서 영작해 보세요.

❶ 그는 절대 나한테 뭐 해달라고 부탁하지 않는다. _____

❷ 아내가 나에게 바람피우지 말라고 부탁했다. _____

❸ 그 선생님은 우리에게 뭔가 특별한 것을 해달라고 부탁하셨다.

 _____

커닝페이퍼

조언 advice
극복하다 overcome
이론 theory

잠깐만요!

truth(진실) 앞에는 보통 the를 붙이는데, lie(거짓말) 앞에는 보통 a를 붙여 a lie라고 합니다. 특정한 상황에서 진실은 하나인데 비해, 거짓말은 여러 가지가 가능하기 때문에 그런 거짓말 중 하나는 a lie라고 하는 겁니다.

커닝페이퍼

바람피우다 cheat on
특별한 special

★ 정답은 p.235를 확인하세요.

토플 라이팅

TOEFL Writing

엄격한 선생님들은 학생들이 공부만 열심히 하기를 원한다.

✎

하지만 선생님들은 학생들이 자기주도적으로 공부할 수 있게 해야 한다.

✎

그들은 가끔 컴퓨터 게임 하는 것을 허락해야 할 필요가 있다.

✎

Strict teachers want their students to study hard only.
However, teachers should enable them[1] to study independently.
They[2] sometimes need to allow them[3] to play computer games.

❶~❸ them, they와 같은 대명사로 받아도 문맥상 무엇을 의미히는지 명확하다면 되도록 대명사를
사용하는 게 좋습니다. 마지막 문장의 They와 them은 각각 teachers와 their students를
받는 것이 명확하므로 이렇게 대명사를 사용하는 것이 표현 중복을 막을 수 있습니다.

06

목적어에 대한 설명이 필요한 5형식 문장 ②

People call me a genius.

사람들은 나를 천재라고 부른다.

강의듣기 06

준비단계

오늘 써볼 문장

여러분은 곧 이 문장을
영작할 수 있게 됩니다.

> 사람들은 나를 천재라고 부른다.

> 그 교수님은 우리가 커닝하고 있는 걸 봤다.

> 그 문을 열려진 채로 놔두세요.

> 그는 그의 개가 짖고 있는 것을 들었다.

1단계

영작 핵심 포인트

영작을 위해 이것만은
꼭 알아 두세요.

POINT 1 (명사)를 (명사)라고 부르다 → ⟨call 명사+명사⟩

우리는 그 아기를 제인이라고 부르기로 했다.

We decided to call the baby Jane.

POINT 2 (명사)를 (형용사)하게 남겨두다 → ⟨leave 명사+형용사⟩

그는 개를 집에 홀로 내버려두었다.

He left his dog alone at home.

POINT 3 (명사)가 ~한 것을 보다 → ⟨see 명사+동사원형/현재분사/과거분사⟩

신 교수님은 내가 책 읽고 있는 것을 봤다.

Professor Shin saw me reading a book.

POINT 4 (명사)가 ~한 것을 듣다 → ⟨hear 명사+동사원형/현재분사/과거분사⟩

나는 그가 욕하는 걸 들어본 적이 없다.

I have not heard him swear.

잠깐만요!

name(이름 붙이다), consider (여기다)도 call처럼 뒤에 '명사+명사'가 오는 5형식 동사입니다.

컨닝페이퍼

심부름꾼 errand boy

POINT 1 (명사)를 (명사)라고 부르다 → 〈call 명사+명사〉

사람들은 나를 천재라고 부른다.
People call me a genius.

He sent me a letter.(그는 나에게 편지를 보냈다.)와 People call me a genius.(사람들은 나를 천재라고 부른다.)는 언뜻 보면 〈주어+동사+명사+명사〉로 그 형태가 같아 보이지만, 전자에서 me는 '나에게'이고 후자에서 me는 '나를'입니다. 즉, 전자는 4형식 문장(누구에게 뭘 해준다)이고, 후자는 5형식 문장(누구를 어떻게 한다)이지요. People call me a genius.에서 me는 목적어이고 a genius는 목적어를 보충해 주는 '목적보어'입니다.

{TIP} call, name, consider를 이용해서 영작해 보세요.

❶ 저를 토마스라고 불러주세요. 🖊 _____

❷ 아버지가 나를 April이라고 이름 지어 주셨다. 🖊 _____

❸ 내 상사는 나를 그의 심부름꾼으로 여긴다. 🖊 _____

POINT 2 (명사)를 (형용사)하게 남겨두다 → 〈leave 명사+형용사〉

그 문을 열려진 채로 놔두세요.
Please leave the door open.

잠깐만요!

형용사를 목적보어로 취하면서 5형식으로 사용되는 동사로는 leave(남겨 두다), keep(유지하다), find(발견하다) 등이 있습니다.

컨닝페이퍼

혼자 alone

목적보어 자리에는 명사 외에 형용사가 오기도 합니다. Leave the door open. 이라는 문장에서 the door는 목적어이고 형용사 open은 목적보어입니다. Leave the door.라고 해도 문법적으로 틀린 문장은 아니지만, 문을 어떻게 놔두라는 건지 의미가 불분명합니다. 따라서 뒤에 목적보어를 추가하는 것이 필요하다면 5형식으로 써야 합니다.

{TIP} leave, keep, find를 이용해서 영작해 보세요.

❶ 그는 그의 방을 더럽게 유지했다. 🖊 _____

❷ 그는 그 질문이 어렵다는 걸 알게 됐다. 🖊 _____

❸ 제발 저를 혼자 놔두세요. 🖊 _____

POINT 3 **(명사)가 ~한 것을 보다 → 〈see 명사+동사원형/현재분사/과거분사〉**

그 교수님은 우리가 커닝하고 있는 걸 봤다.

The professor saw us cheating.

이번에는 목적보어로 동사원형이나 현재분사, 과거분사가 오는 경우입니다. 예문에서는 현재분사 cheating이 목적보어로 쓰였습니다. 만약 목적보어로 동사원형을 써서 The professor saw us <u>cheat</u>.이라고 하면 뜻이 어떻게 달라질까요? cheating을 사용한 전자는 우리가 커닝하는 것을 '순간' 봤다는 말이고, cheat을 사용한 후자는 우리가 커닝하는 것을 '쭉' 봤다는 말입니다. 또 I saw you <u>blown</u> by wind.(나는 네가 바람에 날리는 걸 봤다.)처럼 목적보어로 과거분사를 쓸 수도 있습니다.

{TIP} see를 이용해서 영작해 보세요.

❶ 그는 내가 TV 보고 있는 것을 봤다. ✏ _____

❷ 그녀는 우리가 돈을 훔치는 것을 봤다. ✏ _____

❸ 나는 네가 밖으로 나가는 것을 봤다. ✏ _____

POINT 4 **(명사)가 ~한 것을 듣다 → 〈hear 명사+동사원형/현재분사/과거분사〉**

그는 그의 개가 짖고 있는 것을 들었다.

He heard his dog barking.

앞서 다룬 see 외에 hear, watch, feel 등의 동사들도 같은 어법을 취합니다. 이 동사들을 '지각동사'라고 합니다. 물론 hear는 I heard a strange sound.(나는 이상한 소리를 들었다.)처럼 〈주어+동사+목적어〉 형태도로 쓰이고, I have not heard of him.(나는 그의 소식을 듣지 못했다.)과 같이 hear of(소식을 듣다)의 형태로도 쓰이지만, 예문처럼 5형식 문장으로도 쓰입니다.

{TIP} hear, feel을 이용해서 영작해 보세요.

❶ 나는 제이미가 나에 관해 얘기하고 있는 걸 들었다. ✏ _____

❷ 그들은 내가 고함치는 걸 들었다. ✏ _____

❸ 토마스는 뭔가가 자기 옆으로 움직이는 걸 느꼈다.

✏ _____

컨닝페이퍼

훔치다 steal

나가다 go out

컨닝페이퍼

고함치다 shout

옆 beside

★ 정답은 p.235를 확인하세요.

카톡 문자

지은 : Where were you last night?
상준 : I stayed home. ❶
지은 : Really? A friend of mine saw you dancing in the nightclub.
지은 : I never allowed you to do so.
상준 : Hey, leave me alone.

❶ home은 명사로도 쓰이고 부사로도 쓰입니다. 그래서 stayed at home(명사로 쓰인 경우)이라고
써도 되고, stayed home(부사로 쓰인 경우)이라고 써도 됩니다. 영국영어에서는 전자로 많이 쓰이
고 미국영어에서는 후자로 많이 쓰입니다. 어느 영어를 써도 상관없지만, 글을 쓰면서 처음에는 영
국영어를 썼다가 나중에는 미국영어를 쓰는 식으로 둘을 섞는 것은 보기 좋지 않습니다.

07

문장의 의미를 분명하게 만드는 부사

He almost died.

그는 거의 죽을 뻔했다.

강의듣기 07

준비단계

오늘 써볼 문장

여러분은 곧 이 문장을
영작할 수 있게 됩니다.

그들은 아주 오래된 집을 소유하고 있다.

브라이언은 필사적으로 도움을
요청했다.

나는 가끔 해외여행을 한다.

우리는 거의 그 상을 탈 뻔했다.

1단계

영작 핵심 포인트

영작을 위해 이것만은
꼭 알아 두세요.

POINT 1 ▶ 형용사, 동사, 부사, 문장 전체를 꾸밀 때는 → 부사

그는 부드럽게 내 손을 만졌다.

He gently touched my hand.

POINT 2 ▶ 형용사+ly → 부사

그들은 그 후로 행복하게 살았습니다.

They have lived happily ever after.

POINT 3 ▶ 빈도부사 → seldom < sometimes < often < always

나는 중국음식을 자주 먹는다.

I often eat Chinese food.

POINT 4 ▶ 거의 그럴 뻔했지만 결국 안 그랬다면 → almost

그는 거의 죽을 뻔했다.

He almost died.

잠깐만요!

'병원에 가다'를 표현할 때 영국에서는 go to hospital 이라고 하고, 미국에서는 the 를 붙여 go to the hospital 이라고 합니다.

커닝페이퍼

극도로 extremely
마주치다 encounter
자주 frequently
놀랍게도 surprisingly

POINT 1 형용사, 동사, 부사, 문장 전체를 꾸밀 때는 → 부사

그들은 아주 오래된 집을 소유하고 있다.
They own a very old house.

명사를 꾸며주는 건 형용사입니다. 그리고 형용사를 꾸며주는 건 부사입니다. 부사는 명사를 제외하고 거의 모든 품사를 꾸며줍니다. 동사를 꾸미기도 하고 또 다른 부사를 꾸미기도 하고, 문장 전체를 꾸미기도 합니다. 부사는 보통 be동사 뒤나 일반동사 앞에 오지만, 문장 맨 앞이나 맨 뒤에 오기도 하는 등 위치가 상당히 자유로운 편입니다.

{TIP} 부사를 이용해서 영작해 보세요.

❶ 나는 극도로 위험한 동물을 마주쳤다. ✎ _____

❷ 그는 병원에 자주 간다. ✎ _____

❸ 그들은 그녀를 아주 많이 좋아한다. ✎ _____

❹ 놀랍게도 알렉스는 남자아이다. ✎ _____

POINT 2 형용사+ly → 부사

브라이언은 필사적으로 도움을 요청했다.
Brian desperately asked for some help.

부사는 보통 형용사 뒤에 -ly를 붙여서 만듭니다. 즉, slow(느린)의 부사는 slowly(느리게)이고, desperate(필사적인)의 부사는 desperately(필사적으로)입니다. 만약 형용사가 y로 끝나면 y를 빼고 -ily를 붙입니다. 즉, happy(행복한)의 부사는 happily(행복하게)가 됩니다. 하지만 예외가 꽤 있으니 조심해야 합니다. 예를 들어 fast(빠른)의 부사는 그대로 fast(빠르게)입니다. fastly라고는 쓰지 않으니 주의하세요.

{TIP} 부사를 이용해서 영작해 보세요.

❶ 그녀는 조용히 일한다. ✎ _____

❷ 그들은 절대 자발적으로 일하지 않는다. ✎ _____

❸ 그는 빠르게 운전한다. ✎ _____

커닝페이퍼

조용히 quietly
자발적으로 voluntarily

빈도부사 → seldom < sometimes < often < always

나는 가끔 해외여행을 한다.

I sometimes travel abroad.

얼마나 자주인지 빈도를 나타내는 부사를 '빈도부사'라고 합니다. seldom(좀처럼 ~않는) < sometimes(가끔) < often(종종) < always(항상)의 순서로 빈도가 높아진 다고 생각하면 됩니다. 나중에 다른 빈도부사를 배우면 이 네 가지를 기준으로 어느 위치쯤에 오는 빈도를 얘기하는 건지 따져 보면 편리합니다. 빈도부사는 보통 일반동사 앞이나 be동사 뒤에 위치합니다.

{TIP} 빈도부사를 이용해서 영작해 보세요.

❶ 그들은 가끔 거만하다. ✎ _____

❷ 나는 부모님을 거의 찾아뵙지 않는다. ✎ _____

❸ 나는 너를 항상 사랑할 거야. ✎ _____

컨닝페이퍼

거만한 arrogant

POINT 4 거의 그럴 뻔했지만 결국 안 그랬다면 → almost

우리가 거의 그 상을 탈 뻔했다.

We almost won the prize.

We almost won the prize. 하면 우리가 상을 탈 뻔했는데 결국 못 탔다는 뜻이 포함되어 있습니다. He almost died. 하면 그는 죽을 뻔했는데 결국 죽지 않았다 는 뜻이 포함되어 있고요. almost를 쓸 때 Almost people like him.과 같은 실수를 자주 합니다. almost people은 '거의 사람들'이라는 말이 되어 틀린 표현입니다. almost는 부사라서 명사인 people을 꾸며줄 수 없습니다. 이때는 Almost all people like him.(거의 모든 사람들이 그를 좋아한다.)라고 써야 합니다.

{TIP} 부사 almost를 이용해서 영작해 보세요.

❶ 그는 그 고양이를 거의 죽일 뻔했다. ✎ _____

❷ 그녀는 거의 항상 운다. ✎ _____

❸ 거의 천 명의 사람들이 이 대회에 참가했다.

✎ _____

컨닝페이퍼

참여하다 participate
대회 contest

★ 정답은 p.236을 확인하세요.

영어일기 3

우리는 가끔 거짓말을 해야 한다.

✎ _____

확실히 선의의 거짓말들은 종종 효과적이다.

✎ _____

그것들은 다른 사람들을 더 기분 좋게 만든다.

✎ _____

커닝페이퍼

거짓말을 하다 tell a lie
확실히 obviously
선의의 거짓말 white lie
효과적인 effective

영작
가정교사

We should sometimes tell a lie. ❶
Obviously, white lies ❷ are often effective.
They make other people feel better.

❶ lie(거짓말)는 셀 수 있는 명사입니다. 동사 tell과 함께 tell a lie(거짓말을 하다)의 형태로 많이 쓰입니다.

❷ '선의의 거짓말'은 white lie인데, '새빨간 거짓말'은 무엇일까요? red lie가 아니라 big lie 혹은 downright lie라고 합니다.

08 주어가 뭔가를 당하는 수동태 문장

I was given a lot of money.

나한테 많은 돈이 주어졌다.

강의듣기 08

준비단계

오늘 써볼 문장

여러분은 곧 이 문장을
영작할 수 있게 됩니다.

그는 죽임을 당했다.

나는 이 문제를 질문 받았다.

그 타워는 2002년에 지어졌다.

제주는 아름다운 섬으로 알려져 있다.

1단계

영작 핵심 포인트

영작을 위해 이것만은
꼭 알아 두세요.

POINT 1 ~당했다/해졌다 → 수동태(be+p.p.)

그 연구는 6월에 이루어졌다.

The study was done in June.

POINT 2 4형식 문장의 수동태에는 → 목적어가 남는다

나한테 많은 돈이 주어졌다.

I was given a lot of money.

POINT 3 주어가 중요하지 않은 경우 → 수동태

그녀는 2013년에 선출되었다.

She was elected in 2013.

POINT 4 ~로서 알려지다 → be known as // ~로 알려지다 → be known for

그는 냉혈인간으로 알려져 있다.

He is known as a cold-blooded man.

POINT 1 ~당했다/해졌다 → 수동태(be+p.p.)

그는 죽임을 당했다.

He was killed.

능동태 문장에서 목적어를 주어로 옮기고, 동사를 〈be동사＋p.p.〉로 바꾸면 수동태 문장이 됩니다. It killed him.을 예로 들면, 목적어인 him을 주어로 빼고 동사인 killed를 was killed로 바꾸어 He was killed.(그는 죽임을 당했다.) 하면 수동태 문장이 됩니다. 이처럼 시제가 과거일 때는 〈be동사＋p.p.〉 중에 be동사 부분을 과거로 써야 합니다. 참고로 원래 능동태의 주어는 수동태로 바꾼 뒤 문장 뒤에 by를 넣어서 추가해도 됩니다.

{TIP} **수동태를 이용해서 영작해 보세요.**

❶ 그 아이는 처벌 받았다.

❷ 그 배우는 모두의 사랑을 받는다.

❸ 이 기계는 이용되지 않는다.

컨닝페이퍼

처벌하다 punish
배우 actor
기계 machine

POINT 2 4형식 문장의 수동태에는 → 목적어가 남는다

나는 이 문제를 질문 받았다.

I was asked this question.

He gave me money.는 앞서 배웠듯 4형식 문장입니다. 여기에는 me라는 간접목적어와 money라는 직접목적어가 있습니다. 이때 me를 주어로 빼고 동사를 수동태로 만들어도, 또 다른 목적어인 money가 문장 뒤에 남습니다. 그런 경우 그대로 남기면 됩니다. 즉, I was given money.라고 쓰면 '나에게 돈이 주어졌다'는 문장이 됩니다. 같은 원리로 He asked me this question.을 수동태로 바꾸면 I was asked this question.이 됩니다.

{TIP} **수동태를 이용해서 영작해 보세요.**

❶ 그들은 선물을 받았다.

❷ 나는 그 사진을 봤다. (누군가 보여줘서)

❸ 그는 이름을 질문 받았다.

컨닝페이퍼

선물 gift
사진 picture

그 타워는 2002년에 지어졌다.

The tower was built in 2002.

이 문장에서 누가 그 타워를 지었는지는 중요하지 않습니다. 그 타워가 2002년에 지어졌다는 게 중요하지요. 능동태로 쓴다면 A construction company built the tower in 2002.(어떤 건설회사가 이 타워를 2002년에 지었다.) 정도가 될 수 있을 겁니다. 그런데 그 타워를 건설한 주체가 중요한 게 아니라면 굳이 주어를 '어떤 건설회사'로 해서 문장을 쓸 필요가 없습니다. 오히려 초점을 흐리게 되지요. 이렇게 그 동사의 주체(능동태의 주어)가 중요하지 않은 경우 수동태를 씁니다.

{TIP} 수동태를 이용해서 영작해 보세요.

❶ 그 도로는 11년 전에 포장되었다.

❷ 그 책은 2004년에 출간되었다.

❸ 이 스마트폰은 중국산이다.

제주는 아름다운 섬으로 알려져 있다.

Jeju is known as a beautiful island.

수동태 표현 중에 관용적으로 외워야 할 것들이 있습니다. 그만큼 자주 쓰이는 표현들입니다. be known as와 be known for는 둘 다 '~로 알려져 있다'인데 쓰임은 다릅니다. 전자는 주어와 as 이하에 나오는 명사가 동격이어야 하고, 후자는 for 뒤에 무엇으로 유명한지가 나오면 됩니다. 예를 들어 "그는 변호사로 알려져 있다."의 경우 '그 = 변호사'이므로 He is known as a lawyer.라고 쓰면 됩니다. 반면 "이 식당은 김치로 알려져 있다."의 경우 '이 식당 = 김치'는 아니므로 This restaurant is known for kimchi.라고 합니다.

{TIP} be known as/for를 이용해서 영작해 보세요.

❶ 그는 열심히 일하는 사람으로 알려져 있다.

❷ 우리는 질 높은 서비스로 유명합니다.

❸ 제주도는 많은 돌, 여자, 바람으로 유명하다.

컨닝페이퍼

포장하다 pave
출간하다 publish
스마트폰 smart phone

잠깐만요!

be known for
= be famous for
= be well-known for

컨닝페이퍼

열심히 일하는 hardworking
질 높은 high-quality

★ 정답은 p.236을 확인하세요.

토플 라이팅 _____

TOEFL Writing

정기적으로 운동하는 것은 효과적인 삶의 방식으로 알려져 있다.

✏ _____

_____

하지만 현대 사회의 사람들은 많은 일을 하기를 요청 받는다.

✏ _____

_____

대신, 그들에게는 많은 돈이 주어진다.

✏ _____

Exercising regularly is known as an effective way of living.
However, people in a modern society are asked to do many tasks. ❶
Instead, they are given a lot of money. ❷

❶~❷ 현대인들은 많은 일을 하도록 요구받는데, 요구하는 주체는 당연히 회사나 직장 상사가 될 겁
니다. 하지만 그 요청의 주체가 문맥상 중요하지 않기 때문에 수동태를 사용했습니다. 또한 돈
이 현대인들에게 주어지는데 누가 주는지 역시 중요하지 않다고 보고 수동태 문장으로 만들
었습니다. 물론 돈을 번다는 표현인 earn money나 make money를 써도 무방합니다.

영작할 때 써먹기 좋은 속담 & 관용구

- **Old habits die hard.** 세 살 버릇 여든 간다.

- **Like father, like son.** 부전자전.

- **What goes around comes around.** 남에게 한 대로 되받게 된다.

- **Let bygones be bygones.** 과거일은 과거지사.

- **The grass is greener on the other side of the fence.** 남의 떡이 더 커 보인다.

- **Every dog has his day.** 쥐구멍에도 볕들 날이 있다.

- **Well begun is half done.** 시작이 반이다.

- **Look before you leap.** 돌다리도 두드려보고 건너라.

- **Better late than never.** 늦었다고 생각될 때가 시작할 때다.

- **First come, first served.** 선착순

- **Haste makes waste.** 서두르면 일을 망친다.

- **Out of sight, out of mind.** 눈에서 멀어지면 마음에서도 멀어진다.

- **A friend in need is a friend indeed.** 어려울 때 친구가 진정한 친구다.

- **No news is good news.** 무소식이 희소식이다.

- **Icing on the cake.** 금상첨화

- **Seeing is believing.** 백문이 불여일견.

- **There is no place like home.** 집만한 곳이 없다.

- **Finders keepers.** 줍는 사람이 임자다.

- **It takes two to tango.** 손뼉도 마주쳐야 소리가 난다.

- **Talking to the wall.** 쇠귀에 경 읽기

둘째마디

●

문장력을 키우는 동사 주무르기

영어에서는 동사가 많은 정보를 담고 있습니다. 동사에 언제 있었던 일인지 시제가 들어가고, 주어가 3인칭 단수임을 알리는 -s를 붙이고, 권유·부탁 등의 의미까지 포함시킵니다. 그러다보니 영어를 공부하는 사람들 중 상당수가 동사에서 좌절을 느낍니다. 하지만 역으로 동사만 제대로 잡으면 제대로 된 문장을 쓸 수 있다고 생각해야 합니다. 시제를 공부할 때도 "영어 동사에는 시제가 왜 이렇게 많아?"라고 생각하지 말고, 영어권의 문화가 우리나라와는 어떻게 다른지를 느끼면서 공부하면 훨씬 이해가 잘될 겁니다.

09 지나간 일을 나타내는 동사의 과거시제

He spent a lot of money.
그는 돈을 많이 썼다.

강의듣기 09

준비단계
오늘 써볼 문장

여러분은 곧 이 문장을
영작할 수 있게 됩니다.

그저께 우리는 테니스를 쳤다.

그는 의문을 제기했다.

마이클은 많은 돈을 썼다.

그의 게오는 그를 때리곤 했다.

1단계
영작 핵심 포인트

영작을 위해 이것만은
꼭 알아 두세요.

POINT 1 일반적으로 동사의 과거형은 → 동사+-ed

우리는 적을 공격했다.
We attacked the enemy.

POINT 2 과거형과 현재형이 같은 동사도 있다

그것들은 돈이 많이 든다/들었다.
They cost a lot of money.

POINT 3 과거형이 불규칙한 동사도 있다

그들은 같이 노래를 불렀다.
They sang a song together.

POINT 4 과거의 습관은 → used to+동사

우리 아버지는 바둑을 두곤 하셨다.
My father used to play baduk.

POINT 1 일반적으로 동사의 과거형은 → 동사+-ed

그저께 우리는 테니스를 쳤다.

We played tennis the day before yesterday.

보통 동사에 -ed를 붙이면 과거형이 됩니다.　　ⓔⓧ show → show**ed**

-e로 끝나는 동사는 -d만 붙입니다.　　　　　　ⓔⓧ live → live**d**

-y로 끝나는 동사는 y를 빼고 -ied를 붙입니다.　ⓔⓧ magnify → magnif**ied**

하지만 모든 단어가 그렇지는 않습니다.　　　　ⓔⓧ enjoy → enjo**ied** (×)

　　　　　　　　　　　　　　　　　　　　　　　enjoy**ed** (○)

{TIP} 동사의 과거형을 이용해서 영작해 보세요.

❶ 그가 내게 그 사진을 보여줬다. 🖊 _____

❷ 우리는 그 영화를 즐겼다. 🖊 _____

❸ 그녀는 행복한 인생을 살았다. 🖊 _____

POINT 2 과거형과 현재형이 같은 동사도 있다

그는 의문을 제기했다.

He cast a doubt.

cut(자르다), set(놓다), cost((돈이) 들다), cast(제기하다) 등은 현재형과 과거형이 같은 동사들입니다. 그럼 이들은 시제를 어떻게 구분할까요? 주어가 단수일 경우 동사에 3인칭 단수를 의미하는 -s가 붙어 있으면 현재형인 것을 알 수 있습니다. 하지만 대부분의 경우 문맥상 구분해야 합니다. '의문'은 영어로 doubt이고, 의문을 제기할 때는 동사 cast를 씁니다.

잠깐만요!

'속이다'는 deceive를 써도
되지만 〈set 사람 up〉의 형
식도 자주 사용됩니다. 이의
명사형은 setup입니다.

{TIP} 동사의 과거형을 이용해서 영작해 보세요.

❶ 그녀가 줄을 끊었다. 🖊 _____

❷ 그는 나를 속였다. 🖊 _____

❸ 이 드레스를 사는 데 20달러가 들었다. 🖊 _____

마이클은 많은 돈을 썼다.
Michael spent a lot of money.

spend의 과거형은 spended가 아니라 spent입니다. 또 sing의 과거는 sang이고, drink의 과거는 drank입니다. 단어 중간에 -in-이 들어가면 과거형에서 그 부분이 -an-으로 바뀌는 경우가 많지만, 모든 단어가 그렇지는 않습니다. think의 과거는 thought이니까요. 이처럼 동사의 과거형은 불규칙한 경우가 무척 많습니다. 그때그때 눈으로 익히고 손으로 익혀야 합니다.

{TIP} 동사의 과거형을 이용해서 영작해 보세요.

❶ 나는 항상 너를 생각했어. 🖉 ....

❷ 그는 지난밤에 술을 너무 많이 마셨다. 🖉 ....

❸ 우리는 이 프로젝트를 끝내는 데 많은 에너지를 소비했다.

🖉 ....

그의 계모는 그를 때리곤 했다.
His stepmother used to beat him.

과거의 습관을 말하며 '~하곤 했다'라고 할 때는 〈used to 동사〉를 씁니다. 이 표현에는 지금은 그렇지 않다는 암시도 포함되어 있습니다. 비슷한 형태로 〈get used to 명사/동명사〉가 있습니다. 이는 '명사/동명사에 익숙해지다'라는 의미인데 이 둘을 헷갈려 하는 경우가 많습니다. His stepmother got used to beating him.이라고 쓰면 "그의 계모는 그를 때리는 것에 익숙해졌다."는 전혀 다른 의미가됩니다.

{TIP} (get) used to를 이용해서 영작해 보세요.

❶ 우리는 그 호수에서 수영하곤 했다. 🖉 ....

❷ 나는 그를 생각하곤 했다. 🖉 ....

❸ 우리 엄마는 마침내 스마트폰 이용에 익숙해졌다.

🖉 ....

영어일기 3

지난밤에 브라이언을 만났다.

✏️

그는 나에게 잘해 줬다.

✏️

우리는 함께 많은 시간을 보냈고 술도 많이 마셨다.

✏️

그는 나를 생각하곤 했다고 말했다.

✏️

와우!

✏️

I met[1] Brian last night.
He was nice to me.
We spent[2] a lot of time together and drank[3] a lot.
He said that he used to think of me.
Wow!

현재형	–	과거형	–	과거분사형
[1] meet	–	met	–	met
[2] spend	–	spent	–	spent
[3] drink	–	drank	–	drunk

10 앞으로의 일을 나타내는 동사의 미래시제

It will be better.

그것은 좋아질 거야.

강의듣기 10

너는 성공할 거야.

조만간 우리가 그들을 공격할 거야.

그는 이 파티에 안 올 수도 있어.

이 아기가 울려고 해.

1단계
영작 핵심 포인트
영작을 위해 이것만은
꼭 알아 두세요.

POINT 1 미래를 나타내려면 → will 동사

그것은 좋아질 거야.

It will be better.

POINT 2 가까운 미래는 → be going to 동사

우린 곧 그녀를 방문할 거야.

We are going to visit her soon.

POINT 3 불확실한 미래는 → would 동사

(아마도) 나아지겠지.

It would be better.

POINT 4 바로 일어날 일은 → be about to 동사

엄마, 나는 막 공부하려고 했어요.

Mom, I was about to study.

POINT 1 ▶ 미래를 나타내려면 → will 동사

너는 성공할 거야.

You will succeed.

미래시제는 동사 앞에 will을 쓰면 됩니다. 원래 will은 명사로 '의지'라는 뜻도 있으므로, 의지를 가지고 미래에 어떤 일을 할 거라면 will을 쓰면 적절합니다. 물론 That matter will happen.(그런 일이 발생할 것이다.)이라는 문장처럼 사람이 아닌 사물을 주어로 해도 됩니다. 이때는 의지라기보다는 추측에 가깝습니다. 부정형은 will not이고, 논문처럼 엄격한 문어체를 요구하는 글이 아니라면 줄임말인 won't를 써도 됩니다.

{TIP} will을 이용해서 영작해 보세요.

❶ 나는 그를 안 만날 것이다. 🖊 _____

❷ 그들이 너를 용서해줄 것이다. 🖊 _____

❸ 그건 너를 물지 않을 거야. 🖊 _____

컨닝페이퍼

만나다 meet
용서하다 forgive
물다 bite

POINT 2 ▶ 가까운 미래는 → be going to 동사

조만간 우리가 그들을 공격할 거야.

We are going to attack them sooner or later.

will과 be going to는 모두 미래를 나타내는 조동사입니다. 그래서 대부분의 경우에는 이 중 어느 것을 써도 괜찮습니다. 하지만 예정된 일을 얘기할 때는 be going to를 쓰는 경향이 있습니다. "오늘 밤 그거 시청할 거야."라고 할 때 I am going to watch it tonight.이라고 쓰면 이미 그렇게 하기로 계획했다는 뉘앙스가 강합니다. 반대로 누가 TV를 꺼달라고 부탁할 때 Yes, I am going to turn it off. 하면 어색합니다. 이때는 미리 예정했던 일이 아니므로 Yes, I will turn it off.가 적절한 표현입니다.

잠깐만요!

미래의 일을 말할 때 예정된 일에는 be going to를, 즉흥적으로 결정한 일에는 will을 씁니다.

{TIP} be going to를 이용해서 영작해 보세요.

❶ 우리는 그곳에서 저녁을 먹을 것이다. 🖊 _____

❷ 나는 그거 안 읽을 거야. 🖊 _____

❸ 그녀는 이 일을 끝낼 것이다. 🖊 _____

컨닝페이퍼

저녁을 먹다 have dinner
끝내다 finish

POINT 3 **불확실한 미래는 → would 동사**

그는 이 파티에 안 올 수도 있어.

He would not come to this party.

그가 파티에 안 올 거라고 강하게 추측한다면 He will not come to this party. (그는 파티에 안 올 거야.) 하면 되지만, 추측의 강도를 낮춰서 조심스럽게 말하고 싶다면 will 대신 would를 써서 He would not come to this party.((아마도) 그는 파티에 안 올 것 같아.)라고 해야 합니다. 물론 He said I would like it.(그는 내가 그것을 좋아할 거라고 말했다.)처럼 will의 과거형으로 would를 쓰는 경우도 있지만, 불확실한 미래에 would를 쓰기도 한다는 점을 기억해 두세요.

{TIP} **would를 이용해서 영작해 보세요.**

❶ (아마도) 당신은 그걸 사랑하게 될 거예요. ✎ ....

❷ (만약 나라면) 일본에 안 갈 것 같아. ✎ ....

❸ (만약 사게 되면) 그 옷은 당신을 실망시키지 않을 겁니다.

✎ ....

커닝페이퍼

옷 clothes
실망시키다 disappoint

POINT 4 **바로 일어날 일은 → be about to 동사**

이 아기가 울려고 해.

This baby is about to cry.

be about to를 직역하면 '막 ~하려고 하다'입니다. 학창 시절 엄마가 공부하라고 할 때 막 공부하려던 참이었던 경우를 많이 겪어 봤을 겁니다. 그럴 때 be about to를 써서 Mom, I was about to study!라고 외치면 됩니다. about은 원래 '~에 대하여'라는 의미이지만, be about to는 전혀 그런 의미가 아니므로 숙어로 외워 두세요.

{TIP} **be about to를 이용해서 영작해 보세요.**

❶ 그가 막 너를 따라잡으려 해. ✎ ....

❷ 나는 막 시동을 켜려던 참이었다. ✎ ....

❸ 그들은 나를 비난하려던 참이었다. ✎ ....

잠깐만요!

'시동을 켜다'는 start the engine입니다. 필자가 미국에서 공부할 때 ignite(점화하다) the engine이라고 말했다가 중고차 딜러가 깜짝 놀란 일이 있었답니다.^^

커닝페이퍼

~를 따라잡다
catch up with

시동을 켜다
start the engine

비난하다 blame

★ 정답은 p.237을 확인하세요.

카톡 문자

상준 : What are you going to do tomorrow?
지은 : I'm going to study.
상준 : I <u>wouldn't</u>❶ live like that.
지은 : How would you live?
상준 : I would live well. <u>lol</u>❷

❶ '만약 내가 너라면'이라는 말이 생략된 문맥이므로 will이 아니라 would가 적합합니다.

❷ lol은 laugh out loud를 줄인 것으로, 문자 메시지에서 사용하는 ㅋㅋ나 ㅎㅎ 정도라고 보면 됩니다.

11 지금 하고 있는 일을 나타내는 동사의 진행형

I'm coming.
나 지금 가는 중이야.

강의듣기 11

준비단계

오늘 써볼 문장

여러분은 곧 이 문장을
영작할 수 있게 됩니다.

난 책 읽고 있는 중이야.

사람들은 시간이 돈이라고 말한다.

우리 남편은 설거지를 안 한다.

나는 그때 영화 보고 있는 중이었어.

1단계

영작 핵심 포인트

영작을 위해 이것만은
꼭 알아 두세요.

POINT 1 ~하는 중이다 → 진행형 (be -ing)

그 회사는 그 정책을 고려중이다.

The company is considering the policy.

POINT 2 굳어진 진실을 말할 때는 → 현재형 ○ 진행형 ✕

지구는 태양 주위를 돈다.

The Earth revolves around the Sun.

POINT 3 습관이나 취미를 말할 때도 → 현재형 ○ 진행형 ✕

나는 (취미로) 체스를 둔다.

I play chess.

POINT 4 생동감을 불어 넣고 싶다면 → 진행형

당신은 이를 즐기고 있을 것이다.

You will be enjoying it.

POINT 1 ~하는 중이다 → 진행형(be -ing)

난 책 읽고 있는 중이야.

I am reading a book.

read(읽다)에 -ing를 붙여서 reading을 만들면 '읽고 있는'이라는 뜻이 됩니다. 그래서 "나는 책을 읽고 있어."라고 하려면 I am reading a book.이라고 합니다. 이렇게 be동사 뒤에 '동사+-ing'를 붙이면 '~하고 있는 중이다'라는 의미가 됩니다. 내가(I) 지금 뭔가를 하고 있는 중이면 〈am -ing〉를 쓰고, 우리나(we) 그들이(they) 뭔가를 하고 있는 중이면 〈are -ing〉를 씁니다. 물론 그(he) 혹은 그녀가(she) 주어이면 〈is -ing〉를 쓰고요.

{TIP} 진행형(be -ing)을 이용해서 영작해 보세요.

❶ 나는 가고 있는 중이야. ✎ _____

❷ 그는 그 영화를 다시 보고 있어. ✎ _____

❸ 그들은 지금 안 먹고 있어. ✎ _____

POINT 2 굳어진 진실을 말할 때는 → 현재형 ○ 진행형 ✕

사람들은 시간이 돈이라고 말한다.

People say that time is money.

속담을 인용할 때나 진실로 굳어진 사안을 이야기할 때는 진행형을 쓰지 않습니다. People are saying time is money.라고 하면 "사람들은 시간이 돈이라고 말하고 있는 중이다."라는 이상한 의미가 됩니다. 우리말로는 "지구는 태양 주위를 돌고 있는 중이다."가 어색하지 않지만, 영어로는 The Earth resolves around the Sun.(지구는 태양 주위를 돈다.)과 같이 현재형으로 써야 합니다.

{TIP} 시제에 주의하며 영작해 보세요.

❶ 빛은 빠르게 이동한다. ✎ _____

❷ 모든 길은 로마로 통한다고 사람들은 얘기한다.

✎ _____

❸ 사람들이 얘기하듯, 용기 있는 자가 미인을 얻는다.

✎ _____

컨닝페이퍼

이동하다 travel
길 road
~로 이어지다 lead to
용기 있는 지 the brave
미인 the beauty

우리 남편은 설거지를 안 한다.

My husband does not wash dishes.

습관이나 취미를 말할 때도 진행형을 쓰지 않고 현재형을 사용합니다. 지금 남편이 설거지를 안 하고 있다는 말과 원래 남편이 설거지를 안 한다는 말은 분명 차이가 있습니다. 전자는 진행형을 사용해야 하고 후자는 현재형을 사용해야 합니다. 마찬가지로 바둑을 두고 있는 중이라는 것과 평소에 바둑을 둔다는 말에도 차이가 있습니다. "나 바둑 둔다."라고 하면 과거에도 그랬고 지금도 그렇고 앞으로도 그러하다는 습관 · 취미이므로 현재형을 사용해야 합니다.

{TIP} 시제에 주의하며 영작해 보세요.

❶ 나 체스 해. 🖉 _____

❷ 나는 절대 욕을 하지 않는다. 🖉 _____

❸ 그는 한국 음식을 즐긴다. 🖉 _____

컨닝페이퍼
욕하다 swear

나는 그때 영화 보고 있는 중이었어.

I was watching a movie at the time.

내가 지금 뭔가를 하고 있는 중이면 〈am -ing〉로 쓰지만, 내가 과거에 뭔가를 하고 있는 중이었다면 〈was -ing〉를 쓰면 됩니다. 또한 〈will be -ing〉를 쓰면 미래 진행형이 됩니다. 그런데 생동감을 주기 위해 일부러 진행형을 사용하기도 합니다. 특히 광고 문구에서 생동감 넘치는 미래를 묘사하기 위해 일부러 미래진행형을 사용하기도 합니다.

{TIP} 진행형(be -ing)을 이용해서 영작해 보세요.

❶ 그는 우리를 도와주고 있는 중이었다. 🖉 _____

❷ 나는 집중 안 하고 있었다. 🖉 _____

❸ 당신은 그 제품을 즐기게 될 겁니다. 🖉 _____

잠깐만요!

focus on, concentrate on은 '집중하다'는 뜻이고, pay attention to는 '~에 주목하다'는 의미입니다.

컨닝페이퍼
주목하다 pay attention
제품 product

★ 정답은 p.237을 확인하세요.

카톡 문자

혜진 : What are you doing now?
윤호 : I am having <u>lunch</u>. ❶
혜진 : Why didn't you <u>answer</u> ❷ my question yesterday?
윤호 : Oh, I was having a date. Sorry.

❶ breakfast(아침), lunch(점심), dinner(저녁)는 셀 수 없는 명사입니다.

❷ answer는 타동사로 전치사 없이 목적어를 바로 취합니다. 따라서 "전화 받아라."는 Answer the phone.이라고 합니다.

12

예전부터 지금까지의 일을 나타내는 현재완료

I have not seen her since yesterday.

어제 이후로 그녀를 못 봤다.

강의듣기 12

우리는 귀사와 함께 일해서
즐거웠습니다.

그는 학창시절 이후로 공부를
하지 않았다.

나는 지난 3주간 그녀와 사랑에
빠졌다.

나는 흡연을 해오고 있는 중이다.

POINT 1 ~을 해왔다 → have + p.p. (현재완료)

우리 아이들은 쭉 행복했습니다.

Our children have been happy.

POINT 2 현재완료와 자주 쓰이는 → since (~이후로)

어제 이후로 그녀를 못 봤다.

I have not seen her since yesterday.

POINT 3 현재완료와 자주 쓰이는 → for (~동안)

나는 그녀와 이틀 연속 놀고 있다.

I have hung out with her for two consecutive days.

POINT 4 지금까지도 그래 왔고 앞으로도 그럴 거라면
→ have been -ing (현재완료 진행형)

나는 아주 열심히 일해 오고 있는 중이다.

I have been working very hard.

POINT 1 ~을 해왔다 → have+p.p. (현재완료)

우리는 귀사와 함께 일해서 즐거웠습니다.

We have been pleased to work with your company.

과거의 어느 한 시점부터 지금까지 쭉 해온 것은 현재완료 시제인 〈have+p.p.〉 형태를 사용합니다. p.p.는 '과거분사'로서 동사마다 변형 형태가 다르기 때문에 각각 외워 둬야 합니다. be동사의 과거형은 was/were이고, 과거분사형은 been입니다. 그래서 We have been 같은 형태가 만들어진 겁니다.

{TIP} 현재완료(have+p.p.)를 이용해서 영작해 보세요.

❶ 그 회사는 돈만을 추구해 왔습니다. 🖉 _____

❷ 그들은 내 의견을 무시해 왔다. 🖉 _____

❸ 나는 그녀와 사랑에 빠져 왔습니다. 🖉 _____

커닝페이퍼

추구하다 pursue
무시하다 ignore
~와 사랑에 빠지다
be in love with

POINT 2 현재완료와 자주 쓰이는 → since (~이후로)

그는 학창시절 이후로 공부를 하지 않았다.

He has not studied since his school days.

〈have+p.p.〉가 '(과거의 어느 한 시점에서 지금까지 쭉) ~해오다'라는 의미이기 때문에 '~이후로'라는 뜻의 since와 같이 쓰이는 경우가 많습니다. since 뒤에는 since his school days(그의 학창시절 이후로)처럼 명사가 올 수도 있고, since I was young(내가 어렸을 적부터)처럼 절이 올 수도 있습니다. 그 절의 의미는 '과거의 어느 시점 이래로'가 되기 때문에 당연히 과거시제가 와야 합니다.

{TIP} 현재완료(have+p.p.)와 since를 이용해서 영작해 보세요.

❶ 나는 2010년 이후로 서울에 가본 적이 없다. 🖉 _____

❷ 그는 대학생이었던 시절부터 쭉 무척 행복했다.

🖉 _____

❸ 작년 이후로 정부는 그 회사를 감시해 왔다.

🖉 _____

커닝페이퍼

~에 가본 적이 있다
have been to...
대학생 university student
감시하다 monitor

POINT 3 현재완료와 자주 쓰이는 → for (~동안)

나는 지난 3주간 그녀와 사랑에 빠졌다.

I have been in love with her for the last three weeks.

잠깐만요!

형식이 중요한 문어체에서는 1~10까지는 영어로, 11 이상부터는 아라비아 숫자로 씁니다. 문두에 수가 오면 11 이상이어도 영어로 풀어서 쓰고, %와 같이 쓰일 때는 아라비아 숫자로 씁니다.

during과 for는 둘 다 기간을 나타내는 전치사이지만 쓰임에 차이가 있습니다. during은 '언제?'에 답할 때 사용하고, for는 '얼마나 오랫동안?'에 답할 때 사용합니다. 그래서 '이차세계대전 중에'라는 말은 during World War II라고 해야 하고, '3주 동안'이라는 말은 for three weeks(3주 동안)라고 해야 합니다. 따라서 현재완료와 함께 얼마나 오랫동안 그래 왔는지를 나타내려면 for를 사용합니다.

{TIP} **현재완료(have+p.p.)와 for를 이용해서 영작해 보세요.**

① 마이클은 10년 동안 가르쳐 왔다.

② 그녀는 5년 동안 사랑에 빠진 적이 없다.

③ 저희 부장님이 저를 하루 종일 신경 써 주셨습니다.

전넝페이퍼

사랑에 빠지다 be in love
~를 신경 쓰다 care about
하루 종일 the whole day

POINT 4 지금까지도 그래 왔고 앞으로도 그럴 거라면
→ have been -ing (현재완료 진행형)

나는 흡연을 해오고 있는 중이다.

I have been smoking.

현재완료 진행형(have been -ing)은 '(과거의 어느 한 시점부터 지금까지 쭉) ~해오고 있는 중이다'라고 해석하면 됩니다. 그래서 일반적인 현재완료형에 비해 앞으로도 계속 그 일이 진행될 거라는 강한 암시를 줍니다. I have studied. 하면 지금까지 공부를 해왔다는 의미이고 앞으로는 어찌될지 알 수 없습니다. 하지만 I have been studying.이라고 하면 앞으로도 공부할 거라는 암시를 줍니다.

{TIP} **현재완료 진행형(have been -ing)을 이용해서 영작해 보세요.**

① 모건은 시간을 낭비해 오고 있는 중이다.

② 그들은 많은 돈을 써 오고 있는 중이다.

③ 그 조직은 정부를 설득해 오고 있는 중이다.

전넝페이퍼

조직 organization
설득하다 persuade

★ 정답은 p.238을 확인하세요.

영문 이메일 ✉

```
▶ 메일쓰기
HTML ▾  □서명첨부 □V-Card □!중요                    한국어(EUC-KR) ▾  □편지지
스타일▾ 포맷▾ 폰트▾ 글자크기▾
```

우리는 지난달 이래로 귀사로부터의 답변을 받은 바가 없습니다.

🖉

저희가 아는 한, 정부도 2012년 이래로 이 프로젝트에 관심을 가져 왔습니다.

🖉

이것은 매우 매력적인 프로젝트입니다.

🖉

빠른 답변 부탁드립니다.

🖉

컨닝페이퍼

저희가 아는 한
as far as we know

~에 관심을 가지다
be interested in...

매력적인 attractive

~에 답하다 reply to

We have not received any reply from your company since last month.
As far as we know, the government has also been <u>interested in</u>❶ this project since 2012.
This is a very <u>attractive</u>❷ project.
Please reply to us soon.

❶ be interested 뒤에 따라다니는 전치사는 in입니다. about이나 for 등 다른 전치사를 쓰지 않도록 주의하세요.

❷ attractive 대신에 appealing(매력적인, 흥미로운)을 써도 됩니다.

13 동사를 도와주는 조동사

I can do it.
나 그거 할 수 있어.

강의듣기 13

준비단계
오늘 써볼 문장

여러분은 곧 이 문장을
영작할 수 있게 됩니다.

그들은 그의 의견에 동의할 수 있다.

우리 부모님은 작은 것도 볼 수
있습니다.

내려가도 좋습니다.

나는 영어 문장을 쓸 수 있어야 한다.

1단계
영작 핵심 포인트

영작을 위해 이것만은
꼭 알아 두세요.

POINT 1 ~할 수 있다 → can 동사

그건 기다릴 수 있어. (그건 나중에 해도 돼.)

It can wait.

POINT 2 ~할 능력이 된다 → be able to 동사

그는 영어 문장을 쓸 수 있습니다.

He is able to write English sentences.

POINT 3 ~해도 된다(허락) → may 동사

제가 여기 앉아도 될까요?

May I sit here?

POINT 4 ~해야 한다(의무) → must/should 동사

상사는 부하직원들을 존중해야 한다.

Bosses should respect their subordinates.

POINT 1 ~할 수 있다 → can 동사

그들은 그의 의견에 동의할 수 있다.

They can agree with his opinion.

조동사는 동사를 보조하는 역할을 합니다. '하다'가 아닌 '할 수 있다', '끝내다'가 아닌 '끝내야 한다' 등으로 이야기를 전개할 때는 보조하는 동사인 조동사가 원래 동사 앞에 쓰입니다. 대표적인 조동사로 can이 있습니다. '할 수 있다'는 우리말과 그 의미가 같습니다. 가능성을 나타내기도 하고 능력을 나타내기도 합니다.

{TIP} can을 이용해서 영작해 보세요.

❶ 그것은 당신에게 일어날 수 있어요.

❷ 나는 이 일을 끝낼 수 있다.

❸ 우리 상사는 다른 생각을 제시할 수 있다.

컨닝페이퍼

일어나다 happen
제시하다 suggest

POINT 2 ~할 능력이 된다 → be able to 동사

우리 부모님은 작은 것도 볼 수 있습니다.

My parents are able to see even small things.

can은 '가능성'과 '능력'이라는 두 가지 의미로 쓰입니다. 그 중에서 '능력'으로 쓰이는 경우 can을 be able to로 바꿔 쓸 수 있습니다. be able to는 능력이 있다는 의미를 가질 뿐, 가능성을 의미하지는 않습니다. 그래서 can과는 달리 사물을 주어로 취하지 않는 경향이 있습니다. It can happen to you.(그것은 당신에게 일어날 수 있습니다.)를 It is able to happen to you.(그것은 당신에게 일어날 능력이 됩니다.)로 바꿔 쓸 수는 없습니다.

{TIP} be able to를 이용해서 영작해 보세요.

❶ 당신은 이것을 극복할 수 있습니다.

❷ 그들은 그를 이길 수 없습니다.

❸ 그 회장은 이 문제를 다룰 능력이 됩니다.

컨닝페이퍼

극복하다 overcome
이기다 beat
다루다 handle
문제 matter

내려가도 좋습니다.
You may step down.

may에는 여러 가지 의미가 있는데, 그중 '~해도 좋다'는 '허락'의 의미로 자주 쓰입니다. 선생님이 학생들의 어떤 행동을 허락할 때처럼 상하관계에서 자주 쓴다고 보면 됩니다. 그래서 may는 내가 상대방보다 윗사람인 경우거나 아니면 자신을 낮추어서 허락을 구하는 상황에서 많이 쓰입니다.

{TIP} **may를 이용해서 영작해 보세요.**

❶ 제가 들어가도 될까요? _____

❷ 주목해 주시겠어요? _____

❸ 너 이제 친구들하고 놀아도 돼.

_____

컨닝페이퍼

들어가다 come in
주목 attention
놀다 hang out

나는 영어 문장을 쓸 수 있어야 한다.
I must be able to write English sentences.

must는 예문에서와 같이 '~해야 한다'는 뜻으로도 쓰이고, It must be true.(그건 사실임에 틀림없다.)에서와 같이 '~임에 틀림없다'는 뜻으로도 쓰입니다. 위 예문을 I must write English sentences.라고 쓰면 "나는 영어 문장을 써야 한다."는 의미가 됩니다. '쓸 수 있어야 한다'는 의미를 살리려면 must 뒤에 can이나 be able to를 붙여야 하는데, 조동사 두 개를 나란히 붙여서 must can이라고 쓸 수는 없기 때문에 must be able to라고 써야 합니다.

잠깐만요!

must처럼 '~해야 한다'는 표현으로 should도 많이 사용합니다. must는 과거형이 따로 없고 대신 had to(~해야 했다)로 씁니다.

컨닝페이퍼

적 enemy
가난한 사람 the poor
부서 department
지지하다 support
정책 policy

{TIP} **must, should, had to를 이용해서 영작해 보세요.**

❶ 그들은 우리의 적임에 틀림없다. _____

❷ 정부는 가난한 사람들을 도와야 한다. _____

❸ 우리 부서가 이 정책을 지지해야 했다. _____

★ 정답은 p.238을 확인하세요.

토플 라이팅

TOEFL Writing

몇몇 사람들은 젊은이들이 바쁘다고 말합니다.

_____

하지만 저는 그들이 남을 도와야 한다고 생각합니다.

_____

그들은 그들 자신의 일만 신경 씁니다.

_____

하지만 그들은 인간이 사회적 동물이라는 것을 잊어서는 안 됩니다.

_____

_____

커닝페이퍼

자신의 일에만 신경 쓰다
mind one's own
business

사회적인 social

Some people say that young people are busy.
However, I think they should/must❶ help others.
They mind their own business,
but they must/should not forget that humans are social animals.

❶ should와 must는 둘 다 '~해야 한다'는 의미이지만, 사실 must가 should보다 좀 더 강하게 해야 한다고 주장하는 어감입니다. 예를 들어 You should join the military.는 '너는 (대한민국 남자니까) 군대에 가야 한다'의 의미이고, You must join the military.는 '너는 (감방 안 가려면) 군대에 가야 한다'는 정도의 뉘앙스를 줍니다.

14

시키는 것을 좋아하는 사역동사 ❶

It makes me happy.

그건 나를 행복하게 해줘.

강의듣기 14

준비단계

오늘 써볼 문장

여러분은 곧 이 문장을
영작할 수 있게 됩니다.

그 아들은 아버지를 더 열심히
일하게 만들었다.

그 선생님이 나를 더 나은 사람으로
만들어 주셨다.

이 고양이는 그녀를 행복하게 해줬다.

엄마가 나에게 케이크를 만들어 주셨다.

1단계

영작 핵심 포인트

영작을 위해 이것만은
꼭 알아 두세요.

POINT 1 (명사)가 (동사)하게 만들다 → 〈make 명사+동사〉

당신은 나를 더 좋은 남자가 되고 싶게 만들었어요.

You made me want to be a better man.

POINT 2 (명사)가 (명사)하게 만들다 → 〈make 명사+명사〉

당신은 나를 더 나은 남자로 만들었습니다.

You made me a better man.

POINT 3 (명사)가 (형용사)하게 만들다 → 〈make 명사+형용사〉

당신은 나를 더 낫게 만들었습니다.

You made me better.

POINT 4 누구에게 무엇을 만들어 주다 → 〈make 누구+무엇〉

내 전 여자친구는 나에게 쿠키를 만들어 주곤 했다 .

My ex-girlfriend used to make me cookies.

POINT 1 (명사)가 (동사)하게 만들다 → 〈make 명사+동사〉

그 아들은 아버지를 더 열심히 일하게 만들었다.

The son made his father work harder.

학창시절에 make가 대표적인 사역동사라고 배웠을 겁니다. 사역동사는 말 그대로 '시킨다'는 뜻입니다. 사역동사가 명사로 하여금 뭔가를 하도록 시킬 때는 'to 동사' 가 아닌 그냥 '동사원형'을 씁니다. You made me want to be a better man.(당신은 나로 하여금 더 좋은 남자가 되고 싶게 만들었어요.)은 잭 니콜슨 주연의 영화 〈이보다 더 좋을 순 없다〉에 나오는 유명한 대사입니다.

{TIP} 〈make 명사+동사〉를 이용해서 영작해 보세요.

❶ 그들은 내가 그들을 피하게 만들었다. 🖉 _____

❷ 우리 상사가 나를 그만두게 만들었다. 🖉 _____

❸ 우리 부모님은 내가 의사가 되고 싶게 만들었다.

🖉 _____

POINT 2 (명사)가 (명사)하게 만들다 → 〈make 명사+명사〉

그 선생님이 나를 더 나은 사람으로 만들어 주셨다.

The teacher made me a better person.

명사를 명사로 만들 때도 make를 사용합니다. 이때 〈명사 as 명사〉나 〈명사 to be 명사〉의 형태로 쓰면 안 됩니다. 즉, The teacher made me as a better person. (×) 또는 The teacher made me to be a better person.(×)이라고 하면 안 됩니다. 자주 틀리는 어법이니 정확하게 쓰도록 연습해 두세요.

{TIP} 〈make 명사+명사〉를 이용해서 영작해 보세요.

❶ 그의 어머니가 그를 변호사로 만들었다. 🖉 _____

❷ 그 학생들은 나를 나쁜 선생님으로 만들었다. 🖉 _____

❸ 대통령이 그날을 국경일로 만들어야 한다.

🖉 _____

(명사)가 (형용사)하게 만들다 → 〈make 명사+형용사〉

이 고양이는 그녀를 행복하게 해줬다.

This cat made her happy.

명사를 형용사로 만들 때도 make를 사용합니다. 이때 〈명사 to be 형용사〉로 쓰지 않도록 주의하세요. The cat made her to be happy.라고 쓰면 틀린 표현이 됩니다. interesting은 품사가 어떻게 될까요? 현재분사인가요? 아닙니다. 형용사입니다. 그래서 Your unique idea made the story more interesting.(당신의 독특한 아이디어가 그 이야기를 더욱 재미있게 만들었어요.)이라고 쓸 수 있습니다.

{TIP} 〈make 명사+형용사〉를 이용해서 영작해 보세요.

❶ 에이미는 나를 행복하게 만든다.

❷ 경쟁자들이 우리를 더 강하게 만든다.

❸ 그의 태도가 나를 슬프게 했다.

러닝페이퍼

경쟁자 competitor
태도 attitude

POINT 4 **누구에게 무엇을 만들어 주다 → 〈make 누구+무엇〉**

엄마가 나에게 케이크를 만들어 주셨다.

My mom made me a cake.

이 예문에서 make는 사역동사로 쓰인 것이 아니라, 단순히 '~을 만들어 주다'라는 뜻으로 쓰였습니다. 문장 구조는 4형식으로서 〈make 누구+무엇〉하면 '(누구)에게 (무엇)을 만들어 주다'는 의미가 됩니다. 물론 My mom made a cake for my birthday.(엄마가 내 생일을 위해 케이크를 만드셨다.)와 같이 3형식으로 쓸 수도 있습니다.

{TIP} make를 이용해서 영작해 보세요.

❶ 그녀는 그녀 자신의 빵을 만들었다.

❷ 그녀 남자친구가 그녀에게 종이꽃을 만들어 주었다.

❸ 그는 나에게 절대 종이비행기를 만들어 주지 않았다.

잠깐만요

own은 동사로 '소유하다'의 뜻이 있습니다. 또한 〈one's own 명사〉의 형태로도 많이 쓰입니다. 이 형태에서 one's를 빼먹는 사람들이 많으니 주의하세요.

러닝페이퍼

종이비행기
paper airplane

★ 정답은 **p.238**을 확인하세요.

영문 이메일

귀사는 제가 독서를 많이 즐기도록 만들어 줍니다.

매우 감사드립니다.

하지만 가끔 귀사의 늦은 배송은 저를 화나게 합니다.

배송이 늦어지면 언제라도 미리 알려주시기 바랍니다.

Your company makes me enjoy reading a lot.
Thank you very much.
However, sometimes your late delivery <u>makes me angry.</u>❶
Please inform me in advance whenever a delivery is going to be late.

❶ makes me angry 대신에 drive someone crazy라는 관용 표현을 이용해서 drives me crazy
(나를 미치게 하다)라고 써도 됩니다.

15

시키는 것을 좋아하는 사역동사 ❷

I had my hair cut.

나는 머리를 잘랐다.

강의듣기 15

준비단계

오늘 써볼 문장

여러분은 곧 이 문장을
영작할 수 있게 됩니다.

부자는 돈이 그들을 위해
일하게끔 시킨다.

내 남자친구는 내가 이 가방 사는 걸
내버려뒀다.

우리 선생님은 우리가 그 수학 문제 푸는
것을 도와주셨다.

정부는 우리가 이 사업을 그만두도록
강요했다.

1단계

영작 핵심 포인트

영작을 위해 이것만은
꼭 알아 두세요.

POINT 1 (명사)가 ~하게/되게 시키다 → ⟨have 명사+동사/p.p.⟩

나는 머리를 잘랐다.

I had my hair cut.

POINT 2 (명사)가 ~하게 내버려두다 → ⟨let 명사+동사⟩

선생님들은 우리가 뭘 하건 내버려두신다.

Teachers let us do anything.

POINT 3 (명사)가 ~하는 것을 돕다 → ⟨help 명사 (to) 동사⟩

언니는 내가 숙제 끝내는 것을 도와줬다.

My sister helped me (to) finish the homework.

POINT 4 (명사)가 ~하게 강요하다 → ⟨force 명사 to 동사⟩

우리 부모님은 항상 나에게 공부를 열심히 하라고 강요한다.

My parents always force me to study hard.

POINT 1 (명사)가 ~하게/되게 시키다 → 〈have 명사+동사/p.p.〉

부자는 돈이 그들을 위해 일하게끔 시킨다.

The rich have money work for them.

I had my hair cut.(나는 머리를 잘랐다.)이라는 문장을 자주 봤을 겁니다. 여기에서 have는 '시키다'는 뜻을 가진 사역동사입니다. 그리고 뒤의 cut은 동사원형이 아니라 과거분사형(p.p.)으로 쓰인 겁니다. 내가 직접 머리를 자른 게 아니라 누군가를 시켜 머리가 깎이게 했다는 의미이므로 과거분사를 써야 합니다. 만약 make를 써서 I made my hair cut.이라고 하면, 억지로 누군가가 내 머리를 자르게 만들었다는 뉘앙스가 되므로, '시키다'는 의미인 have가 더 적당합니다.

{TIP} **사역동사 have를 이용해서 영작해 보세요.**

❶ 우리 부장님이 나에게 일 끝난 뒤에 남으라고 시켰다.

❷ 나는 그에게 이 서류를 복사하라고 시키지 않았다.

컨닝페이퍼

남다 stay

일 끝난 뒤에 after work

서류 document

복사하다 copy

POINT 2 (명사)가 ~하게 내버려두다 → 〈let 명사+동사〉

내 남자친구는 내가 이 가방 사는 걸 내버려뒀다.

My boyfriend let me buy this bag.

낯선 사람들 앞에서 자신을 소개할 때 보통 Let me introduce myself.라고 하는데 이때의 let은 사역동사입니다. 직역을 하자면 "내가 내 소개를 하도록 내버려두십시오."가 됩니다. 이렇게 let은 '내버려두다'는 의미가 강합니다. 허락을 하는 것과는 또 다릅니다. 참고로 let의 과거형은 let입니다.

{TIP} **사역동사 let을 이용해서 영작해 보세요.**

❶ 그들은 절대 내가 너를 사랑하게 내버려두지 않아.

❷ 어제 우리 부모님은 내가 컴퓨터 게임 하는 걸 내버려두셨다.

❸ 아내는 내가 술 많이 마시는 것을 절대 내버려두지 않는다.

우리 선생님은 우리가 그 수학 문제 푸는 것을 도와주셨다.

Our teacher helped us (to) solve the math question.

사역동사는 누가 뭔가를 하도록 시키는 동사인데 help는 누가 뭔가를 하는 걸 돕는다는 의미이므로 '준사역동사'라고 합니다. 〈help 목적어〉 뒤에 나오는 동사 앞에는 to를 붙여도 되고 생략해도 됩니다. 문맥상 누구를 돕는지 명확하다면 목적어도 생략할 수 있습니다. 그래서 위 예문도 문맥상 우리를 도왔다는 것이 명확하다면 Our teacher helped solve the math question.이라고 쓸 수 있습니다.

{TIP} **help를 이용해서 영작해 보세요.**

❶ 오빠는 내가 그와 몰래 연애하는 것을 도왔다.

✎ _____

❷ 아버지는 내가 유학하는 걸 금전적으로 도와주셨다.

✎ _____

정부는 우리가 이 사업을 그만두도록 강요했다.

The government forced us to stop this business.

누가 뭔가를 하도록 강요하거나 강압했다면 make만으로는 한계가 있습니다. 이때는 force를 써서 〈force 명사 to 동사〉의 형태로 쓰면 됩니다. 내가 뭔가를 하도록 강요받았을 때는 이를 수동태로 바꿔 be forced to(어쩔 수 없이 ~하다)를 사용하면 됩니다.

{TIP} **force를 이용해서 영작해 보세요.**

❶ 나는 그걸 멈추라고 너한테 강요하지 않았어. ✎ _____

❷ 그는 우리에게 교회 다니라고 강요했다. ✎ _____

❸ 나는 어쩔 수 없이 열심히 일했다. ✎ _____

컨닝페이퍼

~와 연애하다
see someone
몰래 secretly
유학하다 study abroad
금전적으로 financially

★ 정답은 p.239를 확인하세요.

영어일기 3

최 교수님은 우리에게 수업 끝나고 남으라고 했다.

그리고 말했다,

"너희를 그 세미나에 참석하도록 허락해 줄게."라고.

오, 제길! 우린 이걸 부탁하지 않았다고!

우린 참석하라고 강요했다.

컨닝페이퍼

~에 참석하다
participate in

세미나 seminar

Prof. Choi had us stay <u>after class</u>. ❶
And he said,
"I will allow you to participate in the seminar."
Oh shit! We didn't ask for this!
We were forced to participate.

❶ '수업 후'는 관사 없이 after class라고 하고, '방과 후'도 관사 없이 after school이라고 합니다.
'은퇴 후' 역시 관사 없이 after retirement라고 합니다.

16 함께 있어야 완벽해지는 동사구

I thought of you.
나는 너 생각했어.

강의듣기 16

오늘 써볼 문장

여러분은 곧 이 문장을
영작할 수 있게 됩니다.

나는 항상 너를 생각해.	그는 그의 전공에 집중했다.
나는 이미 이런 문제를 다뤘었다.	그가 우리 스터디 그룹에 합류했다.

1단계
영작 핵심 포인트

영작을 위해 이것만은
꼭 알아 두세요.

POINT 1 ~을 생각하다 → think of 명사

그는 나를 생각했다.

He thought of me.

POINT 2 ~에 집중하다 → concentrate on 명사

브라이언은 공부에 집중한다.

Brian concentrates on studying.

POINT 3 ~을 다루다 → deal with 명사

그들은 이 기계를 다룰 수 있다.

They can deal with this machine.

POINT 4 join은 전치사 없이 → join 명사

우리랑 같이 할래?

Will you join us?

POINT 1 ~을 생각하다 → think of 명사

나는 항상 너를 생각해.

I always think of you.

"그는 이 문제를 생각했다."를 영작할 때 He thought this problem.이라고 쓰는 경향이 있습니다. 우리말에는 없는 개념인 '두 단어로 이루어진 동사'를 잘 모르기 때문입니다. 문법적으로 think 뒤에는 절이 와야 하고, '(명사)를 생각하다'는 〈think of/about 명사〉를 씁니다. 〈think of 명사〉는 지나치듯 가볍게 생각한다는 어감이고, 〈think about 명사〉는 곰곰이 생각한다는 어감인데, 의미상의 큰 차이는 없습니다.

{TIP} think of/about을 이용해서 영작해 보세요.

❶ 나는 한때 이 문제를 곰곰이 생각해 봤다.

❷ 제이미는 가끔 자기 애완동물 생각을 한다.

❸ 그녀는 집에 가다가 전 남자친구 생각을 했다.

러닝페이퍼

한때 once
문제 matter
애완동물 pet
집에 가다가
on one's way home
전 남자친구 ex-boyfriend

POINT 2 ~에 집중하다 → concentrate on 명사

그는 그의 전공에 집중했다.

He concentrated on his major.

뭔가에 집중한다고 할 때 concentrate(집중하다) 뒤에 어떤 전치사를 사용할까요? in이나 at이 아니라 바로 on을 사용합니다. 언어는 수학이 아니라서 모든 공식에 답을 제시할 수는 없습니다. 그래서 자주 쓰는 동사와 전치사를 쌍으로 암기하고 숙달되는 수밖에 없습니다. concentrate와 비슷한 단어인 focus(집중하다) 뒤에도 on이 옵니다. emphasize(강조하다) 뒤에도 on을 붙이는 실수를 많이 하는데, 이 단어 뒤에는 전치사를 쓰지 않습니다.

{TIP} concentrate, focus, emphasize (on)을 이용해서 영작해 보세요.

❶ 그녀는 컴퓨터 게임에 집중한다.

❷ 그 상사는 주식에 집중했었다.

❸ 그 선생님은 이 챕터를 강조했다.

잠깐만요!

명사 emphasis(강조)를 쓸 때는 동사로 쓸 때와는 다르게 강조하는 대상 앞에 전치사 on을 씁니다.

러닝페이퍼

주식 stock market
챕터 chapter

나는 이미 이런 문제를 다뤘었다.

I already dealt with this problem.

'다루다'는 의미로는 handle도 있지만 deal with도 있습니다. deal with 뒤에 상황이나 문제가 나오면 '다루다'는 뜻이고, 사람이 오면 '상대하다'는 뜻입니다. '연기하다'는 뜻의 동사로 postpone도 있지만 put off도 있어요. 우리말에서 '비행기에 탑승하다'와 '비행기에 타다'는 같은 뜻으로서 표현만 다릅니다. '타다'는 순우리말인 반면, '탑승하다'는 한자어에서 온 말로 공식적이고 딱딱한 어감을 주지요. 이처럼 영어에도 순수 영어가 있고, 라틴어나 그리스어에서 온 표현들이 있습니다. postpone은 put off에 비해 상대적으로 딱딱하면서 형식적인 느낌을 줍니다.

{TIP} deal with, put off를 이용해서 영작해 보세요.

❶ 나는 그거 다룰 수 있어. 🖉 _____

❷ 그들은 환경 문제들을 다룬다. 🖉 _____

❸ 선생님이 시험을 연기했다. 🖉 _____

그가 우리 스터디 그룹에 합류했다.

He joined our study group.

'~에 합류하다'를 표현할 때 join(합류하다) 뒤에 전치사 in(~에)을 쓸 것 같지만 그렇지 않습니다. 또한 '~에 대해 토론하다'를 영어로 표현할 때 discuss(토론하다) 뒤에 about(~에 대하여)이 올 것 같은데 역시나 오지 않습니다. 이는 우리말과의 차이에서 오는 혼동입니다. 우리말에서는 목적어에 보통 '~을/를'이 붙는데, '~에' 합류하고 '~에 관해' 토론한다고 하니 전치사를 붙이는 실수를 많이 저지르곤 합니다.

{TIP} join, discuss를 이용해서 영작해 보세요.

❶ 나랑 함께할래? 🖉 _____

❷ 그는 어제 군대 갔어. 🖉 _____

❸ 우린 이미 이 문제에 관해 토론했다. 🖉 _____

★ 정답은 p.239를 확인하세요.

영문 이메일 ✉

우리 회사는 이 문제에 대해 생각해 봤습니다.

하지만 우리는 그것을 이미 다뤘습니다.

우리 회사는 이 프로젝트에 합류하지 않기로 결정했습니다.

우리는 매우 유감입니다.

커닝페이퍼

~하지 않기로 결정하다
decide not to 동사

매우 유감이다
be deeply sorry

Our company thought of this problem.
However, we already dealt with it.
Our company decided not to join this project.
We are deeply sorry. ❶

❶ sorry는 사과의 뜻으로도 쓰이지만 단순히 유감이라는 의미로도 쓰입니다. 누군가 가족을 잃었을
때도 I am sorry.라고 하는데, 그때는 '미안하다'는 의미가 아니라 '유감이다'는 의미입니다.

17 'to 동사'를 좋아하는 동사

I hope to pass the exam.

나는 시험에 통과하고 싶다.

강의듣기 17

준비단계
오늘 써볼 문장

여러분은 곧 이 문장을
영작할 수 있게 됩니다.

나는 많은 돈을 벌고 싶다.	그들은 집에 있기로 결정했다.
너를 그곳에 데려다 주기로 약속할게.	우리 학교는 소풍을 안 가기로 결정했다.

1단계
영작 핵심 포인트

영작을 위해 이것만은
꼭 알아 두세요.

POINT 1 ~하고 싶다 → want/hope to 동사

나는 시험에 통과하고 싶다.

I hope to pass the exam.

POINT 2 ~하기로 하다 → decide/choose to 동사

그들은 임금을 삭감하기로 결정했다.

They decided to cut salaries.

POINT 3 ~할 계획이다/~하기로 약속하다 → plan/promise to 동사

밤늦게까지 공부할 계획이었다.

I planned to study until late at night.

POINT 4 〈to 동사〉의 부정은 → not to 동사

나는 학교 안 다니는 걸 선택했다.

I chose not to go to school.

POINT 1 ~하고 싶다 → want/hope to 동사

나는 많은 돈을 벌고 싶다.

I want to make a lot of money.

목적어로 to 동사를 취하는지 -ing(동명사)를 취하는지 헷갈리는 동사들이 있습니다. 이번 기회에 주요 단어 위주로 확실히 숙지하시기 바랍니다. want(원하다)의 목적어로 명사가 와도 되지만 to 동사가 와도 됩니다. 〈want to 동사〉 하면 '~하고 싶다'는 뜻이 됩니다. want의 목적어로 -ing나 that절은 오지 못하니 주의하세요. 비슷한 단어인 hope(바라다)도 to 동사를 목적어로 취할 수 있습니다.

{TIP} want/hope to를 이용해서 영작해 보세요.

❶ 그녀는 더 어려 보이길 원한다. 🖊 ....

❷ 그는 유니폼 입기를 원하지 않는다. 🖊 ....

❸ 저는 귀사를 곧 방문하길 희망합니다. 🖊 ....

POINT 2 ~하기로 하다 → decide/choose to 동사

그들은 집에 있기로 결정했다.

They decided to stay home.

decide의 목적어로 간단히 명사가 오기도 하지만, '무엇을 하는지' 결정할 때는 목적어로 동사가 쓰여 〈decide to 동사〉의 형태를 취합니다. 그래서 '집에 있기로 결정하다'는 decide to stay home이 됩니다. choose(선택하다)도 명사나 to 동사를 목적어로 취합니다. choose의 과거형은 chose이고, 명사형은 choice입니다.

{TIP} decide/choose to를 이용해서 영작해 보세요.

❶ 나는 물리학을 전공하기로 결정했다. 🖊 ....

❷ 왜 이 회사에 지원하기로 결정했나요? 🖊 ....

❸ 그녀는 절대 이 과목을 공부하기로 선택하지 않았다.

🖊 ....

컨닝페이퍼
전공하다 major in
물리학 physics
지원하다 apply for
과목 subject

~할 계획이다/~하기로 약속하다 → plan/promise to 동사

너를 그곳에 데려다 주기로 약속할게.

I promise to take you there.

promise(약속하다)는 명사를 약속하기도 하지만 동사(무엇을 하기로)를 약속하기도
합니다. 그때는 〈promise to 동사〉의 형태를 취합니다. plan(계획하다)도 마찬가
지입니다. plan은 명사를 계획하기도 하지만 동사(무엇을 하기로)를 계획하기도 하
는데 그때는 〈plan to 동사〉의 형태로 쓰면 됩니다. appointment는 주로 의사와
의 약속처럼 일상적이지 않은 공적인 약속 등을 의미합니다.

{TIP} plan/promise to를 이용해서 영작해 보세요.

❶ 너에게 선물 사주기로 약속할게. 🖊 _____

❷ 우리는 당신과 접촉할 계획이었다. 🖊 _____

❸ 그는 인터넷 사업을 운영하려고 계획했었다.

🖊 _____

컨닝페이퍼

접촉하다 contact
사업을 운영하다
run a business

〈to 동사〉의 부정은 → not to 동사

우리 학교는 소풍을 안 가기로 결정했다.

My school decided not to go on a picnic.

decide(결정하다) 뒤에 동사가 올 때도 to를 넣어서 〈decide to 동사〉(~하기로 결
정하다)의 형태를 취합니다. '~하지 않기로 결정하다'라고 하려면 to 앞에 not을
넣어서 〈decide not to 동사〉의 형태가 됩니다. 만약 〈do not decide to 동사〉
라고 하면 '~하기로 결정하지 않다'의 의미가 되어 버리니 주의해야 합니다. 비단
decide 뿐만이 아니라 앞서 언급한 다른 동사들도 같은 어법을 따릅니다. not의
위치가 헷갈리면 not은 바로 뒤에 있는 동사를 부정한다고 생각하면 됩니다.

{TIP} not의 위치에 주의하며 영작해 보세요.

❶ 나는 네게 소리 지르지 않기로 약속했다. 🖊 _____

❷ 나는 교회에 안 가기로 결정했다. 🖊 _____

❸ 나는 네게 돈을 주기로 약속하지 않았다. 🖊 _____

컨닝페이퍼

소리 지르다 yell

★ 정답은 p.239를 확인하세요.

카톡 문자

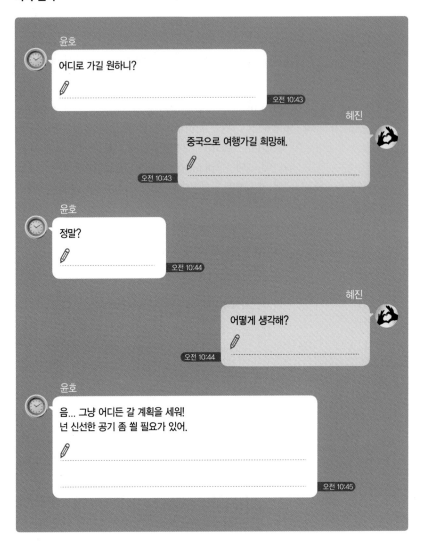

윤호
어디로 가길 원하니?
오전 10:43

혜진
중국으로 여행가길 희망해.
오전 10:43

윤호
정말?
오전 10:44

혜진
어떻게 생각해?
오전 10:44

윤호
음... 그냥 어디든 갈 계획을 세워!
넌 신선한 공기 좀 쐴 필요가 있어.
오전 10:45

윤호 : Where do you want to go?
혜진 : I hope to travel to China.
윤호 : Really?
혜진 : What do you think? ❶
윤호 : Mmm... Just plan to go anywhere! You need to get some fresh air.

❶ "어떻게 생각해?"를 그대로 영어로 옮기면 How do you think?가 되지만, 이렇게는 말하지 않습니다. 그 대신 What do you think?라고 해야 하고, 이는 "무엇을 생각하니?"가 아니라 "어떻게 생각해?"라는 뜻입니다.

18

-ing를 좋아하는 동사

He enjoys reading.

그는 독서를 즐긴다.

강의듣기 18

준비단계
오늘 써볼 문장

여러분은 곧 이 문장을
영작할 수 있게 됩니다.

그는 여행 계획하는 걸 즐긴다.

그들은 그들 상사 만나는 걸 피하고 있다.

그 체스 선수는 속임수 쓰는 것을 끝냈다.

너에 대한 생각을 멈출 수가 없다.

1단계
영작 핵심 포인트

영작을 위해 이것만은
꼭 알아 두세요.

POINT 1 ~하는 것을 즐기다 → enjoy -ing

그는 독서를 즐긴다.

He enjoys reading.

POINT 2 ~하는 것을 피하다 → avoid -ing

우리는 그녀의 이혼을 언급하는 걸 피했다.

We avoided mentioning her divorce.

POINT 3 ~하는 것을 끝내다 → finish -ing

나는 오늘 이걸 만드는 걸 끝낼 수 없다.

I cannot finish making it today.

POINT 4 ~하는 것을 멈추다 → stop -ing

제발 시끄럽게 떠드는 것 좀 멈춰 주세요.

Please, stop making noise.

POINT 1 ~하는 것을 즐기다 → enjoy -ing

그는 여행 계획하는 걸 즐긴다.

He enjoys planning trips.

우리말로는 '~을 즐긴다'라고도 하고 '즐겁게 ~한다'라고도 합니다. 둘 다 〈enjoy 명사〉 혹은 〈enjoy -ing〉를 쓸 수 있습니다. 하지만 〈enjoy to 동사〉는 문법상 쓸 수 없는 표현입니다. 즉, enjoy는 동사를 목적어로 취할 때 to 동사가 아니라 동명사(-ing) 형태를 씁니다. 참고로 '즐겁게'는 enjoyably이니 함께 알아 두세요.

{TIP} enjoy -ing를 이용해서 영작해 보세요.

❶ 나는 이곳에서 사는 걸 즐겼다.

❷ 우리는 당신과 함께해서 즐거웠습니다.

❸ 그는 우리와 일하는 걸 절대 즐기지 않는다.

POINT 2 ~하는 것을 피하다 → avoid -ing

그들은 그들 상사 만나는 걸 피하고 있다.

They are avoiding meeting their boss.

avoid는 '피하다'는 의미입니다. avoid my teacher(우리 선생님을 피하다), avoid trouble(문제를 피하다)처럼 목적어로 사람이나 사물 등이 올 수 있습니다. 하지만 무엇을 하는 것(동사)을 피할 수도 있는데, 이 경우 목적어로 to 동사가 아닌 -ing 형이 옵니다. 부딪치거나 맞는 걸 '가까스로' 피한다고 할 때는 narrowly(가까스로)라는 부사가 자주 쓰이는 것도 알아두면 좋습니다.

{TIP} avoid -ing를 이용해서 영작해 보세요.

❶ 그는 그 질문에 답하는 걸 피했다.

❷ 그녀는 그 차를 가까스로 피했다.

❸ 그는 그렇게 말하는 걸 피할 수 없었다.

~하는 것을 끝내다 → finish -ing

그 체스 선수는 속임수 쓰는 것을 끝냈다.
The chess player finished cheating.

finish도 '~하는 것을 끝내다'는 의미로 쓸 때는 목적어로 to 동사가 아닌 -ing 를 써야 합니다. 즉, finished to cheat이라고 쓸 수는 없고 finished cheating 만 쓸 수 있어요. finish와 비슷한 의미인 end는 어떻게 다를까요? finish의 경 우 주로 사람이 뭔가를 '끝내다'라는 뜻의 타동사로 쓰이지만, end의 경우 His performance finally ended.(그의 공연이 마침내 끝났다.)처럼 '(뭔가가) 끝나다'라 는 의미의 자동사로 많이 쓰입니다. 물론 이럴 경우 주어가 사람이 아닌 경우가 많 습니다.

{TIP} finish -ing를 이용해서 영작해 보세요.

❶ 제발 샤워하는 거 빨리 끝내 주세요.   _____

❷ 나는 그 책 읽는 걸 끝낼 수 없었다.   _____

❸ 너는 정오까지 일하는 걸 끝내야 한다.   _____

~하는 것을 멈추다 → stop -ing

너에 대한 생각을 멈출 수가 없다.
I cannot stop thinking about you.

stop의 경우 뒤에 -ing와 to 동사가 모두 올 수 있습니다. 하지만 두 경우의 뜻이 달라집니다. 〈stop -ing〉는 '~하는 것을 멈추다'는 뜻이고, 〈stop to 동사〉는 '~ 하기 위해 멈추다'는 뜻입니다. 즉, stop thinking 하면 '생각하는 것을 멈추다'이 고, stop to think 하면 '생각하기 위해 멈추다'가 되는 겁니다. 엄밀히 얘기하자면 전자의 stop은 타동사로 쓰인 것이고, 후자의 stop은 자동사로 쓰인 것입니다. 참 고로 '그만두다, 끊다'는 의미인 quit 뒤에는 -ing 형태가 옵니다.

{TIP} stop, quit을 이용해서 영작해 보세요.

❶ 그들은 마침내 싸우는 걸 멈췄다.   _____

❷ 나는 담배 피우기 위해 멈춰 섰다.   _____

❸ 나 담배 끊었어.   _____

★ 정답은 p.240을 확인하세요.

토플 라이팅 🖊

TOEFL Writing

우리는 시골에서 사는 것을 즐길 수 있다.

🖊

이는 심한 경쟁을 겪는 것을 피할 수 있기 때문이다.

🖊

반면 도시에서는 오염된 공기를 마시는 것을 멈출 수 없다.

🖊

컨닝페이퍼

시골 the country(side)

심한 경쟁
fierce competition

반면 on the other hand

오염된 polluted

We can enjoy living in <u>the country(side)</u>. ❶
This is because ❷ we can avoid experiencing fierce competition.
On the other hand, in cities, we cannot stop breathing polluted air.

❶ country(side) 앞에는 관용적으로 the가 옵니다.

❷ 앞 두 문장은 ...in the country because we can...과 같이 한 문장으로 만들 수도 있고, 이유 부분이 너무 길면 모범답안과 같이 두 문장으로 쓸 수도 있습니다. 다만 ...in the country. Because we can...과 같이 because절만으로는 문장을 만들 수 없습니다.

문자·채팅에서 자주 쓰는 표현

u	you	너
ur	your	너의
R u OK?	Are you okay?	너 괜찮아?
lol	laugh out loud	하하하
plz	please	공손함을 강조하는 표현
Thks	Thanks	감사
ttyl	Talk to you later.	나중에 얘기해.
a/s/l?	What is your age, sex, and location?	나이, 성별, 장소가 어떻게 돼요?
sup	What's up?	별일 없지?
asap	as soon as possible	빨랑
luv	love	사랑
omg	Oh, my God.	어머나, 세상에!
brb	be right back	금방 돌아올게.
fyi	for your information	참고하라고 알려주는 거야.
jk	Just joking.	농담이야.
np	No problem.	문제없어.
otw	on the way	가는 중
C u soon	See you soon.	이따 봐.
BF/GF	boyfriend/girlfriend	남자친구/여자친구
tho	though	그렇지만
thru	through	~통해, ~사이로
btw	by the way	그런데
coz/cuz	because	왜냐하면
bs	bullshit	헛소리

:: 둘째마당 :: 영작문 확장

내 영어를 망치는 영작 실수를 예방하라

셋째마디 · 영작 단골실수 퇴치하기
넷째마디 · 영작의 복병, 관사 끝장내기

둘째 마당에서는 보다 탄탄한 영작 실력을 다지기 위해 우리나라 사람들이 영작 시 자주 하는 실수와
영작의 최대 복병 중 하나인 관사를 정리했습니다. 여러분의 영작에 오점을 남기는 안타까운 실수를
빈틈없이 막아 드립니다.

셋째마디

영작 단골실수
퇴치하기

일선에서 수많은 학생들의 writing을 가르치고 교정하다
보니, 신기하게도 영작을 배우는 사람들이 매우 어렵게 느
끼는 부분이 거의 비슷하다는 걸 알게 되었습니다. 어떤
전치사를 유독 헷갈려 하고 동사 중에서도 무엇을 어려워
하는지 등을 모아서 엑기스만 담았습니다. 많이 활용되지
않는 어려운 문법보다는 영작에 실질적인 도움이 된다고
생각되는 것들만 모아서 정리했으니, 한 번 읽고 이해하는
것으로 끝내지 말고 몇 번이고 반복하여 숙달시켜서 실제
로 영문을 작성할 때 활용해 보세요.

19
시간 전치사 제대로 쓰기

I am going to meet him at 5 p.m.
나는 오후 5시에 그를 만날 것이다.

강의듣기 19

준비단계
오늘 써볼 문장

여러분은 곧 이 문장을
영작할 수 있게 됩니다.

그 강의는 오전 11시 30분에 시작한다. ▶

그들은 토요일에 축구를 한다. ▶

나는 4월에 유럽 출장을 갈 것이다. ▶

나는 이번 일요일에 교회에 안 갈 거야. ▶

1단계
영작 핵심 포인트

영작을 위해 이것만은
꼭 알아 두세요.

POINT 1 시간 앞에는 → at 시간

나는 오후 5시에 그를 만날 것이다.

I am going to meet him at 5 p.m.

POINT 2 요일/날짜/특별한 날 앞에는 → on 요일/날짜/특별한 날

우린 토요일에 일해야 해.

We have to work on Saturday.

POINT 3 월/연도 단위 이상일 때는 → in 월/연도

나는 제이미와 2002년에 결혼했다.

I got married to Jamie in 2002.

POINT 4 시간을 나타내는 this, last, next 앞에는 → 전치사를 잘 쓰지 않는다

나는 지난 토요일에 운동을 시작했다.

I started exercising ~~on~~ last Saturday.

POINT 1 시간 앞에는 → at 시간

그 강의는 오전 11시 30분에 시작한다.

The lecture starts at 11:30 a.m.

'몇 시 몇 분에'에서 '에'에 해당하는 전치사가 at입니다. 이렇게 시간 단위 앞에는 at을 씁니다. at은 콕 찍어서 얘기하는 느낌의 전치사예요. 시계바늘이 가리키는 지점을 나타낸다고 생각하면 이해하기 쉬울 겁니다. 참고로 at noon(정오에)과 at midnight(자정에)은 '몇 시 몇 분'이라는 시간은 아니지만 관용적으로 at을 쓰는 표현이니 함께 기억해 두세요.

{TIP} 전치사 at을 이용해서 영작해 보세요.

❶ 오후 7시에 그들은 저녁을 먹었다. 🖉 ⟋⟋⟋⟋⟋⟋⟋⟋⟋⟋⟋⟋⟋⟋⟋⟋⟋⟋⟋⟋⟋⟋⟋⟋⟋⟋⟋

❷ 나는 정오에 일하는 중이었어. 🖉 ⟋⟋⟋⟋⟋⟋⟋⟋⟋⟋⟋⟋⟋⟋⟋⟋⟋⟋⟋⟋⟋⟋⟋⟋⟋⟋⟋

❸ 나는 내 일을 4시 40분에 끝냈다. 🖉 ⟋⟋⟋⟋⟋⟋⟋⟋⟋⟋⟋⟋⟋⟋⟋⟋⟋⟋⟋⟋⟋⟋⟋⟋⟋⟋⟋

POINT 2 요일/날짜/특별한 날 앞에는 → on 요일/날짜/특별한 날

그들은 토요일에 축구를 한다.

They play soccer on Saturday.

요일 앞에는 on Saturday(토요일에)와 같이 전치사 on을 붙입니다. 날짜 앞에도 on July 4th(7월 4일에)와 같이 전치사 on을 붙입니다. '새해 첫 날에'처럼 특별한 날 앞에도 on을 써서 on New Year's Day라고 합니다. 이때 각 단어의 첫 글자가 대문자가 되는 것에 유의하세요. 날짜를 영어로 표기할 때는 두 가지 방식이 가능합니다. '7월 4일'의 경우, July 4th라고 해도 되고 the fourth of July라고 해도 됩니다.

{TIP} 전치사 on을 이용해서 영작해 보세요.

❶ 그는 월요일에 열심히 일해야 한다. 🖉 ⟋⟋⟋⟋⟋⟋⟋⟋⟋⟋⟋⟋⟋⟋⟋⟋⟋⟋⟋⟋⟋⟋⟋⟋

❷ 우리는 6월 5일에 결혼했다. 🖉 ⟋⟋⟋⟋⟋⟋⟋⟋⟋⟋⟋⟋⟋⟋⟋⟋⟋⟋⟋⟋⟋⟋⟋⟋

❸ 나는 크리스마스이브에 아무것도 안 했다. 🖉 ⟋⟋⟋⟋⟋⟋⟋⟋⟋⟋⟋⟋⟋⟋⟋⟋⟋⟋

월/연도 단위 이상일 때는 → in 월/연도

나는 4월에 유럽 출장을 갈 것이다.

I will take a business trip to Europe **in April.**

몇 월인지 나타낼 때 '월' 앞에는 in을 씁니다. '월'뿐만이 아니라 그보다 큰 단위인 '연도'와 '세기' 앞에도 in을 붙입니다. '세기'는 서수라서 the를 붙여서 in the 20th century(20세기에)와 같이 씁니다. 세기뿐 아니라 그 이상의 범위, 즉 '시대'라는 말에도 in을 씁니다. '빙하기 때에'는 in the Ice Age라고 하고, '냉전시대에'는 in the Cold War라고 합니다.

{TIP} **전치사 in을 이용해서 영작해 보세요.**

❶ 그는 2004년에 책을 출간했다. ✎ _____

❷ 그녀는 20세기에 살았다. ✎ _____

❸ 새로운 스마트폰이 12월에 출시될 것이다.

✎ _____

시간을 나타내는 this, last, next 앞에는 → 전치사를 잘 쓰지 않는다

나는 이번 일요일에 교회에 안 갈 거야.

I will not go to church **this Sunday.**

'이번 일요일에'는 this Sunday일까요, on this Sunday일까요? this Sunday는 그 자체로 부사의 의미가 있기 때문에 전치사 on을 쓰지 않는 경우가 많습니다. last(지난)나 next도 마찬가지예요. '지난주에'는 last week, '이번 주에'는 this week, '다음 주에'는 next week와 같이 전치사를 붙이지 않고 사용합니다. 이는 this, last, next가 월, 연도, 계절, 요일 등에 붙는 경우에도 마찬가지입니다.

{TIP} **this, last, next를 이용해서 영작해 보세요.**

❶ 나는 내년에 담배를 끊을 것이다. ✎ _____

❷ 나는 지난주에 많은 시간을 낭비했다. ✎ _____

❸ 회사가 이번 달에 그를 해고할 것이다. ✎ _____

잠깐만요!

'21세기'는 the 21st century이고, '22세기'는 the 22nd century입니다. 서수이니 각각의 숫자 뒤에 -st와 -nd를 붙이는 것에 주의하세요.

컨닝페이퍼

출간하다 publish
출시되다 be released

컨닝페이퍼

낭비하다 waste
해고하다 fire

★ 정답은 p.240을 확인하세요.

영문 이메일 ✉

우리는 그 제품을 이번 금요일에 보내겠습니다.

✏

한국에서는 사람들이 8월 15일에 일을 하지 않습니다.

✏

늦은 배송을 이해해 주시기 바랍니다.

✏

아울러 11월에 신제품이 출시되니 정기적으로 저희 웹사이트를 방문해 주시기 바랍니다.

✏

대단히 감사합니다.

✏

컨닝페이퍼

배송 delivery
출시되다 be released
정기적으로 regularly

We will send the product this Friday.
People do not work on August 15th in Korea.
Please, understand the late delivery.
Also, a new product will be released in November. Please, visit our website regularly. ❶
Thank you very much.

❶ '정기적으로'라는 뜻의 부사로 regularly가 있지만, on a regular basis라는 표현도 많이 쓰입니다.
on a monthly basis라고 하면 '달마다'의 의미이고, on a weekly basis는 '주마다', on a daily
basis는 '매일'의 의미로 쓰입니다.

20 장소 전치사 제대로 쓰기

They came from North Korea.

그들은 북한에서 왔다.

강의듣기 20

준비단계
오늘 써볼 문장

여러분은 곧 이 문장을
영작할 수 있게 됩니다.

나는 길모퉁이에서 그녀를 다시 만났다.

그들은 아프리카에서 살았다.

네 컵은 탁자 위에 있어.

그는 오늘 아침에 미국으로 갔다.

1단계
영작 핵심 포인트

영작을 위해 이것만은
꼭 알아 두세요.

POINT 1 ～의 지점에 → at 장소

나는 우체국에서 그를 보았다.

I saw him at the post office.

POINT 2 ～안에 → in 장소

나는 자동차 안에서는 음악을 안 듣는다.

I don't listen to music in the car.

POINT 3 ～위에 → on 장소

지구에는 많은 사람들이 산다.

Many people live on the Earth.

POINT 4 ～(으)로 → to 장소 // ～로부터 → from 장소

그들은 북한에서 왔다.

They came from North Korea.

POINT 1 ~의 지점에 → at 장소

나는 길모퉁이에서 그녀를 다시 만났다.

I met her again at the corner of the street.

'길모퉁이에서'를 나타낼 때는 at/in/on 중에 어떤 전치사를 써야 할까요? 이때도 한 지점을 가리키는 at이 어울립니다. 이렇게 장소를 나타내는 전치사 at은 마치 지도 상에서 콕 찍는 것처럼 특정 지점이나 장소를 나타낼 때 쓰입니다. 그래서 어떤 건물에 있다고 얘기할 때도 보통 at을 씁니다. 물론 건물 '안'에 있다고 할 때는 in을 쓰고요. 다시 말해 at은 점으로 보는 것이고, in은 공간으로 본다고 할 수 있습니다.

{TIP} 전치사 at을 이용해서 영작해 보세요.

❶ 나는 그저께 집에 있었어. ✎ _____

❷ 학교에서 보자. ✎ _____

❸ 나는 공항에서 그에게 작별인사를 했어. ✎ _____

POINT 2 ~안에 → in 장소

그들은 아프리카에서 살았다.

They lived in Africa.

'아프리카에서'는 at/in/on 중에 어떤 전치사를 사용할까요? 아프리카처럼 국가나 도시는 지도상에서 콕 찍어서 얘기하는 지점이라기보다는 지역, 즉 공간의 의미가 강하므로 at이 아닌 in을 씁니다. 국가나 도시 외에도 공간 '안'이라는 의미라면 in을 쓰면 됩니다.

{TIP} 전치사 in을 이용해서 영작해 보세요.

❶ 그는 브라질에서 거의 죽을뻔 했다. ✎ _____

❷ 제레미는 이 방에 혼자 있었다. ✎ _____

❸ 빌딩 안에서 흡연하면 안 됩니다. ✎ _____

~위에 → on 장소

네 컵은 탁자 위에 있어.

Your cup is on the table.

'탁자 위'처럼 표면에 붙어 있는 경우에는 on을 씁니다. '지구에'는 어떨까요? 만약 in the Earth라고 하면 '지구 내부의 맨틀, 내핵, 외핵에서'라는 의미가 돼 버립니다. 지구 표면 위에 붙은 것이니 on the Earth라고 해야 합니다. island(섬)도 뻥 뚫린 공간이어서 in을 쓰지 않고 on을 써서 on the island(섬에서)라고 합니다. on campus(캠퍼스에서)나 on the farm(농장에서)도 마찬가지입니다.

{TIP} 전치사 on을 이용해서 영작해 보세요.

❶ 벽에 있는 그림이 굉장하다.

❷ 그 섬에는 아무도 없다.

❸ 나는 농장에서 오렌지를 좀 샀다.

커닝페이퍼
굉장한 marvelous

POINT 4 ~(으)로 → to 장소 // ~로부터 → from 장소

그는 오늘 아침에 미국으로 갔다.

He went to the US this morning.

어디로 가는 건 to(~로)를 쓰고, 어디에서 오는 건 from(~로부터)을 씁니다. 그래서 '미국으로'는 to the US가 되고, '미국에서부터'는 from the US가 됩니다. 그럼 "그는 집에 왔다."는 어떻게 해야 할까요? 이를 He came to home.이라고 하면 틀린 표현이 됩니다. 여기서 home은 부사이고, 부사 앞에는 전치사가 오지 않기 때문에 그냥 He came home.이라고 하면 됩니다. 마찬가지로 here(여기에)와 there(거기에)도 부사이기 때문에 앞에 전치사를 쓰지 않습니다.

{TIP} 전치사 to, from을 이용해서 영작해 보세요.

❶ 그는 자정에 그녀의 집으로 갔다.

❷ 그들은 저 건물에서 나왔다.

❸ 그녀는 이곳에 일찍 왔다.

잠깐만요!

미국은 the US, the USA, the States, America 등으로 씁니다. America 앞에 the가 없는 것에 유의하세요.

커닝페이퍼
누구의 집 one's place

★ 정답은 p.240을 확인하세요.

페이스북

SangJun Park
어제 오전 11:17 ·

지난여름 나는 버몬트에 있는 농장에서 머물렀다.

🖉

마이클이 공항에서 나를 픽업했고, 또 나를 공항까지 데려다 줬다.

🖉

거기 사람들이 그립다.

🖉

영작
가정교사

I stayed on the farm in Vermont last summer.
Michael picked me up <u>at</u> the airport and took me <u>to</u> the airport too.❶
I miss the people there.

❶ '공항에서' 픽업을 했으니 at을 썼고, '공항까지' 데려다 주었으니 to를 썼습니다. 참고로 사람을 배
웅한다는 표현은 see someone off를 씁니다. "그가 나를 공항에서 배웅해 줬다."는 He saw me
off at the airport.라고 쓰면 됩니다.

21

기간 전치사 제대로 쓰기

I have worked for five years. 나는 5년 동안 일했다.

강의듣기 21

준비단계

오늘 써볼 문장

여러분은 곧 이 문장을
영작할 수 있게 됩니다.

나는 2주 동안 일을 안 했다.

나는 그 축제 기간 동안 일을 안 했다.

나는 그 축제 이후로 그를 안 만났다.

나는 그 축제 준비를 해야 해서
그를 못 만났다.

1단계

영작 핵심 포인트

영작을 위해 이것만은
꼭 알아 두세요.

POINT 1 **How long?에 대한 답은 → for 시간**

나는 20년 동안 일해 왔다.

I have worked for 20 years.

POINT 2 **When?에 대한 답은 → during 시점**

우리 할아버지는 한국전쟁 때 돌아가셨다.

My grandfather passed away during the Korean War.

POINT 3 **~이후로 → since 시점**

그는 아내의 죽음 이후로 쭉 불행했다.

He has been unhappy since his wife's death.

POINT 4 **because의 의미로 쓰는 → since(~때문에)**

나는 그가 바람피워서 그와 헤어졌다.

I broke up with him since he cheated on me.

잠깐만요!

'연달아'로 consecutive
를 쓰기도 합니다. 그래
서 '이틀 연달아'는 two
consecutive days라고도
할 수 있습니다.

러닝페이퍼

연달아 in a row
꼼짝 않고 있다 stand still

POINT 1 **How long?**에 대한 답은 → **for** 시간

나는 2주 동안 일을 안 했다.

I did not work for two weeks.

for와 during은 둘 다 '~동안'이라는 뜻으로 쓰이지만, 그 쓰임에는 차이가 있습니다. 특히 How long?(얼마나 오랫동안?)에 대해 답할 때는 for가 어울립니다. 그래서 for 뒤에는 숫자 표현이 오는 경우가 많습니다. for three days(3일 동안)나 for five months(5개월 동안)처럼 말이지요. 이를 during three days라고 쓰면 안 됩니다.

{TIP} for를 이용해서 영작해 보세요.

❶ 나는 이틀 연달아 먹지 않았다.　　🖊 _____

❷ 수년 간 그는 영웅이었다.　　🖊 _____

❸ 그 개는 몇 시간 동안 꼼짝 않고 있을 수 있다.　🖊 _____

POINT 2 **When?**에 대한 답은 → **during** 시점

나는 그 축제 기간 동안 일을 안 했다.

I did not work during the festival.

during도 '~동안'이라는 의미인데 for와는 달리 When?(언제?)에 대한 답이라고 생각하면 됩니다. during은 in으로 바꿔 써도 괜찮은 문맥이 많습니다. 즉, 위 문장에서 during the festival 대신 in the festival을 써도 유사한 뜻입니다. during은 전치사이므로 뒤에 명사만 올 수 있다는 점에 유의하세요. 그래서 during I was a child라고 쓰면 안 되고 when I was a child라고 써야 합니다.

{TIP} during을 이용해서 영작해 보세요.

❶ 그분은 밤새 돌아가셨다.　　🖊 _____

❷ 파티를 하는 동안 나는 그를 발견하지 못했다.　🖊 _____

❸ 그의 방문기간 동안 그는 미국 대통령을 만날 것이다.

　　🖊 _____

러닝페이퍼

돌아가시다 pass away

나는 그 축제 이후로 그를 안 만났다.
I have not met him since the festival.

'~이후로'라는 뜻으로 since를 쓰면 그 뒤에 명사가 올 수도 있고 절이 올 수도 있습니다. 전자로 쓰면 since를 전치사로 쓰는 것이고, 후자로 쓰면 since를 접속사로 쓰는 거지요. 이때 주절의 동사는 현재완료형 시제로 써야 합니다. '과거의 어느 한 시점에서 지금까지 쭉'이라는 의미가 담겨 있기 때문입니다.

{TIP} since를 이용해서 영작해 보세요.

❶ 그는 20살 때 이후로 일을 해 왔다.

❷ 브라이언은 2013년 이래로 실직 중이다.

❸ 우리의 결혼 이래로 내 와이프는 계속 더 현명해졌다.

나는 그 축제 준비를 해야 해서 그를 못 만났다.
I could not meet him since I had to prepare for the festival.

since를 because의 의미로 쓸 수도 있습니다. 보통 격식을 따지는 문어체에서는 because 대신 as나 since가 많이 쓰입니다. 또한 그 원인이 상대가 알 만한 가벼운 것일 때 because 대신 since가 더 쓰인다고도 하지만, 문맥상 별 차이 없는 경우도 많습니다. since를 because의 뜻으로 쓸 때는 since 뒤에 항상 절이 옵니다. since를 because of 대신으로도 쓸 수 있다고 착각하고 그 뒤에 명사를 쓰는 실수를 많이 하니 주의해야 합니다.

{TIP} since를 이용해서 영작해 보세요.

❶ 나는 학생이어서 돈이 없다.

❷ 그는 똑똑해서 사람들은 그를 존경한다.

❸ 그는 담배를 피우지 않기 때문에, 우리는 밖으로 나가야 한다.

★ 정답은 p.241을 확인하세요.

회사 홍보글 📣

저희는 1977년 이래로 저희 고객들을 모셔 왔습니다.

✏️ _____

저희의 전문가들은 수십 년간 일을 해 오고 있습니다.

✏️ _____

고객들에 대한 저희의 태도는 심지어 경제 불황 중에도 변함이 없었습니다.

✏️ _____

_____

저희를 믿으십시오.

✏️ _____

대단히 감사합니다.

✏️ _____

컨닝페이퍼

(고객을) 모시다 serve

전문가 expert

수십 년 decades

~에 대한 태도
attitude towards...

심지어 even

경제 불황
economic recession

We have served our customers since 1977.
Our experts have been working for decades.
Our attitudes <u>towards</u>❶ our customers didn't <u>change</u>❷ even during economic recessions.
Trust us.❸
Thank you very much.

❶ toward와 towards는 별다른 차이가 없습니다.

❷ change는 자동사도 되고 타동사도 됩니다. 즉, '(주어가) 바뀌다'는 뜻도 되고 '(목적어를) 바꾸다'는 뜻도 됩니다. 모범답안에서는 전자로 썼습니다.

❸ Trust us. 대신에 Believe us.라고 하면 우리를 믿으라는 의미라기보다는 우리가 한 약속이나 말을 믿으라는 느낌이 듭니다.

22 전치사 by의 4가지 용법

I got there by train.

나는 기차로 그곳에 도착했다.

강의듣기 22

오늘 써볼 문장

여러분은 곧 이 문장을
영작할 수 있게 됩니다.

이 첼로는 장인에 의해서 만들어졌다.

나는 자전거로 여행하는 걸 계획 중이다.

우리 엄마는 내가 올해 말까지
결혼하길 원한다.

정기적으로 운동을 함으로써
우리는 건강해질 수 있다.

1단계

영작 핵심 포인트

영작을 위해 이것만은
꼭 알아 두세요.

POINT 1 수동태의 주체를 나타낼 때 → by 주체

그 에세이는 유명한 작가에 의해 작성되었다.

The essay was written by a famous writer.

POINT 2 교통수단을 나타낼 때 → by 교통수단

나는 기차로 그곳에 도착했다.

I got there by train.

POINT 3 (언제)까지 → by 시점

이달 말까지 그걸 나에게 보내라.

Send it to me by the end of this month.

POINT 4 ～함으로써 → by -ing

책을 읽음으로써, 우리는 우리의 관점을 넓힐 수 있다.

By reading books, we can broaden our perspectives.

POINT 1 **수동태의 주체를 나타낼 때 → by 주체**

이 첼로는 장인에 의해서 만들어졌다.

This cello was made by an artisan.

수동태 만드는 법에 대해서는 앞서 학습을 했습니다. 수동태의 주어가 뭐에 의해서 혹은 누구에 의해서 그렇게 됐는지를 밝힐 때는 문장 뒤에 〈by+명사〉를 쓰면 됩니다. 물론 문장을 수동태로 썼다는 것 자체가 누가/무엇이 그렇게 했는지가 핵심이 아니라, 그렇게 당한 사람/사물이 핵심인 것을 암시하기 때문에 뒤에 나오는 〈by+명사〉는 종종 생략됩니다.

{TIP} 수동태와 by를 이용해서 영작해 보세요.

❶ 그들은 할머니에 의해 길러졌다. ✎ _____

❷ 그녀는 남자친구에게 상처 받았다. ✎ _____

❸ 우리는 미국팀에게 졌다. ✎ _____

컨닝페이퍼

기르다, 키우다 bring up
(bring-brought-brought)

상처를 주다 hurt
(hurt-hurt-hurt)

~를 이기다, 무찌르다 beat
(beat-beat-beaten)

POINT 2 **교통수단을 나타낼 때 → by 교통수단**

나는 자전거로 여행하는 걸 계획 중이다.

I am planning to travel by bicycle.

교통수단을 나타낼 때도 〈by+명사〉를 씁니다. 이때 by 뒤에 나오는 교통수단은 무관사 단수명사를 씁니다. 그래서 by taxi(택시로), by subway(지하철로), by car(차로), by bus(버스로)와 같이 쓰면 됩니다. 한 가지 예외가 있는데, '걸어서'는 by를 쓰지 않고 on을 써서 on foot이라고 합니다. 참고로 bicycle은 철자에 주의하세요.

{TIP} by를 이용해서 영작해 보세요.

❶ 넌 그곳에 버스나 택시로 도착할 수 있어. ✎ _____

❷ 우리는 사무실에 지하철로 갈 수 없다. ✎ _____

❸ 그는 걸어서 학교에 다녔다. ✎ _____

컨닝페이퍼

거기에 도착하다 get there

학교에 다니다
go to school

우리 엄마는 내가 올해 말까지 결혼하길 원한다.

My mother wants me to get married by the end of this year.

시점을 나타내는 '~까지'는 by와 until을 쓸 수 있습니다. 그런데 둘은 의미가 약간 다릅니다. by는 언제까지 동작을 완료한다는 뜻이고, until은 언제까지 상태를 지속한다는 뜻입니다. 그래서 We should finish it by tomorrow. 하면 내일까지 끝내야 한다는 동작의 '완료'를 강조한 것이고, We should study until tomorrow. 하면 내일까지 공부하는 상태를 '지속'해야 한다는 의미가 됩니다.

{TIP} **by, until을 이용해서 영작해 보세요.**

❶ 그가 너에게 그것을 자정까지 보내줄 거야. ✎ _____

❷ 2100년까지 화성의 식민지화가 끝날 것이다. ✎ _____

❸ 여기서 8시까지 기다려라. ✎ _____

정기적으로 운동을 함으로써 우리는 건강해질 수 있다.

By exercising regularly, we can become healthy.

'~함으로써'라는 인과관계의 의미로 〈by -ing〉를 쓸 수 있습니다. 이 경우 종종 '~를 통해서'라는 뜻의 〈through+명사〉로 바꿔 쓸 수 있습니다. 즉, by watching TV = through TV, by surfing the Internet = through the Internet, by reading books = through books로 바꿔 쓸 수 있습니다. 따라서 By exercising regularly는 Through regular exercise로 바꿀 수 있습니다.

{TIP} **by -ing를 이용해서 영작해 보세요.**

❶ TV를 시청함으로써, 우리는 많은 지식을 얻을 수 있다. ✎ _____

❷ 그에게서 몇몇 정보를 얻음으로써, 우리는 성공할 수 있었다.

✎ _____

❸ 인터넷을 이용함으로써, 그들은 그들의 콘서트를 광고할 수 있다.

✎ _____

천넝페이퍼

자정 midnight
화성 Mars (대문자로 시작)
식민지화 colonization

천넝페이퍼

얻다 get
광고하다 advertise

★ 정답은 p.241을 확인하세요.

영어일기 3

우리는 버스나 지하철로 출근하고, 오후 5시까지 열심히 일한다.

✏

그게 다다.

✏

중요한 결정들은 회사의 경영진들에 의해서 내려진다.

✏

컨닝페이퍼

출근하다 go to work
경영자 executive

We go to work by bus or subway, and work hard until 5 p.m.
That's all.
Important decisions are made❶ by the company's executives. ❷

❶ '결정을 내리다'는 동사 make를 써서 make a decision 또는 make decisions라고 합니다.

❷ '경영자'는 executive입니다. 그래서 '최고경영자'는 Chief Executive Officer이고 이를 줄여서 CEO라고 합니다.

23

자주 헷갈리는 동사 ❶

I took a long trip.

나는 긴 여행을 했다.

강의듣기 23

준비단계

오늘 써볼 문장

여러분은 곧 이 문장을
영작할 수 있게 됩니다.

> 선생님들은 학생들에게 많은
> 영향을 끼친다.

> 나는 그의 의견에 동의한다.

> 이 경제적 부담이 나에게
> 스트레스를 준다.

> 우리는 유럽으로 여행을 갔다.

1단계

영작 핵심 포인트

영작을 위해 이것만은
꼭 알아 두세요.

POINT 1 　영향 → effect // 영향을 끼치다 → affect

그것은 사회에 긍정적으로 영향을 끼친다.

It positively affects society.

POINT 2 　~에 동의하다 → agree with

그들은 그 계획에 동의하지 않았다.

They did not agree with the plan.

POINT 3 　스트레스를 주다 → give stress(×) stress...out(○)

그는 나에게 스트레스를 줬다.

He stressed me out.

POINT 4 　여행을 하다 → have a trip(×) take a trip(○)

나는 오랜 여행을 했다.

I took a long trip.

POINT 1 영향 → effect // 영향을 끼치다 → affect

선생님들은 학생들에게 많은 영향을 끼친다.
Teachers affect their students a lot.

affect(영향을 주다)는 목적어가 바로 오는 타동사이고, 명사형인 effect(영향)는 셀 수 있는 명사이면서 뒤에 전치사 on을 동반합니다. 그래서 위 문장은 Teachers have a lot of effects on their students.라고 쓸 수도 있습니다. influence(영향을 주다) 역시 목적어가 바로 오는 타동사이고, 명사 influence(영향)는 셀 수 있는 명사이면서 뒤에 전치사 on을 동반합니다. 그래서 Teachers influence their students a lot. 또는 Teachers have a lot of influences on their students.라고 해도 같은 말이 됩니다.

잠깐만요!

에세이를 쓰다가 영향을 끼친다는 이야기를 반복할 경우 이 네 가지 표현을 번갈아가면서 쓰는 게 좋습니다.

{TIP} affect, effect, influence(동사, 명사)를 각각 이용해서 네 문장을 영작해 보세요.

❶ 그것은 우리에게 긍정적인 영향을 끼친다.

커닝페이퍼

긍정적으로 positively
긍정적인 positive

POINT 2 ~에 동의하다 → agree with

나는 그의 의견에 동의한다.
I agree with his opinion.

agree with는 '동의하다'는 뜻이고, agree to는 '받아들이다(accept)'의 의미입니다. 의견에는 동의를 하는 것이므로 agree with his opinion과 같이 쓰고, 제안은 받아들이는 것이므로 agree to your proposal과 같이 씁니다. 참고로 agree의 반대말은 disagree입니다.

잠깐만요!

우리말에서는 이용약관(the terms and conditions for use)에 동의한다고 하지만, 영어로는 약관에 agree with(동의하다)가 아닌 agree to(받아들이다)를 써야 합니다.

{TIP} agree with/to를 이용해서 영작해 보세요.

❶ 나는 당신에게 동의합니다.

❷ 네 제안은 받아들일 수 없어.

❸ 우리는 이 주장에 동의하지 않는다.

커닝페이퍼

주장 claim

이 경제적 부담이 나에게 스트레스를 준다.

This economic burden stresses me out.

"그는 내게 스트레스를 줬다."를 영작할 때 He gave me stress.라고 쓰면 안 됩니다. '스트레스를 주다'라는 뜻으로 stress...out이라는 동사구가 있기 때문에 굳이 give 동사까지 빌려서 stress를 명사로 쓰지는 않습니다. '스트레스 받다'도 receive 동사를 빌려와서 쓰지 않고, 동사 stress를 수동태로 써서 get stressed out(스트레스 받다)과 같이 표현합니다. 또한 stress는 셀 수 없는 명사이기 때문에 a lot of stress<u>es</u>라는 식으로는 쓰지 않으니 이것도 주의하세요.

{TIP} **stress의 쓰임에 유의하며 영작해 보세요.**

❶ 그녀는 나에게 스트레스를 줬다. 🖉 _____

❷ 나는 스트레스를 받았다. 🖉 _____

❸ 이 수업은 많은 스트레스를 야기한다. 🖉 _____

우리는 유럽으로 여행을 갔다.

We took a trip to Europe.

'여행 간다'를 영어로 표현할 때 trip(여행)을 동사로 쓸 수는 없습니다. trip은 동사로 '발을 헛디디다'라는 의미입니다. 그렇다고 have a trip이라고 하지도 않습니다. take a trip 혹은 go on a trip이라고 해야 합니다. 특히 미국에서는 vacation이 '여행'이라는 의미로도 쓰이므로 take a vacation 혹은 go on a vacation이라고 해도 됩니다. 물론 travel이나 go traveling이라고 해도 되지만, 이는 trip보다 장거리 여행의 뉘앙스입니다.

{TIP} **trip, travel의 쓰임에 유의하며 영작해 보세요.**

❶ 우리는 북경을 여행했다. 🖉 _____

❷ 우리 부모님은 세계 일주를 하셨다. 🖉 _____

❸ 토마스는 발을 헛디뎌 넘어졌다. 🖉 _____

컨닝페이퍼

수업 class
야기하다 cause

잠깐만요!

'세계 일주'는 trip보다는 travel이 더 어울립니다. journey는 '여행'이라는 의미도 있지만 '여정'이라는 뉘앙스가 강합니다.

컨닝페이퍼

북경 Beijing
세계 일주를 하다
travel around the world
넘어지다 fall

★ 정답은 p.241을 확인하세요.

영어일기 3

내 남자친구와 나는 지난 달 아프리카를 여행했다.

✏️

하지만 그는 나한테 스트레스를 줬다.

✏️

나는 그의 여행 스타일을 받아들일 수 없었고, 이는 우리 관계에 부정적인 영향
을 끼쳤다.

✏️

컨닝페이퍼

여행 스타일
style of traveling
부정적으로 negatively
관계 relationship

My boyfriend and I [took a trip/went on a trip] to Africa last month.
But he stressed me out.
I couldn't agree to his style of traveling, and <u>it negatively affected our relationship.</u>❶

❶ It negatively affected our relationship.은 아래와 같이 써도 됩니다.
   It had a negative effect on our relationship.
   It negatively influenced our relationship.
   It had a negative influence on our relationship.

24

자주 헷갈리는 동사 ②

It takes a lot of money.

그것은 많은 돈이 든다.

강의듣기 24

준비단계

오늘 써볼 문장

여러분은 곧 이 문장을
영작할 수 있게 됩니다.

철수는 집안일을 도왔다.	이 책은 우리에게 통찰력을 제공한다.
그는 책을 읽는 데 많은 시간을 들인다.	우리는 작년에 교복을 입었다.

1단계

영작 핵심 포인트

영작을 위해 이것만은
꼭 알아 두세요.

POINT 1 누가 ~하는 것을 돕다 → help 사람 (to) 동사 // help 사람 with 명사

그들은 우리 숙제를 도왔다.

They helped (us) with our homework.

POINT 2 A에게 B를 제공하다 → provide A with B // provide B for A

이 회사는 우리에게 좋은 기회를 제공한다.

This company provides us with a good chance.

POINT 3 사람이 돈을 쓰다 → spend // 시간이나 돈이 들다 → take

그것은 많은 돈이 든다.

It takes a lot of money.

POINT 4 입다(상태) → wear // 입다(동작) → put on

그거 입어!

Put it on!

POINT 1 누가 ~하는 것을 돕다 → help 사람 (to) 동사 **//** help 사람 with 명사

철수는 집안일을 도왔다.
Chulsoo helped with the housework.

help 동사의 목적어로는 '누구를' 돕는지가 나옵니다. 하지만 누구를 돕는지 명확할 때는 예문에서처럼 목적어가 생략되기도 합니다. 무엇을 돕는지는 〈with + 명사〉의 형태로 써야 합니다. 이처럼 쉬운 단어도 정확한 어법을 모르면 I helped the housework.라고 써서 집안일을 의인화하는 실수를 하기도 합니다. 또한 누가 뭔가를 하는 걸 도울 때는 〈help 사람 (to) 동사〉의 형태로 씁니다. 즉, He helped me (to) finish this.처럼 동사 앞에 to를 쓰기도 하고 생략하기도 합니다. 이때는 목적어가 생략되지 않으니 주의하세요.

{TIP} help를 이용해서 영작해 보세요.

❶ 정부는 가난한 사람들을 도와야 한다. 🖉 _____

❷ 그녀가 내 작문 숙제를 도왔다. 🖉 _____

❸ 그들은 그가 가난에서 벗어나는 걸 도왔다. 🖉 _____

커닝페이퍼

정부 government
숙제 assignment
~에서 벗어나다 get out of
가난 poverty

POINT 2 A에게 B를 제공하다 → provide A with B **//** provide B for A

이 책은 우리에게 통찰력을 제공한다.
This book provides us with insight.

누구에게 뭔가를 제공한다고 표현할 때 〈provide A with B〉 혹은 〈provide B for A〉 형태를 사용합니다. 여기에서 A는 누구에게 제공하는지를 나타내고 B는 무엇을 제공하는지를 나타냅니다. 그래서 위 문장은 This book provides insight for us.라고 써도 됩니다. 하지만 비슷한 의미인 give는 Give me chocolate. / Give chocolate to me.의 형식을 취합니다. 이처럼 의미가 비슷해도 동사마다 어법이 다르므로 헷갈리지 않도록 각 어법에 숙달되도록 하세요.

{TIP} provide, give를 이용해서 영작해 보세요.

❶ 그녀는 우리에게 안식처를 제공했다. 🖉 _____

❷ 그는 가난한 이들에게 기회를 제공했다. 🖉 _____

❸ 그들이 우리에게 돈을 줬다. 🖉 _____

커닝페이퍼

안식처 shelter
가난한 사람들 the poor
기회 chance

사람이 돈을 쓰다 → spend // 시간이나 돈이 들다 → take

그는 책을 읽는 데 많은 시간을 들인다.

He spends a lot of time reading books.

spend는 돈이나 시간·에너지를 '소비하다'의 의미인 반면, take는 시간이나 에너지·돈이 '들다'의 뜻입니다. 이 차이를 구분하지 못하면 Reading spends a lot of time.(독서는 많은 시간을 소비한다.)과 같은 어색한 문장을 만들기도 합니다. spend 동사는 또한 〈spend 시간/돈 on 명사/-ing〉의 어법을 취합니다. take는 여러 어법이 있는데 대표적인 것으로 〈It takes 시간 (for 사람) to 동사〉를 많이 씁니다. It takes a lot of time for him to read books.(그가 책을 읽는 데는 많은 시간이 걸린다.)처럼 쓰면 됩니다.

{TIP} spend, take를 이용해서 영작해 보세요.

❶ 넌 너무 많은 시간과 에너지를 소비했어. 🖋 _____

❷ 나는 책 사는 데 많은 돈을 쓴다. 🖋 _____

❸ 세계 일주를 하는 데 많은 시간이 든다. 🖋 _____

컨닝페이퍼
세계 일주를 하다
travel around the world

입다(상태) → wear // 입다(동작) → put on

우리는 작년에 교복을 입었다.

We wore school uniforms last year.

'입다'에는 put on와 wear가 있지요. put on과 wear는 '(옷을) 입다'뿐만 아니라 '(양말을) 신다', '(반지를) 끼다', '(모자를) 쓰다' 등의 의미도 갖고 있습니다. 그런데 put on은 입는 동작에 중점을 둔 표현이라면, wear는 입은 상태에 중점을 둔 표현입니다. 그래서 '고등학생 때 교복을 입었다'와 같은 문장에서 put on을 쓰면 이상해집니다. 반대로 '그 옷 좀 입어봐'라는 문장에서 wear를 쓰면 매우 어색합니다.

잠깐만요!

wear(wear-wore-worn)와 put(put-put-put)은 동사 변화를 헷갈리는 분들이 많으니 주의하세요.

{TIP} wear, put on을 이용해서 영작해 보세요.

❶ 그녀는 빨간색 리본을 달고 있었다. 🖋 _____

❷ 그는 어제 뭔가 특별한 것을 입었다. 🖋 _____

❸ 가고 있어. 코트만 입으면 돼(나는 바로 코트를 입을 거야).

🖋 _____

컨닝페이퍼

리본 ribbon

특별한 것
something special

바로 just

★ 정답은 p.242를 확인하세요.

117

영문 이메일 ✉

귀사는 저에게 질 높은 잠수복을 제공해 주셨습니다.

✎

이에 감사드립니다.

✎

하지만 설명서를 찾을 수가 없어요.

✎

제발 입는 것 좀 도와주세요.

✎

Your company provided me with a high-quality diving suit.
Thank you for that.
But I can't find the manual.
Please <u>help (me) (to) put it on</u>. ❶

❶ help (me) put it on은 help (me) to put it on이라고 써도 됩니다.

❶ 〈put 명사 on〉과 〈put on 명사〉는 둘 다 쓰이는 표현이지만, 명사 부분에 긴 표현이 오면 주로 후
자를 사용합니다. 반면 지시대명사가 오면 put it/them on으로만 써야 합니다. put on it/them이
라고는 쓰지 않습니다.

25 자주 헷갈리는 명사

Promise me that you will never give up.

절대 포기 안 하겠다고 약속해줘.

강의듣기 25

준비단계

오늘 써볼 문장

여러분은 곧 이 문장을
영작할 수 있게 됩니다.

나는 내 자식들에 대한 믿음이 있다.

절대 포기 안 하겠다고 약속해줘.

그들은 일의 효율성을 향상시키기를
원한다.

이 사업은 많은 이윤을 보장한다.

1단계

영작 핵심 포인트

영작을 위해 이것만은
꼭 알아 두세요.

POINT 1 사람 자체에 대한 믿음 → trust // 말·약속에 대한 믿음 → belief

나는 너에 대한 믿음이 없어.

I do not have trust in you.

POINT 2 공적인 약속 → appointment // 잘 하겠다는 약속 → promise

그녀는 오후 7시에 (공적인) 약속이 있다.

She has an appointment at 7 p.m.

POINT 3 효과적인 → effective // 효율적인 → efficient

그 새로운 정책은 효과적이다.

The new policy is effective.

POINT 4 이득 → benefit // 이윤 → profit

그 회사는 이윤 내는 것에만 신경 쓴다.

The company cares about making a profit only.

POINT 1 ▶ 사람 자체에 대한 믿음 → trust // 말·약속에 대한 믿음 → belief

나는 내 자식들에 대한 믿음이 있다.

I have trust in my sons and daughters.

사람 자체를 믿으면 trust(동사형도 trust)를 쓰고, 사람의 말이나 약속을 믿으면 belief(동사형은 believe)를 씁니다. 예문에서는 내 자식들 자체를 믿는 것이므로 trust가 어울립니다. trust 뒤에 in을 붙여서 누구를 믿는지 연결해 주면 됩니다. 한편 faith는 '굉장히 강한 믿음' 혹은 '충성'이라는 뜻입니다. 그래서 강아지가 주인에게 faith를 가지고 있다고 말하지요. 형용사 faithful은 '충직한'이라는 뜻입니다.

{TIP} trust, believe, faithful을 이용해서 영작해 보세요.

❶ 나는 너(의 말) 못 믿어. 🖉 _____

❷ 이 세상의 어느 누구도 믿지 마. 🖉 _____

❸ 고양이는 충직한 동물이 아니다. 🖉 _____

POINT 2 ▶ 공적인 약속 → appointment // 잘 하겠다는 약속 → promise

절대 포기 안 하겠다고 약속해줘.

Promise me that you will never give up.

appointment와 promise는 모두 '약속'이라는 뜻이지만 쓰임새는 분명히 다릅니다. 의사와의 진찰 약속처럼 공적인 약속에는 appointment를 사용하지만, 담배를 끊겠다거나 비밀을 지키겠다는 등 앞으로 잘 하겠다는 약속은 promise를 씁니다. 그럼 '선약'은 뭐라고 할까요? 이는 previous engagement라고 합니다. 참고로 그냥 engagement라고 하면 '약혼'이라는 뜻입니다.

{TIP} appointment, promise를 이용해서 영작해 보세요.

❶ 나 내일 진찰 약속(예약) 있어. 🖉 _____

❷ 그는 나에게 한 약속을 어겼다. 🖉 _____

❸ 미안해, 선약이 있어. 🖉 _____

POINT 3 효과적인 → effective // 효율적인 → efficient

그들은 일의 효율성을 향상시키기를 원한다.

They want to improve working efficiency.

'효율적'이라는 말은 시간, 돈, 에너지가 절약된다는 뜻입니다. 한편 '효과적'이라는 말은 어떤 행동에 의해 좋은 결과가 생기는 것을 말합니다. 우리말에서 '효율적'과 '효과적'이 다른 것처럼, 영어에서도 각기 다른 표현을 사용합니다. 영어로 '효율적인'은 efficient이고, '효과적인'은 effective입니다. efficient의 명사형은 efficiency(효율성), effective의 명사형은 effectiveness(효과)입니다. 그래서 working efficiency는 '일의 효율'을, cost effectiveness는 '비용대비효과'를 뜻하지요.

{TIP} effective, efficient를 이용해서 영작해 보세요.

❶ 이 기계는 에너지 효율적이다.

❷ 문장을 쓰는 게 효과적인 학습법이다.

❸ 경제학은 효율성에 관한 것이다.

잠깐만요!

약이나 치료의 '효능'은 efficacy라고 합니다.

컨닝페이퍼

학습법 learning method
경제학 economics

POINT 4 이득 → benefit // 이윤 → profit

이 사업은 많은 이윤을 보장한다.

This business guarantees a lot of profits.

'이득'이나 '이점'은 benefit이고 '이윤'은 profit입니다. 각각의 형용사형은 beneficial(유익한, 이로운)과 profitable(이윤이 나는)입니다. sales(판매)에서 expenses(비용)를 뺀 '순이익'을 보통 net profit이라고 합니다. 참고로 '마진이 많다/적다'라고 할 때의 '마진'은 영어로 margin이라고 합니다.

{TIP} beneficial, profitable을 이용해서 영작해 보세요.

❶ 외국어를 배우는 것은 이롭다.

❷ 딱정벌레는 이로운 곤충이다.

❸ 이 사업은 요즘 이윤이 난다.

컨닝페이퍼

외국어 foreign language
딱정벌레 beetle
곤충 insect

★ 정답은 p.242를 확인하세요.

카톡 문자

상준
너한테 약속할게. 믿어줘.
오전 11:30

지은
안 돼. 내 도움이 효과적이지 않을 거야.
오전 11:31

상준
아... 제발...
오전 11:31

지은
미안, 이제 가야 돼. 병원 진료약속이 있어.
오전 11:32

상준 : I promise you. Believe me.

지은 : No. My help will not be effective.

상준 : Oh... Please...

지은 : Sorry, I must go now. I have <u>an appointment with a doctor</u>. ❶

❶ an appointment with a doctor는 '진료 약속'이라는 뜻으로서, a doctor's appointment라고도
합니다.

26

자주 헷갈리는 형용사

I feel comfortable with you. 나는 네가 편해.

강의듣기 26

오늘 써볼 문장

여러분은 곧 이 문장을
영작할 수 있게 됩니다.

성공적인 사람들은 보통
일찍 일어난다.

이것은 경제 발전의 그늘이다.

그는 상당한 금액의 돈을 기부했다.

서울의 지하철은 편리하다.

1단계

영작 핵심 포인트

영작을 위해 이것만은
꼭 알아 두세요.

POINT 1 　성공적인 → successful // 연속적인 → successive

이 전략은 연속적인 게임에서 성공적이었다.

This strategy has been successful in the successive games.

POINT 2 　경제에 관한 → economic // 경제적인 → economical

경제 발전은 모든 것의 근간이다.

Economic development is the foundation of everything.

POINT 3 　사려 깊은 → considerate // 상당한, 대단한 → considerable

그는 상당한 금액의 돈이 있다.

He has a considerable amount of money.

POINT 4 　편리한 → convenient // 편안한 → comfortable

나는 네가 편해.

I feel comfortable with you.

POINT 1 ▶ 성공적인 → successful // 연속적인 → successive

성공적인 사람들은 보통 일찍 일어난다.

Successful people usually get up early.

succeed는 '성공하다'뿐만 아니라 '뒤를 잇다, 물려받다'는 뜻으로도 쓰입니다. 그래서 succeed의 형용사형인 successful은 '성공적인'이라는 뜻인 반면, 또 다른 형용사형인 successive는 '연속적인'이라는 뜻입니다. 두 단어가 비슷해서 혼동하는 경우가 많습니다. 자식이 successful하기를 원하는 것을 successive하기를 원한다고 하면, 자식을 연년생으로 낳고 싶다는 의미가 되어 버리니 조심해야 합니다.

{TIP} succeed, successful, successive를 이용해서 영작해 보세요.

❶ 이 계획은 성공적일 수 없다. ✎ _____

❷ 제 딸들은 연년생이에요. ✎ _____

❸ 그녀는 그녀의 아버지를 이어 한 나라의 대통령이 되었다.

✎ _____

POINT 2 ▶ 경제에 관한 → economic // 경제적인 → economical

이것은 경제 발전의 그늘이다.

This is the shadow of the economic development.

예문에서 economic development(경제 발전) 앞에 the를 붙였습니다. 문맥상 이 경제 발전이 어느 나라의 어느 시기의 것인지 명확하기 때문에 the를 쓴 것입니다.

economic은 economy(경제)의 형용사형으로서, '경제 발전'은 economic development라고 합니다. 하지만 economic을 economical이라고 잘못 쓰는 사람들이 꽤 많습니다. economical은 '(값이 싸서) 경제적인'이라는 의미입니다. 즉, the economical development라고 하면 '값싼 성장'이 되어 버리니 주의해야 합니다. 참고로 '경제 성장'은 economic growth, '경기 침체'는 economic recession입니다.

{TIP} economic, economical을 이용해서 영작해 보세요.

❶ 그는 지나치게 절약한다. ✎ _____

❷ 경제 성장은 몇몇 부작용이 있습니다. ✎ _____

❸ 한국은 지금 경기 침체를 겪고 있다. ✎ _____

컨닝페이퍼
부작용 side effect
겪다 experience
침체 recession

사려 깊은 → considerate // 상당한, 대단한 → considerable

그는 상당한 금액의 돈을 기부했다.

He donated a considerable amount of money.

considerable은 '상당한'이라는 의미로서 considerable amount of money(상당한 금액의 돈), considerable amount of time(상당한 시간)과 같이 쓰입니다. 반면 considerate은 '사려 깊은, 배려하는' 등의 뜻으로서 He is very considerate.(그는 무척 사려 깊어.)과 같이 쓰입니다. 두 단어는 철자가 비슷해서 혼동하는 경우가 많으니 주의하세요.

{TIP} **considerate, considerable을 이용해서 영작해 보세요.**

❶ 상당한 시간이 지났습니다.

❷ 그녀는 매력적이면서 사려 깊다.

❸ 이는 사려 깊은 행동이 아니다.

컨닝페이퍼

지나다 pass by
매력적인 charming
행동 behavior

편리한 → convenient // 편안한 → comfortable

서울의 지하철은 편리하다.

The Seoul subway is convenient.

convenient(편리한)와 comfortable(편안한)을 헷갈려하는 분들이 많습니다. 지하철이 편리하다면 그건 convenient한 것이고, 지하철 의자가 집에 있는 거실 의자처럼 편안하다면 그건 comfortable한 겁니다. 명사형으로 각각 convenience(편리)와 comfort(편안)를 씁니다. 전자는 철자에 주의하세요. 참고로 convenience food는 '간편식'이고, convenience store는 '편의점'입니다.

{TIP} **convenient, comfortable, convenience를 이용해서 영작해 보세요.**

❶ 그는 내가 편안하게 느끼게끔 만들어 줬다.

❷ 편한 시간에 전화 주세요.

❸ 저는 저희 고객들의 편리한 생활을 위해 일합니다.

★ 정답은 p.242를 확인하세요.

토플 라이팅 🖉

TOEFL Writing

깨끗한 환경이 중요합니다.

🖉 _____

그것 없이 경제 발전은 성공적일 수 없습니다.

🖉 _____

_____

우리는 편리한 삶을 살 수는 있을 겁니다.

🖉 _____

하지만 우리는 환경을 복원하는 데 상당한 금액의 돈을 써야 할 겁니다.

🖉 _____

_____

컨닝페이퍼

환경 environment

발전 development

복원하다 repair

영작
가정교사

A clean environment ❶ is important.

Without it, economic development cannot be successful.

We might live a convenient life.

However, we will have to spend a considerable amount of money on repairing the
environment. ❷

❶~❷ 일반적으로 자연환경은 관사 the를 넣어서 the environment라고 합니다. 하지만 ❶번처럼
environment를 꾸며 주는 말이 오면 문맥을 봐야 합니다. 만약 헷갈리면 소유격을 사용해 보
세요. 예를 들어 We should protect our environment.와 같이 소유격을 쓰면 관사는 필요
없습니다.

27 자주 헷갈리는 반대말

I have few friends.

난 친구가 거의 없어.

강의듣기 27

준비단계

오늘 써볼 문장

여러분은 곧 이 문장을
영작할 수 있게 됩니다.

나는 친구가 거의 없다.

우산 가져갔니?

그 학생은 시험 준비를 안 했다.

내가 너를 사랑한다 해도
나는 너랑 결혼할 수 없어.

1단계

영작 핵심 포인트

영작을 위해 이것만은
꼭 알아 두세요.

POINT 1 조금 있는 → a few // 거의 없는 → few

나는 친구가 거의 없다.

I have few friends.

POINT 2 가지고/데리고 오다 → bring // 가지고/데리고 가다 → take

나 좀 집으로 데려가 주세요.

Please, take me home.

POINT 3 교수는 → prepare the exam // 학생은 → prepare for the exam

그 교수는 1주일 동안 시험 준비를 해 왔다.

The professor has prepared the exam for a week.

POINT 4 설령 ~해도 → even if // 실제 ~하지만 → even though

우리 부장님이 엄격하긴 해도, 절대 우리 탓을 안 한다.

Even though our manager is strict, he never blames us.

POINT 1 조금 있는 → a few // 거의 없는 → few

나는 친구가 거의 없다.

I have few friends.

I have few friends. 하면 친구가 거의 없다는 의미입니다. 하지만 I have a few friends. 하면 I have some friends.와 같은 의미로서 친구가 좀 있다는 뜻입니다. few는 '거의 없는'이라는 뜻이고, a few는 '약간의'라는 뜻으로서 바꿔 쓰면 의미가 완전히 달라지니 주의해야 합니다. 헷갈릴 때는 'a도 없을 정도면 거의 없다고 봐야 한다'는 식으로 기억하세요. 그리고 few와 a few는 셀 수 있는 명사 앞에 쓰이는데 반해, little(거의 없는)과 a little(조금 있는)은 셀 수 없는 명사 앞에서 쓰입니다.

{TIP} (a) few, (a) little을 이용해서 영작해 보세요.

❶ 그는 친척이 거의 없다.

❷ 나는 운이 거의 없었다.

❸ 그녀가 나에게 돈을 조금 줬다.

러닝페이퍼

친척 relative
운 luck (셀 수 없는 명사)

POINT 2 가지고/데리고 오다 → bring // 가지고/데리고 가다 → take

우산 가져갔니?

Did you take your umbrella?

밖에 나갔는데 엄마가 전화로 '(오늘 비 온다던데) 우산 가져갔니?'라고 묻고, 저녁에 집에 들어가니 엄마가 '우산 가져왔니?'라고 묻습니다. 하나는 '가져오다(데려오다)'이고, 다른 하나는 '가져가다(데려가다)'입니다. 이를 영어로 각각 bring과 take로 나타냅니다. 숙달이 되지 않은 상태에서는 굉장히 헷갈리니 처음에는 우리말로 번역해서 '가져오다'인지 '가져가다'인지 구분하면서 연습하세요. 참고로 어디로 가져가고 가져오는지는 뒤에 〈to+장소〉를 쓰면 됩니다.

{TIP} bring, take를 이용해서 영작해 보세요.

❶ 나는 내 우산을 가져왔다.

❷ 우리 오빠가 그를 병원으로 데려갔다.

❸ 우리 아들이 병아리를 집으로 데려왔다.

잠깐만요!

영어를 잘하는 분들도 영어 동화책을 읽어본 적이 없으면 아기동물의 명칭을 모르는 경우가 많습니다. 잘 정리해 두세요.

chick 병아리
gosling 거위 새끼
calf 송아지
goatling 염소 새끼

러닝페이퍼

병아리 chick
집으로 home

교수는 → prepare the exam // 학생은 → prepare for the exam

그 학생은 시험 준비를 안 했다.

The student did not prepare for the exam.

prepare the exam은 교수가 문제를 만들면서 시험을 준비하는 것이고, prepare for the exam은 학생이 공부를 하면서 시험을 준비하는 것입니다. 마찬가지로 prepare dinner는 어머니가 저녁을 준비하는 것이고, prepare for dinner는 자식이 저녁을 위해 손을 씻는 등의 준비를 하는 것이죠. search me는 내 몸수색을 하라는 의미로 I don't know.의 뜻으로 많이 쓰입니다. 반면 search for me는 사라진 나를 위해 (주변을) 수색하라는 의미로 look for(찾다)와 같은 말입니다.

{TIP} **prepare, search를 이용해서 영작해 보세요.**

❶ 놀랍게도 아버지가 아침을 해 놓으셨다. 🖉 _____

❷ 그는 유일하게 그 입사 면접을 준비했다. 🖉 _____

❸ 나는 너를 찾느라 2주를 보냈다. 🖉 _____

설령 ~해도 → even if // 실제 ~하지만 → even though

내가 너를 사랑한다 해도 나는 너랑 결혼할 수 없어.

Even if I love you, I cannot marry you.

even if는 '설령 ~해도'라는 가정의 의미가 있습니다. 반면 even though는 '실제 ~하지만'의 뜻으로 although와 동일합니다. Even if I love you는 내가 너를 사랑하지는 않지만 사랑한다고 가정해 보겠다는 표현이고, Even though I love you는 내가 너를 사랑한다는 사실은 인정한다는 말입니다. 생김새는 비슷하지만 의미상으로는 거의 반대이기 때문에 잘 구분해서 사용해야 합니다.

{TIP} **even if, even though를 이용해서 영작해 보세요.**

❶ 설령 네가 나에게 돈을 많이 줘도, 나는 여전히 너를 좋아하지 않을 거야.

🖉 _____

❷ 비록 그 아이가 육체적으로 강하지만, 다른 이들을 때리지는 않는다.

🖉 _____

❸ 그녀는 비록 어리지만 모든 것에 진지하다.

🖉 _____

★ 정답은 p.243을 확인하세요.

블로그 🏠

≡   blog

저는 몇몇 작가 친구가 있어요.

✏️ _____

그들 중 하나가 어제 이 책을 제게 가져왔어요.

✏️ _____

그녀는 비록 소심하지만, 많은 재능이 있어요.

✏️ _____

컨닝페이퍼

작가 writer
소심한 timid
재능 talent

I have <u>a few friends</u> ❶❷ who are writers.
One of them brought this book to me <u>yesterday</u>. ❸
<u>Even though</u> ❹ she is timid, she has many talents.

❶ a few friends는 some friends로 바꿀 수 있습니다.

❷ I have <u>few</u> friends who are writers라고 쓰면 작가인 친구가 거의 없다는 의미가 됩니다.

❸ yesterday를 문장 맨 앞에 두어 Yesterday, one of them...과 같이 써도 됩니다.

❹ Even though she is timid는 Although she is timid로 바꿀 수 있어요. 또 마지막 문장 전체를
She is timid, but she has many talents.로 써도 됩니다.

28

자주 틀리는 수의 일치

The police help people.

경찰은 사람들을 돕는다.

강의듣기 28

준비단계

오늘 써볼 문장

여러분은 곧 이 문장을 영작할 수 있게 됩니다.

부모님들은 최고의 선생님이다.

4시간은 너무 짧다.

경찰이 그를 구하기 위해 노력 중이다.

그 스텝들은 내 스텝들이 아니다.

1단계

영작 핵심 포인트

영작을 위해 이것만은 꼭 알아 두세요.

POINT 1 단수에는 → is // 복수에는 → are

인간은 사회적 동물이다.

Humans are social animals.

POINT 2 복수의 단위는 → 단수 취급

40불이면 충분하다.

Forty dollars is enough.

POINT 3 the police, family 등의 집합명사는 → 단수/복수 취급

우리 가족은 부모님들과 오빠와 내가 있다.

My family are my parents, my brother, and me.

POINT 4 staff, gang 등의 집합명사는 → 단수/복수 취급

이 범죄 조직은 강하다.

This gang is strong.

POINT 1 단수에는 → is // 복수에는 → are

부모님들은 최고의 선생님이다.

Parents are the best teachers.

영어에서 귀찮을 정도로 단복수를 구분하여 표시하고, 꼼꼼하게 '수 일치'를 따지는 이유는 그것이 논리적이기 때문입니다. 우리말에서는 '사람이 많다'는 문장이나 '사람들이 많다'는 문장이 다 같은 말이지만 영어에서는 그렇지 않습니다. 단수는 is로 받고, 복수는 are로 받아야 해요. 예문에서 parents(부모님들)는 복수이기 때문에 are을 쓴 거예요. be동사가 아니라 일반동사일 경우, 단수 주어는 동사에 (e)s를 붙이고, 복수 주어는 동사에 아무것도 안 붙이면 됩니다.

{TIP} 수의 일치에 주의하며 영작해 보세요.

❶ 그들은 좋은 사람들이다. ✎ _____

❷ 그는 체스를 둔다. ✎ _____

❸ 그녀는 학교에 다닌다. ✎ _____

POINT 2 복수의 단위는 → 단수 취급

4시간은 너무 짧다.

Four hours is too short.

시간, 거리, 질량, 돈 등의 '단위'는 셀 수 있습니다. 그래서 four hours, four miles, four grams, four dollars라고 씁니다. 이처럼 단위는 셀 수 있지만 거리, 시간, 질량 등의 개념 자체는 단수로 받습니다. '4시간'이라는 표현이 한 시간이 네 개 있다는 개념은 아니니까요. 그래서 Four hours를 단수인 is로 받아서 Four hours is too short.라고 하는 겁니다.

{TIP} 수의 일치에 주의하며 영작해 보세요.

❶ 400미터는 너무 길다. ✎ _____

❷ 10불은 나에게는 많은 돈이다. ✎ _____

❸ 우리는 또 다른 5분이 필요합니다. ✎ _____

the police, family 등의 집합명사는 → 단수/복수 취급

경찰이 그를 구하기 위해 노력 중이다.

The police are trying to save him.

family(가족), police(경찰), team(팀)처럼 사람들이 모인 집단을 가리키는 명사를 '집합명사'라고 합니다. 집합명사는 상황에 따라서 단수 또는 복수로 취급합니다. 즉, 집합 전체를 하나의 단위로 볼 때는 단수로 취급하고, 구성원 개개인을 강조해서 말할 때는 복수로 취급합니다.

{TIP} 수의 일치에 주의하며 영작해 보세요.

❶ 경찰이 이 사건을 신경 쓰지 않는다. ✎ _____

❷ 우리 가족들은 모두 안전하다. ✎ _____

❸ 우리 가족은 나에게 무척 중요하다. ✎ _____

전넘페이퍼

사건 case
신경 쓰다 care about

---

staff, gang 등의 집합명사는 → 단수/복수 취급

그 스텝들은 내 스텝들이 아니다.

The staff is not mine.

staff은 '스텝진, 전체 직원'이라는 뜻의 집합명사입니다. 그래서 직원들을 하나의 단위로 볼 때는 단수 취급하고, 직원 개개인을 강조해서 말할 때는 복수로 취급합니다. 만약 '직원 한 명'을 가리키려면 staff이 아니라 staff member를 써야 합니다. gang도 '갱단, 범죄 조직'이라는 뜻의 집합명사입니다. 만약 '폭력배 한 사람'을 가리킬 때는 gang이 아니라 gangster를 써야 합니다.

{TIP} 수의 일치에 주의하며 영작해 보세요.

❶ 직원들은 그 회사의 최대 자산이다. ✎ _____

❷ 그는 두 명의 직원을 데리고 있다. ✎ _____

❸ 그들은 폭력배가 아니다. ✎ _____

전넘페이퍼

자산 asset

★ 정답은 p.243을 확인하세요.

영문 이메일 ✉

📧 메일쓰기

| HTML | □ 서명첨부 □ V-Card □ !중요 | 한국어(EUC-KR) | ▼ 편지지 |

스타일▼ 포맷▼ 폰트▼ 글자 크기▼

지난주 파티는 환상적이었습니다.

✏ _____

우리 가족들은 행복해했습니다.

✏ _____

저희를 초대해주셔서 감사드립니다.

✏ _____

......

200불이 이 제품의 적절한 단가입니다.

✏ _____

이 가격을 받아들여줘서 다시 한 번 감사드립니다.

✏ _____

저희 직원들이 매우 기뻐할 것입니다.

✏ _____

The party last week was fantastic.
My family was happy.
Thank you for❶ inviting us.
......
Two-hundred dollars is the appropriate unit price of this product.
Thank you again for❶ accepting this price.
My [staff / staffers / staff members] will be very glad.

❶ thank you 뒤에 무엇에 감사하는지를 표현할 때는 전치사 for를 씁니다. 그리고 전치사 뒤에는
명사나 동명사만 올 수 있습니다.

29

소유격 제대로 쓰기

I just finished one hour's work.

나는 방금 1시간 분량의 일을 끝냈다.

강의듣기 29

준비단계

오늘 써볼 문장

여러분은 곧 이 문장을
영작할 수 있게 됩니다.

이 책의 표지는 깔끔하다.

아이들의 실수는 부모들의
책임이 아니다.

나는 백만 불 가치의 책들을 가지고 있다.

우리 아내가 오늘 아침 나한테
잔소리를 했다.

1단계

영작 핵심 포인트

영작을 위해 이것만은
꼭 알아 두세요.

POINT 1 소유격 표시는 → -'s 또는 of

이 노트북의 화면은 너무 작다.

The monitor of this laptop is too small.

POINT 2 -s로 끝나는 단어의 소유격은 → s 없이 '만

당신은 다른 사람들의 조언을 받아들일 필요가 있습니다.

You need to accept others' advice.

POINT 3 시간과 돈을 나타내는 명사에는 → -'s를 붙일 수 있다

나는 방금 1시간 분량의 일을 끝냈다.

I just finished one hour's work.

POINT 4 our country가 아니라 → my country

우리나라에서는 많은 사람들이 일 중독입니다.

A lot of people are workaholics in my country.

잠깐만요!

'고장 나다'에는 be out of
order 외에 be broken,
not work 등의 표현도 있
습니다.

컨닝페이퍼

소용없는 useless
고장 나다 be out of order

POINT 1 소유격 표시는 → -'s 또는 of

이 책의 표지는 깔끔하다.

The cover of this book is neat.

'~의'라고 소유격을 나타낼 때는 보통 -'s를 붙입니다. '브리트니의 지갑'은
Britney's wallet이라고 하고, '부장님의 돈'은 the manager's money와 같이 표현
합니다. 그런데 일반적으로 무생물의 소유격을 쓸 때는 -'s를 쓰지 않고 of를 씁니
다. 그래서 '이 강아지의 다리'는 this puppy's leg이지만, '이 책상의 다리'는 a leg
of this table이라고 합니다. 책도 무생물이기 때문에 '이 책의 표지'는 the cover
of this book이 됩니다.

{TIP} 소유격 표시에 주의하며 영작해 보세요.

❶ 제이미의 노력은 소용없었다.　🖉 ....

❷ 나는 아버지의 돈을 썼다.　🖉 ....

❸ 이 컴퓨터의 키보드가 고장 났다. 🖉 ....

POINT 2 -s로 끝나는 단어의 소유격은 → s 없이 '만

아이들의 실수는 부모들의 책임이 아니다.

Children's mistakes are not their parents' responsibility.

'부모의 책임'은 parents's responsibility라고 하면 될까요? 아닙니다. parents
처럼 -s로 끝나는 단어의 소유격은 -'s가 아니라 '(아포스트로피)만 붙입니다. 그래
서 parents' responsibility라고 해야 합니다. '우리 부모님의 도움'도 역시나 my
parents' help가 됩니다. 만약 my parent's help라고 쓰면 parent를 단수로 쓴
것이므로 어머니나 아버지 중 한 분의 도움을 뜻하는 겁니다. other people은
others로 줄일 수 있는데, '다른 이들의 조언'은 other's advice도 아니고 others's
advice도 아니고 others' advice라고 해야 합니다.

컨닝페이퍼

행복 happiness
칭찬 compliment
옷 clothes

{TIP} 소유격 표시에 주의하며 영작해 보세요.

❶ 다른 이들의 행복 또한 중요하다.　🖉 ....

❷ 그녀 선생님들의 칭찬이 그녀를 행복하게 했다. 🖉 ....

❸ 그녀는 자기 아이들의 옷을 샀다.　🖉 ....

시간과 돈을 나타내는 명사에는 → -'s를 붙일 수 있다

나는 백만 불 가치의 책들을 가지고 있다.

I have one million dollars' worth of books.

앞에서 무생물의 소유격은 of를 써서 나타낸다고 했는데, 무생물이면서도 -'s로 소유격을 나타내는 예외적인 경우가 있습니다. 가장 많이 쓰이는 세 가지만 들자면 시공간, 돈, 기관 이름이 그에 해당합니다. one hour's work(한 시간의 일)처럼 시간의 소유격을 나타낼 때, ten dollars' worth(10불의 가치)처럼 돈의 소유격을 나타낼 때, the company's workers(그 회사의 종업원들)처럼 기관 이름의 소유격을 나타낼 때는 무생물이더라도 -'s를 사용합니다.

{TIP} 소유격 표시에 주의하며 영작해 보세요.

❶ 거기는 겨우 한 시간 거리야. ✎ _____

❷ 우리는 어제 신문을 읽을 필요는 없다. ✎ _____

❸ 이건 백만 불짜리 가치가 있는 조언이야. ✎ _____

러닝페이퍼

거리 distance
백만 million
조언 advice

our country가 아니라 → my country

우리 아내가 오늘 아침 나한테 잔소리를 했다.

My wife nagged me this morning.

우리나라 사람들은 내 것을 얘기할 때도 '우리'를 붙이는 경향이 있다 보니 영어에서도 my 대신 our를 사용하는 경우가 많은데, 오해를 불러일으킬 수 있으니 주의해야 합니다. '우리나라'를 영어로 말할 때, 이야기를 듣는 사람도 같은 나라 사람이라면 our county라고 해도 되지만, 그렇지 않으면 my country라고 해야 합니다. 그런 이치에서 the universe는 어느 한 사람의 우주가 아니므로 our universe(우리의 우주)라고 해도 되고, 지구 또한 our Earth(우리의 지구)라고 해도 됩니다. 하지만 '우리 아내'를 our wife로 쓰면 정말 이상하니 조심해야 합니다.

{TIP} 소유격에 주의하며 영작해 보세요.

❶ 나는 우리 엄마를 만나고 싶지 않다. ✎ _____

❷ 우리는 우리의 환경을 보존해야 한다. ✎ _____

❸ (외국인에게 말하면서) 우리나라에서는 사람들이 남들을 지나치게 신경 쓴다.

✎ _____

러닝페이퍼

보존하다 preserve
신경 쓰다 care about

★ 정답은 p.243을 확인하세요.

영어일기 3

오늘 신문 기사에 의하면, 다른 이들의 행복이 우리 자신의 행복이라고 한다.

✎ _____

_____

하지만 브라이언의 낮은 점수가 오늘 나를 행복하게 해줬다.

✎ _____

나는 이기적이다.

✎ _____

교회에 다녀야 하나?

✎ _____

영작
가정교사

According to an article of <u>today's newspaper,</u>❶ others' happiness is our own happiness.
But Brian's low scores made me happy today.
I am selfish.
Do I need to <u>go to church</u>?❷

❶ today's newspaper에서 today's가 소유격이므로 newspaper에는 관사를 붙이지 않습니다.

❷ 교인의 신분으로 교회에 다니면 관사 없이 go to church(교회에 다니다), 학생의 신분으로 학교에 다니면 관사 없이 go to school(학교에 다니다)이라고 합니다.

30

헷갈려서 꼭 틀리는 부정문

Nobody can avoid it.

아무도 그걸 피할 수 없다.

강의듣기 30

준비단계

오늘 써볼 문장

여러분은 곧 이 문장을
영작할 수 있게 됩니다.

그는 클래식 음악을 안 듣는다.

톰이 그런 문제들을 항상 해결할
수 있는 건 아니다.

아무도 그를 이길 수 없다.

그들 중 누구도 그를 이길 수 없다.

1단계

영작 핵심 포인트

영작을 위해 이것만은
꼭 알아 두세요.

POINT 1 문장의 부정은 → 〈do not 일반동사〉 혹은 〈be not〉

그들은 더 이상 테니스를 안 친다.

They do not play tennis any more.

POINT 2 항상/반드시 그런 건 아니다 → not always/necessarily

그가 반드시 돈을 벌어야 하는 건 아니다.

He should not necessarily earn money.

POINT 3 아무도/아무것도 ~하지 않다 → Nobody/Nothing을 주어로

아무도 시행착오를 피할 수 없다.

Nobody can avoid trial and error.

POINT 4 둘 다 아니면 → neither // 셋 이상이 다 아니면 → none

우리는 둘 다 교회에 다니지 않는다.

Neither of us go to church.

139

POINT 1 문장의 부정은 → 〈do not 일반동사〉 혹은 〈be not〉

그는 클래식 음악을 안 듣는다.
He does not listen to classical music.

일반적으로 부정문은 동사 앞에 do not을 붙입니다. 주어가 3인칭 단수이면 does not을, 과거형이면 did not을 붙이고요. be동사가 있는 문장의 경우 be동사 뒤에 not을 붙여서 He is not a musician.(그는 음악가가 아니다.)처럼 쓰면 됩니다. 한편 can, may 등의 조동사가 나오면 조동사 바로 뒤에 not을 붙입니다.

{TIP} 부정문을 만들면서 영작해 보세요.

❶ 그들은 그 여행을 즐기지 않았다. ✎ ....

❷ 그들은 그 여행을 즐기지 못했다. ✎ ....

❸ 그들은 그 여행을 즐기고 있지 않았다. ✎ ....

POINT 2 항상/반드시 그런 건 아니다 → not always/necessarily

톰이 그런 문제들을 항상 해결할 수 있는 건 아니다.
Tom can not always solve such problems.

부사 바로 앞에도 not을 쓸 수 있습니다. 이럴 경우 문장 전체를 부정하는 게 아니라 그 부사만 부정하는 겁니다. 다시 말해 톰이 그런 문제들을 해결할 수 있기는 한데, 항상 그럴 수 있는 것은 아니라는 의미입니다. 마찬가지로 not necessarily도 '반드시 그런 건 아니다'는 식으로 해석해야 합니다.

{TIP} always, necessarily를 이용해서 영작해 보세요.

❶ 불행하게도, 그가 나를 항상 사랑했던 건 아니다. ✎ ....

❷ 그녀가 항상 나에게 잘해 주는 건 아니다. ✎ ....

❸ 지원자들이 반드시 대학 졸업자여야 하는 건 아니다.

✎ ....

아무도/아무것도 ~하지 않다 → Nobody/Nothing을 주어로

아무도 그를 이길 수 없다.

Nobody can beat him.

not...anybody는 nobody로, not...anything은 nothing으로 바꿀 수 있습니다. 즉, Nobody can beat him.과 Anybody cannot beat him.은 같은 뜻입니다. 그런데 미국인들 70%가 전자를 선호한다는 통계가 있을 정도로 nobody가 더 즐겨 사용됩니다. nobody는 no one으로 바꿔도 됩니다. 이 표현을 쓸 때 Nobody cannot beat him.(×)과 같이 이중 부정이 되지 않게 주의하세요.

{TIP} **nobody, no one, nothing을 이용해서 영작해 보세요.**

❶ 아무것도 우리를 막을 순 없다. ✎ _____

❷ 누구도 그 파티에 가지 않았다. ✎ _____

❸ 아무도 이 질문에 답을 못한다. ✎ _____

둘 다 아니면 → neither // 셋 이상이 다 아니면 → none

그들 중 누구도 그를 이길 수 없다.

None of them can beat him.

잠깐만요!

'네 상관할 바가 아니다'라는 뜻의 관용적인 표현인 None of your business. 도 '너의 일 중에 어떤 것에도 해당사항이 없다'는 뜻으로 만들어진 표현입니다.

둘 다 아니라는 표현은 neither를 쓰고, 셋 이상이 아니라면 none을 씁니다. '누구/무엇 중'이라는 표현을 추가하려면 among의 의미를 가진 of를 붙이면 됩니다. neither of us(우리 둘 중 누구도 ~하지 않다), none of them(그들 중 누구도 ~하지 않다)과 같이 쓸 수 있습니다. 물론 문맥상 무엇들 혹은 누구들 중인지가 명확하다면 of 이하는 생략할 수 있습니다.

{TIP} **neither, none을 이용해서 영작해 보세요.**

❶ 어제 우리 둘 중 누구도 그를 만나지 않았다.

✎ _____

❷ 우리 반 친구들 중 누구도 그 선생님을 좋아하지 않는다.

✎ _____

❸ 그건 네가 상관할 일이 아니다. ✎ _____

컨닝페이퍼

반 친구 classmate

★ 정답은 p.244를 확인하세요.

블로그 ⌂

blog

이 식당의 서비스가 항상 최고는 아니다.

✎ _____

하지만 당신은 이곳에서 이곳 고유의 이국적인 맛을 즐길 수 있다.

✎ _____

아무도 이를 부인할 수 없다.

✎ _____

방문을 주저하지 마세요.

✎ _____

The service at this restaurant is not always <u>excellent</u>. ❶
But you can enjoy its own exotic taste here.
[Nobody / No one] can deny it.
Do not hesitate to visit.

❶ '최고'는 the best를 써도 되고 excellent를 써도 됩니다. excellent는 이렇게 이미 '최고'라는 의미가 있어서 최상급이나 비교급을 쓰지 못하는 형용사입니다.

리포트 작성할 때 유용한 표현

- **Recent studies have shown that this phenomenon has affected our society positively.**

  최근의 연구는 이러한 현상이 우리 사회에 긍정적으로 영향을 끼쳤음을 보여줬다.

- **The reasons are as in the following.**

  그 이유는 다음과 같다.

- **These processes are often referred to as A types.**

  이러한 과정들은 종종 A type으로 언급된다.

- **As previously mentioned, the result shows a significant meaning.**

  앞에서 언급된 것처럼, 그 결과는 중요한 의미를 보여준다.

- **However, a review of it is indispensable, as opposed to the previous one.**

  하지만 이전 것과는 달리, 이것의 검토도 필수적이다.

- **Based on the analysis, it is concluded that people are living loger than before.**

  이러한 분석에 근거하여, 사람들이 과거보다 오래 산다고 결론지을 수 있다.

- **Within the next several years, it is possible that his technology will soon be useless.**

  향후 몇 년 내에, 그의 기술은 곧 쓸모없어질 가능성이 있다.

- **It was widely assumed that the Korean economy would be at risk.**

  한국의 경제가 위험에 처해질 것이라고 많이들 추측했었다.

- **There are, however, a few factors that should be considered.**

  하지만 고려해야 할 요소들이 몇 가지 있다.

- **The trend should continue in the next ten years as indicated.**

  지적한 대로 그러한 경향은 향후 10년간 계속될 것이다.

넷째마디

영작의 복병,
관사 끝장내기

관사는 어렵습니다. 심지어 미국인들조차 관사를 사용하
면서 헷갈려할 때가 많습니다. 하지만 어떤 문장에서 a
professor로 쓰였는지 the professor로 쓰였는지만
봐도 일반적인 교수님을 지칭하는 건지 특정 교수님을 의
미하는 건지 알아차릴 수가 있습니다. 이처럼 영어에서의
관사는 글을 읽는 사람에게 가이드를 해주는 유용한 큐싸
인 역할을 합니다. 관사의 쓰임에 대해 제대로 이해한 후
숙달시켜 놓으면 관사 하나로 많은 이야기를 해줄 수 있으
므로, 영작 시 경제적인 표현을 하는 도구로 사용할 수 있
을 겁니다.

31 a와 the 구분해서 쓰기

I met a man yesterday.

어제 어떤 남자를 만났다.

강의듣기 31

준비단계

오늘 써볼 문장

여러분은 곧 이 문장을
영작할 수 있게 됩니다.

> 그녀는 가정주부다.

> 그 남자가 그 변호사다.

> 나는 A반 학생이다.

> 그는 대학생이 아니다.

1단계

영작 핵심 포인트

영작을 위해 이것만은
꼭 알아 두세요.

POINT 1 여럿 중 하나는 → a(n)

어제 어떤 남자를 만났다.

I met a man yesterday.

POINT 2 한정 받으면 → the

그는 수학 수업의 선생님이다.

He is the teacher of the math class.

POINT 3 한정 받아도 여럿 중 하나면 → a(n)

그녀는 이 수업의 선생님(중 한 분)이다.

She is a teacher of this class.

POINT 4 발음상 모음 앞에서는 → an

그녀는 MP3 플레이어를 원했다.

She wanted an MP3 player.

145

POINT 1 ▶ 여럿 중 하나는 → a(n)

그녀는 가정주부다.

She is a housewife.

여럿 중 하나면 a(n)를 씁니다. I am a teacher.라고 하면 이 세상에 선생님들이 여럿 있는데 나는 그 중의 한 선생님이라는 말이 됩니다. 어떤 종 전체를 대표해서 a(n)를 쓰는 경우도 있습니다. A dog is a faithful animal.이라고 쓰면 "개는 충직한 동물이다."라는 뜻으로서, 여기서의 a dog은 '어떤 하나의 개'라는 의미가 아니라 개 전체를 대표하는 표현으로 쓰인 겁니다. 물론 the dog이나 dogs도 개를 대표하는 표현입니다. 참고로 the dogs라고 하면 '그 개들'이라는 뜻이 됩니다.

{TIP} 관사 a를 이용해서 영작해 보세요.

❶ 내 딸은 과학자가 되기를 원한다. ✎

❷ 사과 하나가 떨어졌다. ✎

❸ 고양이는 도도하다. ✎

컨닝페이퍼

과학자 scientist
도도한 arrogant

POINT 2 ▶ 한정 받으면 → the

그 남자가 그 변호사다.

The man is the lawyer.

I am a teacher.는 "나는 선생님이다."라는 말이지만, I am the teacher. 하면 "나는 그 선생님이다."라는 말이 되어 문맥상 앞서 언급한 선생님을 받습니다. "나는 어제 한 남자를 만났는데, 알고 보니 그 남자는 부자였다."라는 문장에서 앞의 '한 남자'는 a man으로 쓰고 뒤의 '그 남자'는 the man이라고 씁니다. 참고로 복수형에도 the가 붙을 수 있습니다.

{TIP} 관사 the를 이용해서 영작해 보세요.

❶ 그 교수님이 이 기계를 발명했다. ✎

❷ 그녀가 그 사람이야. ✎

❸ 나 그 고양이를 알아. ✎

컨닝페이퍼

발명하다 invent
기계 machine

한정 받아도 여럿 중 하나면 → a(n)

나는 A반 학생이다.

I am <u>a</u> student of Class A.

A반에 학생이 여러 명 있는데 내가 그중의 한 학생이면 a student를 써야 합니다. 반면에 내가 B반도 아니고 C반도 아닌 'A반의 선생님이다'라고 말하려면 그때는 I'm the teacher of Class A.라고 하면 됩니다. 만약 이때 I'm a teacher of Class A.라고 하면 A반을 맡은 선생님이 여럿 있는데 나는 그중 한 사람이라는 뜻이 되죠.

{TIP} 관사 a/the의 쓰임에 유의하며 영작해 보세요.

❶ 나는 이 클럽의 운영자이다. 🖊 _____

❷ 나는 이 클럽의 (여러 운영자들 중 한) 운영자이다.

🖊 _____

❸ 그녀는 (내 여러 친구들 중 하나인) 내 친구이다.

🖊 _____

컨닝페이퍼

운영자 manager
클럽 club

발음상 모음 앞에서는 → an

그는 대학생이 아니다.

He is not <u>a</u> university student.

university와 urban의 첫 글자는 u로 동일하지만, university의 u 발음은 반자음 /j/이고, urban의 u 발음은 모음인 /ə/입니다. 발음상 자음 앞에는 a를 쓰고 모음 앞에는 an을 써야 하므로, 각각 <u>a</u> university student와 <u>an</u> urban area라고 써야 합니다. MP3 player의 경우 m은 자음이지만 발음이 모음이기 때문에 an을 붙여서 an MP3 player라고 합니다. 발음의 편의상 모음 앞에는 n이라는 자음을 넣기 때문입니다. a/an을 붙이는 기준이 철자가 아니라 발음이라는 점을 기억하세요.

{TIP} 관사 a/an의 쓰임에 유의하며 영작해 보세요.

❶ 나는 도시에서 산다. 🖊 _____

❷ 그는 MBA학위가 있다. 🖊 _____

❸ 그녀는 정직한 정치인이 되길 원했다. 🖊 _____

컨닝페이퍼

도시 urban area
학위 degree
정치인 politician

★ 정답은 p.244를 확인하세요.

미국 MBA 지원서 자기소개서 💻

저는 작년에 Sony 직원이었습니다.

✎

그곳 사람들은 저에게 매우 잘 주었습니다.

✎

하지만 저는 미국에서 MBA 학위를 받기 원해서 그 일을 그만뒀습니다.

✎

I was <u>an employee</u>❶ of Sony last year.
The people there were very nice to me.
However, I wanted to get an MBA degree in <u>the US</u>❷ and quit the job.

❶ an employee 대신에 a worker라고 써도 됩니다. 물론 문장 전체를 I worked for Sony last year.라고 쓰는 것도 자연스럽습니다.

❷ '미국'을 나타내는 US, USA, United States (of America) 등에는 앞에 the를 붙여야 합니다.

32

셀 수 있을 것 같은 불가산 명사

You can get a lot of information.

너는 많은 정보를 얻을 수 있다.

강의듣기 32

준비단계

오늘 써볼 문장

여러분은 곧 이 문장을
영작할 수 있게 됩니다.

나는 인터넷에서 다양한 종류의
지식을 얻는다.

증거 없이 사람을 비난해서는 안 된다.

많은 사람들이 대중교통을
이용해야 한다.

그는 아주 많은 돈을 가지고 있다.

1단계

영작 핵심 포인트

영작을 위해 이것만은
꼭 알아 두세요.

POINT 1 information, knowledge는 불가산 명사

우리는 이 책에서 많은 정보를 얻을 수 있다.

We can get a lot of information from this book.

POINT 2 advice, evidence도 불가산 명사

그는 우리에게 좋은 조언을 해주었다.

He gave us good advice.

POINT 3 pollution, public transportation도 불가산 명사

우리는 공해와 교통혼잡을 피하길 원합니다.

We want to avoid pollution and traffic jams.

POINT 4 (긍정문에서) 많은 → a lot of // (부정문에서) 많은 → much

그는 많은 지식을 가지고 있다.

He has a lot of knowledge.

149

POINT 1 information, knowledge는 불가산 명사

나는 인터넷에서 다양한 종류의 지식을 얻는다.

I gain various kinds of knowledge on the Internet.

잠깐만요!

key to 뒤에는 동사가 아닌
명사가 옵니다. 여기서 to는
to부정사가 아니라 전치사
인 것이죠.

knowledge(지식)와 information(정보), imagination(상상)은 불가산명사(셀 수 없는 명사)입니다. 불가산명사 앞에는 a/an을 쓸 수 없습니다. "나는 지식이 12개 있어." 하는 식으로 말할 수 없기 때문입니다. 비즈니스 이메일을 위해서건 토플 영작을 위해서건 자주 쓰는 단어들이 가산 명사인지 불가산 명사인지 반드시 확인하고 숙달해 두어야 합니다. 영영사전을 이용하세요. 사전에 U라고 되어 있으면 uncountable(불가산)이고, C라고 되어 있으면 countable(가산)입니다.

{TIP} 명사의 가산 · 불가산에 유의하며 영작해 보세요.

컨닝페이퍼

힘 power
성공 success
관건 key

❶ 아는 게 힘이다. _____

❷ 정보는 성공의 관건이다. _____

❸ 상상은 지식보다 중요하다. _____

POINT 2 advice, evidence도 불가산 명사

증거 없이 사람을 비난해서는 안 된다.

We should not blame people without evidence.

evidence(증거)와 advice(충고)도 일반적으로 셀 수 없는 명사입니다. 그럼 "그는 많은 조언을 해줬다."는 영어로 어떻게 표현할까요? He gave me a lot of advice. 라고 하면 됩니다. 군이 수량을 붙인다면 an advice라고 하면 안 되고, a piece of advice(충고 한 마디)라고는 할 수 있습니다.

{TIP} 명사의 가산 · 불가산에 유의하며 영작해 보세요.

컨닝페이퍼

시험 exam
체포하다 arrest
제공하다 provide

❶ 그는 시험에 관해 나에게 조언을 해줬다. _____

❷ 그 경찰이 증거 없이 그를 체포했다. _____

❸ 그들은 아무런 증거를 제공하지 않았다. _____

pollution, public transportation도 불가산 명사

많은 사람들이 대중교통을 이용해야 한다.

Many people should use public transportation.

'대중교통'은 public transportation인데 관사 없이 단수형으로 씁니다. '교통 혼잡'을 의미하는 traffic jam 혹은 traffic congestion은 일반적으로 셀 수 있는 명사입니다. pollution(공해)도 셀 수 없는 명사입니다. '대기 오염'은 air pollution이고, '수질 오염'은 water pollution입니다. 한편 pollutant(공해물질)는 셀 수 있습니다. 이처럼 단어가 셀 수 있는지 없는지 여부는 매우 헷갈립니다. 암기보다는 많은 독서나 글쓰기를 통해서 숙달시키는 게 필요합니다.

{TIP} 명사의 가산·불가산에 유의하며 영작해 보세요.

❶ 여기는 대중교통 이용이 편리하다. ✎ ....

❷ 이 지역의 수질 오염은 심각하다. ✎ ....

❸ 그 공장은 많은 오염 물질을 만들어 낸다. ✎ ....

컨닝페이퍼
편리한 convenient
지역 area
만들어 내다 produce

POINT 4 (긍정문에서) 많은 → a lot of // (부정문에서) 많은 → much

그는 아주 많은 돈을 가지고 있다.

He has so much money.

셀 수 없는 명사가 많다고 할 때 much보다는 주로 a lot of를 사용합니다. 많은 사람들이 잘 모르는 어법인데 〈much＋불가산명사〉가 가능한 경우는 ① 부정문, ② 의문문, ③ much를 꾸며주는 부사가 오는 경우로 한정됩니다. 그래서 I have much money.라고는 잘 쓰지 않습니다. 대신 I do not have much money. / Do you have much money? / I have so much money.는 가능합니다. 예문의 경우 부사 so가 있기 때문에 much를 쓸 수 있는 겁니다.

{TIP} a lot of, much의 쓰임에 유의하며 영작해 보세요.

❶ 그들은 많은 정보를 갖고 있지 않다. ✎ ....

❷ 이 수업에서 나는 많은 지식을 얻었다. ✎ ....

❸ 교수님은 나에게 많은 조언을 해주셨다. ✎ ....

컨닝페이퍼
수업 class
교수 professor

★ 정답은 p.244를 확인하세요.

토플 라이팅 ✏️

TOEFL Writing

저는 친구들이 선생님들보다 중요하다는 것에 동의합니다.

✏️ _____

우리는 친구들로부터 많은 삶의 교훈을 얻을 수 있습니다.

✏️ _____

우리는 협동과 경쟁에 관해 배울 수 있습니다.

✏️ _____

물론 선생님들은 우리에게 조언과 지식을 주십니다.

✏️ _____

하지만 우리는 인터넷에서도 조언과 지식을 얻을 수 있습니다.

✏️ _____

영작
가정교사

I agree that friends are more important than teachers.
We can get a lot of lessons of life ❶ from friends.
We can learn about cooperation and competition.
Of course, teachers give us advice and knowledge.
However, we can get advice and knowledge on the Internet ❷ too.

❶ '삶의 교훈들'은 lessons of life, lessons about life 등으로 쓸 수 있습니다.

❷ on the Internet은 on the Net으로도 쓸 수 있습니다. Internet과 Net이 대문자로 시작되는 것에 유의하세요.

33

가산명사와 불가산명사

Experience is important.

경험이 중요하다.

강의듣기 33

준비단계

오늘 써볼 문장

여러분은 곧 이 문장을
영작할 수 있게 됩니다.

그는 머리카락이 많다.

우리는 여행을 통해서 다양한 경험을
가질 수 있습니다.

어려움이 당신을 어른으로 만듭니다.

요즘 사람들은 신문을 안 읽는다.

1단계

영작 핵심 포인트

영작을 위해 이것만은
꼭 알아 두세요.

POINT 1 **hair** → 머리숱은 **불가산** // 머리카락은 **가산**

나는 소파에서 머리카락 두 가닥을 발견했다.

I found two hairs on the sofa.

POINT 2 **experience** → 경험은 **불가산** // 경험한 일은 **가산**

경험이 중요하다.

Experience is important.

POINT 3 **difficulty** → 어려움은 **불가산** // 어려운 일은 **가산**

한국인들은 당시 경제적인 어려움이 좀 있었다.

**Koreans had some economic difficulties at
that time.**

POINT 4 **newspaper** → 신문지는 **불가산** // 신문은 **가산**

매스미디어는 TV, 신문, 잡지를 포함한다.

**Mass media includes television, newspapers,
and magazines.**

POINT 1 hair → 머리숱은 불가산 // 머리카락은 가산

그는 머리카락이 많다.

He has a lot of hair.

상황에 따라 셀 수 있기도 하고 없기도 한 명사들이 꽤 있습니다. hair가 무수히 많은 머리카락을 의미한다면 일일이 셀 수 없겠지요. 하지만 hair가 머리카락 가닥을 뜻한다면 셀 수 있습니다. 문맥을 봐야 합니다. 예문에서는 머리숱이 많은 것을 나타내는데, 이때는 머리카락을 일일이 셀 수 없으므로 셀 수 없는 명사로 취급하여 s를 붙이지 않습니다. 정리하자면, hair는 추상적·포괄적 의미로는 셀 수 없는 명사가 되고, 구체적·세부적인 의미로는 셀 수 있는 명사가 됩니다.

{TIP} hair를 이용해서 영작해 보세요.

❶ 당신의 머리는 하얗다. 🖊 _____

❷ 머리카락 몇 가닥이 탔다. 🖊 _____

❸ 나는 고양이 털에 알러지가 있다. 🖊 _____

컨닝페이퍼

타다 burn

~에 알러지가 있는
allergic to

POINT 2 experience → 경험은 불가산 // 경험한 일은 가산

우리는 여행을 통해서 다양한 경험을 가질 수 있습니다.

We can have various experiences through trips.

experience도 많이 쓰이는 단어인데 가끔 헷갈립니다. hair와 마찬가지라고 생각하면 됩니다. 지식이 아닌 경험, 사전적 의미로서의 경험, 일반적인 과거의 일을 얘기하는 경험이라면 셀 수 없는 명사로 취급합니다. 하지만 '경험한 일', '경험한 것'처럼 누군가에게 의미 있는 과거 이벤트라는 뉘앙스를 풍기려면 좀 더 세부적인 의미가 되므로 셀 수 있는 명사로 취급합니다.

{TIP} experience를 이용해서 영작해 보세요.

❶ 경험은 지식보다 더 중요하다. 🖊 _____

❷ 안 좋은 경험들은 잊어라. 🖊 _____

❸ 아르바이트들은 우리가 다양한 경험들을 갖게 해준다.

🖊 _____

컨닝페이퍼

잊다 forget

다양한 various

어려움이 당신을 어른으로 만듭니다.

Difficulty makes you an adult.

difficulty 역시 experience와 마찬가지라고 생각하면 됩니다. '어려움'이라는 포괄적·사전적 의미로 쓰이면 셀 수 없는 명사로 취급합니다. 하지만 '어려운 것', '어려운 일', '어려운 점' 등의 의미로 쓰이면 셀 수 있는 명사로 취급합니다. convenience도 '편리함'이라는 셀 수 없는 명사이지만 '편리한 것', '편리한 점', '편의물품' 등의 의미로 쓰이면 셀 수 있는 명사가 됩니다.

{TIP} difficulty, convenience를 이용해서 영작해 보세요.

❶ 나는 비행기 이용의 편리함을 좋아한다. 🖉 _____

❷ 한국인들은 경제적으로 어려운 일들을 많이 가졌었다.

🖉 _____

❸ 당신은 이 안에서 현대 편의시설들을 즐길 수 있습니다.

🖉 _____

커닝페이퍼

경제적인 economic
현대의 modern

요즘 사람들은 신문을 안 읽는다.

These days, people do not read newspapers.

paper(종이)는 셀 수 없는 명사입니다. 종이 한 장을 찢으면 두 장이 되고 세 장도 될 수 있어서 그런 것 같습니다. 그래서 newspaper를 셀 수 없는 명사로 취급하면 '신문지'라는 의미가 되고, 셀 수 있는 명사로 써야 '신문'이라는 의미가 됩니다. 한편 baseball(야구)은 셀 수 없는 명사입니다. 물론 baseball game(야구 경기)은 셀 수 있고요. 그럼 a baseball은 무엇일까요? 바로 '야구공'이라는 의미입니다.

{TIP} newspaper, baseball을 이용해서 영작해 보세요.

❶ 나는 그에게 야구공을 던졌다. 🖉 _____

❷ 많은 미국인들이 야구를 사랑한다. 🖉 _____

❸ 신문은 구식이다. 🖉 _____

커닝페이퍼

미국인 American
구식인 out of date

★ 정답은 p.245를 확인하세요.

블로그

젊은 사람들은 신문을 읽지 않습니다.

🖉 _____

그들은 문명의 이기를 이용합니다.

🖉 _____

하지만 매일 아침 신문을 읽어 보세요.

🖉 _____

그것은 좋은 경험이 될 것입니다.

🖉 _____

Young people do not read newspapers.
They use modern <u>conveniences</u>. ❶
However, try to read them every morning.
It will be a good experience.

❶ convenience는 '편리함'을 의미하지만 conveniences처럼 가산명사로 취급하면 '편리품들'이라
는 의미가 됩니다. 같은 맥락으로 luxury는 '사치'이지만 가산명사로 취급하여 luxuries라고 하면
'사치품들'이 됩니다.

34

영작의 최대 복병 the 정복하기

I live near the Han River.

나는 한강 근처에 산다.

강의듣기 34

준비단계

오늘 써볼 문장

여러분은 곧 이 문장을
영작할 수 있게 됩니다.

나는 한강 근처에 산다.

중국은 경제를 급속히 성장시켰다.

그는 TV를 껐다.

첫 번째 이유는 내가 너를 사랑한다는
것이다.

1단계

영작 핵심 포인트

영작을 위해 이것만은
꼭 알아 두세요.

POINT 1 강 이름에는 the → The Mississippi River

미시시피강은 미국에서 가장 긴 강이다.

**The Mississippi River is the longest river in
the United States.**

POINT 2 국가 이름에는 보통 관사 없이 → ~~The~~ Romania

루마니아는 유럽에 위치해 있다.

Romania is located in Europe.

POINT 3 집 안에 있는 건 the → the radio

나는 집에서 라디오를 듣는다.

I listen to the radio at home.

POINT 4 서수에도 the → the 20th

이것은 20세기의 발명품이다.

This is an invention of the 20th century.

POINT 1 강 이름에는 the → The Mississippi River

나는 한강 근처에 산다.

I live near the Han River.

강 이름 앞에는 보통 관사 the를 붙입니다. 그래서 '한강'은 the Han River라고 씁니다. the를 붙이고 이름을 대문자로 시작하며, 심지어는 river의 첫 글자인 r도 대문자로 쓰는 것이 원칙입니다. 대양이나 바다 등에도 the Pacific Ocean(태평양), the East Sea(동해)처럼 the를 붙입니다. 자동으로 쓸 수 있을 때까지 외우고 익혀야 합니다.

{TIP} the의 쓰임에 유의하며 영작해 보세요.

❶ 이집트에는 나일강이 있다.

❷ 대서양은 두 번째로 큰 대양이다.

❸ 동해가 그 바다의 정확한 이름이다.

컨닝페이퍼

나일강 Nile River
대서양의 Atlantic
대양 ocean

POINT 2 국가 이름에는 보통 관사 없이 → ~~The~~ Romania

중국은 경제를 급속히 성장시켰다.

China has developed the economy rapidly.

China(중국), Japan(일본) 등의 국가 이름 앞에는 보통 the가 붙지 않지만, the Philippines(필리핀)나 the Netherlands(네덜란드)처럼 관용적으로 the가 붙는 국가명이 있습니다. America(미국)에는 관사가 붙지 않지만, the United States(미국)라고 할 때는 the를 붙입니다. 이런 예외적인 경우는 국가 이름이 지어질 당시 상황 때문에 생긴 것이므로 수학적으로 구분하여 규칙을 이해하기는 어렵습니다.

{TIP} the의 쓰임에 유의하며 영작해 보세요.

❶ 나는 프랑스에 머물다가 영국으로 이동했다.

❷ 일본은 한국 옆에 있다.

❸ 미합중국은 가장 강력한 국가이다.

컨닝페이퍼

영국 the UK (the United
Kingdom의 약자)

POINT 3 집 안에 있는 건 the → the radio

그는 TV를 껐다.

He turned off the TV.

잠깐만요!

the cat on the TV는 'TV 위에 올라가 있는 고양이'를 뜻하지만, the cat on TV는 'TV에 출연한 고양이'를 뜻합니다.

컨닝페이퍼

볼륨을 키우다 turn up
새끼 고양이 kitty
다락방 attic

the living room(거실), the kitchen(주방), the attic(다락) 등 집 안에 있는 방 이름 앞에는 the를 붙입니다. the TV(텔레비전), the radio(라디오), the closet(옷장) 등 집 안에 있는 물건이나 가구 등에도 the를 붙이는 것이 일반적입니다. 특히 TV는 관사 없이 쓰면 집안에 있는 TV가 아니라 방송으로서의 TV를 나타내므로 주의해야 합니다.

{TIP} the의 쓰임에 유의하며 영작해 보세요.

❶ 나는 어젯밤에 라디오를 들었다. ✎ _____

❷ TV 볼륨 좀 키워 주세요. ✎ _____

❸ 내 새끼 고양이가 다락방에 있다. ✎ _____

POINT 4 서수에도 the → the 20th

첫 번째 이유는 내가 너를 사랑한다는 것이다.

The first reason is that I love you.

one, two 등은 기수이고 first, second 등은 서수입니다. 〈서수+명사〉 앞에는 일반적으로 the를 씁니다. 그래서 '첫 번째 이유'는 first reason이 아니라 the first reason이라고 해야 합니다. 또 '21세기'도 스물한 번째 오는 century이므로 the 21st century라고 합니다. 하지만 '첫 번째로'라는 의미의 부사로 first를 쓰는 경우에는 명사가 아니므로 관사가 올 이유가 없습니다. 그냥 first라고 써야 합니다. 참고로 at first는 '처음에는'이라는 부사입니다.

{TIP} the의 쓰임에 유의하며 영작해 보세요.

❶ 당신이 오늘 우리 가게 첫 손님이에요. ✎ _____

❷ 세계에서 두 번째로 큰 나라는 캐나다이다. ✎ _____

❸ 처음에는 널 좋아했었어. ✎ _____

컨닝페이퍼

손님 customer

★ 정답은 p.245를 확인하세요.

회사 홍보글

우리는 한강에 주요 큰 다리들을 건설했습니다.

우리의 건설 기술은 TV에서 자주 보여졌습니다.

우리 회사는 또한 아시아에서 두 번째로 높은 건물을 지었습니다.

We built major large bridges over the Han River.
Our construction technology has often been shown on TV.
Our company also built the second-tallest ❶ building in Asia.

❶ 여기서 second-tallest는 '두 번째로 큰'이라는 뜻의 형용사로 쓰였습니다. 마찬가지 원리로 my second-best suit라고 하면 '나의 두 번째로 좋은 양복'이라는 의미가 됩니다.

35

the의 관용적 쓰임

We should preserve the environment.

강의듣기 35

우리는 환경을 보존해야 한다.

준비단계

오늘 써볼 문장

여러분은 곧 이 문장을
영작할 수 있게 됩니다.

몇몇 사람들은 시골에서 사는 것을 좋아한다.

우리는 환경을 보존해야 한다.

그것들은 같다.

나는 독감에 걸렸다.

1단계

영작 핵심 포인트

영작을 위해 이것만은
꼭 알아 두세요.

POINT 1 시골에는 the → the country

나는 시골에서 사는 것을 선호한다.

I prefer to live in the country.

POINT 2 환경에는 the, 자연에는 무관사 → the environment, ~~the~~ nature

환경이 중요하다.

The environment matters.

POINT 3 same 앞에도 the → the same

그녀의 성격은 나와 같다.

Her personality is the same as mine.

POINT 4 독감은 → the flu // 감기는 → a cold

나는 작년에 감기에 안 걸렸다.

I did not have a cold last year.

POINT 1 ▶ 시골에는 the → the country

몇몇 사람들은 시골에서 사는 것을 좋아한다.

Some people like to live in the countryside.

'시골'을 나타내는 표현으로 the country, the countryside, a rural area 등이 있습니다. country는 '국가'라는 의미도 있지만 '시골'이라는 뜻으로 쓸 때는 항상 the를 붙여야 합니다. countryside라는 단어도 마찬가지입니다. 관용적으로 무조 건 the를 붙여야 합니다. rural(시골의)은 형용사로서 뒤에 area(지역)나 region(지 역) 같은 명사를 붙이면 '시골'이 되는데 이때 관용적으로 쓰는 관사는 없습니다. 문 맥에 맞게 쓰면 됩니다.

{TIP} the의 쓰임에 유의하며 영작해 보세요.

❶ 시골은 공기가 신선하다.

❷ 나는 시골에 살았었다.

❸ 시골에 사는 것은 이롭다.

컨닝페이퍼

신선한 fresh
이로운 beneficial

POINT 2 ▶ 환경에는 the, 자연에는 무관사 → the environment, ~~the~~ nature

우리는 환경을 보존해야 한다.

We should preserve the environment.

nature는 '성질'이라는 의미가 있습니다. '인간의 천성'이라고 할 때는 관사 없 이 human nature라고 하면 됩니다. '자연'이라는 의미로 쓸 때도 We should protect nature.(우리는 자연을 보호해야 한다.)처럼 관사 없이 씁니다. 하지만 '환경' 을 뜻하는 environment는 일반적으로 the를 붙입니다.

잠깐만요!

preserve는 '보존하다'이고,
conserve는 '절약하다'입
니다.

{TIP} the의 쓰임에 유의하며 영작해 보세요.

❶ 우리는 환경에 의존한다. 🖉

❷ 자연은 소중하다. 🖉

❸ 동물을 연구하는 것은 우리에게 인간의 천성에 대해 가르쳐 준다.

🖉

컨닝페이퍼

의존하다 depend on
천성 nature

same 앞에도 the → the same

> 그것들은 같다.
>
> # They are the same.

same 앞에는 the가 붙습니다. 같다는 것은 뭔가와 동일하다는 의미이므로 이미 한정을 받기 때문입니다. 또한 무엇과 동일한지를 나타낼 때는 be the same as라 는 표현을 쓰면 됩니다. 한 가지 더 주의할 사항이 있습니다. His attitude is the same as me.(그의 태도는 나와 같다.)와 같이 쓰면 안 됩니다. His attitude is the same as mine.(그의 태도는 나의 태도와 같다.)과 같이 비교되는 두 가지를 정확히 나열해야 합니다.

{TIP} the의 쓰임에 유의하며 영작해 보세요.

❶ 그 쌍둥이는 같은 옷을 입는다. 🖉 _____

❷ 그의 아이큐는 나와 같다. 🖉 _____

❸ 우리는 같은 배를 탔어요(같은 운명이에요). 🖉 _____

컨닝페이퍼
쌍둥이 twins
아이큐 IQ

독감은 → the flu // 감기는 → a cold

> 나는 독감에 걸렸다.
>
> # I have the flu.

원래 독감은 the influenza인데, 이를 줄여서 the flu라고 합니다. 독감은 특정 바 이러스에 걸리는 것이어서 the를 붙이지만, 감기는 여러 바이러스 중에서 하나에 걸리는 것이어서 a cold라고 합니다. 같은 원리로 play the piano와 play soccer 가 있습니다. 일반적으로 피아노는 악보에 맞춰 치기 때문에 the를 붙이고, 축구 는 상황에 따라 패스도 하고 슛도 하기 때문에 관사를 넣지 않는다고 이해하면 쉽습 니다.

{TIP} the의 쓰임에 유의하며 영작해 보세요.

❶ 나 감기 걸렸어. 🖉 _____

❷ 그는 바이올린을 켜지 못한다. 🖉 _____

❸ 매주 일요일 나는 축구를 한다. 🖉 _____

★ 정답은 p.246을 확인하세요.

영어일기 3

나는 시골로 이사했다.

경쟁도 없고 스트레스도 없다!

나는 깨끗한 환경을 원했었다.

나는 남들과 같지 않다

시골로 실제로 이사했기 때문에!

내 미래 일기장에 이렇게 쓰고 싶다. 아···

I moved to the countryside. ❶
No competition and no stress!
I wanted a clean❷ environment.
I am not the same as others❸
because I actually moved to the country!
I want to write like this in my future diary. Ah...

❶ the countryside = the country = a rural area

❷ clean과 clear를 혼동하는 사람들이 많은데, clean은 '깨끗한'이고 clear는 '투명한, 맑은'이라는 뜻이므로 잘 구분해서 사용하세요.

❸ 여기서의 others는 other people를 줄인 표현입니다.

토플 영작할 때 유용한 표현

- **Some people agree with the statement in the topic.**
  몇몇 사람들은 문제에 있는 그 말에 동의한다.

- **These two different ideas have their own reasons.**
  이러한 두 가지 다른 생각들은 그것들 각각의 이유가 있다.

- **Let me compare these two different views.**
  이러한 두 가지 다른 관점을 비교해 보겠다.

- **However, I strongly disagree with the opinion.**
  하지만, 나는 그 의견에 전적으로 동의하지 않는다.

- **There are two major reasons for this.**
  이러한 것에는 두 가지 주요한 이유가 있다.

- **There are some advantages and disadvantages of going to a traditional school.**
  전통 학교를 다니는 데는 장단점들이 있다.

- **Moreover, as far as learning social skills is concerned, living in the country is better.**
  게다가 사회 적응력을 기르는 측면에 있어, 시골에서 사는 것이 더 낫다.

- **In summary, I think parents are the best teachers.**
  요약하자면, 나는 부모가 최고의 선생님이라고 생각한다.

- **To conclude, I support the plan for building a new movie theater in my town.**
  결론적으로, 나는 우리 마을에 새로운 극장을 짓는다는 계획에 찬성한다.

- **By doing so, we can improve the quality of our society.**
  그렇게 함으로써, 우리는 우리 사회의 질을 향상시킬 수 있다.

- **For these two reasons above, I agree with the statement in the topic.**
  이러한 위의 두 가지 이유 때문에, 나는 문제에 있는 말에 동의한다.

영작에 날개를 달아주는
15가지 어법을 잡아라

셋째 마당에서는 완벽한 영작을 완성하기 위해 알아 두어야 하는 관용표현과 고급 영작 팁을 정리했습니다. 영작의 달인이 되기 위하여 힘차게 출발해 볼까요? Go!

다섯째마디

영작의 품격을 더하는 관용표현 휘두르기

"오빠, 내가 얼마나 좋아?"

"내가 너를 좋아하는 정도는 우리가 서 있는 땅에서 하늘 꼭대기로 올라가는 정도와 같거나 비슷해."

"엥?"

그냥 '하늘만큼'이라는 표현을 쓰면 되는데 굳이 저렇게 대답할 '오빠'는 없겠죠? '~만큼 ~하다'처럼 간결하게 묘사해 주는 표현들이 많이 있습니다. 어떤 언어를 잘하는지와 못하는지의 구분은 얼마나 많은 표현들을 알고 있고, 이를 얼마나 유효적절하게 사용하느냐의 문제입니다. 이번에 소개하는 표현만으로 그 많은 표현들을 다 대체할 수는 없겠지만, 유용한 것들 위주로 먼저 섭렵을 하고 다음 레벨의 책을 보면서 좀 더 심도 있게 들어가 보세요.

36

여럿 중의 일부를 돋보이게 하는 of 용법

She is one of my students.

그녀는 제 학생들 중의 하나입니다.

강의듣기 36

그녀는 제 학생들 중 하나입니다.

그 직원들 중 몇 명은 그 CEO를
안 좋아해요.

그 사람들은 둘 다 이 방에서 잠을
잘 겁니다.

토마스는 제 친구입니다.

POINT 1 ~들 중 하나 → one of the/소유격+복수명사

나는 이 클럽 회원들 중의 하나가 아니다.

I am not one of the members of this club.

POINT 2 ~들 중 몇 명 → some of the/소유격+복수명사

그녀 학생들 중 몇 명은 그녀를 안 좋아한다.

Some of her students do not like her.

POINT 3 ~ 둘 다 → both of the/소유격+복수명사

우리 부모님은 두 분 다 나를 사랑하신다.

Both of my parents love me.

POINT 4 내 친구/동료 중 하나 → a friend/colleague of mine

그는 제 동료 중 하나입니다.

He is a colleague of mine.

POINT 1 ~들 중 하나 → one of the/소유격+복수명사

그녀는 제 학생들 중 하나입니다.
She is one of my students.

one of에서 of는 among(~중에서)의 의미를 갖습니다. 즉, one of... 하면 '~중에서 하나'라는 의미입니다. of 뒤에는 소유격이나 the와 같이 한정하는 말이 와야 하고, 여러 개 중에서 하나를 의미하므로 당연히 복수명사가 와야 합니다. 복수지시대명사인 us나 them 등도 가능합니다. 그래서 '내 학생들 중 하나'는 one of my students이고, '그 사람들 중 하나'는 one of the people과 같이 써야 합니다. one of student 혹은 one of people과 같이 쓰면 틀린 표현이 됩니다.

{TIP} one of를 이용해서 영작해 보세요.

❶ 그도 그들 중 하나다.

❷ 그녀는 우리 선생님들 중 하나가 아니다.

❸ 이 회사는 그 계열 회사들 중의 하나입니다.

계열 회사
affiliated company

POINT 2 ~들 중 몇 명 → some of the/소유격+복수명사

그 직원들 중 몇 명은 그 CEO를 안 좋아해요.
Some of the employees do not like the CEO.

some employees는 '몇몇 직원들'이라는 뜻입니다. 중간에 of가 붙을 수 있는데 그냥 some of employees라고 하면 틀립니다. one of와 마찬가지로 some of 뒤에는 the나 소유격이 붙은 복수명사가 와야 합니다. 이때 some of the employees는 '그 직원들 중 몇 명'이라고 해석하는 것에 유의하세요. many of(~들 중 많은 것들/사람들)와 most of(~들 중 대부분)도 쓰임이 같으니 함께 알아 두세요.

{TIP} some/most (of)를 이용해서 영작해 보세요.

❶ 몇몇 사람들이 그 책을 좋아할 것이다.

❷ 그 사람들 중 몇 명은 그 영화를 즐길 것이다.

❸ 그들 중 대부분은 새로운 사람들이다.

잠깐만요!

most는 '대부분'이라는 의미도 있지만, 최상급을 만들 때 쓰이기도 합니다. 이를 헷갈려서 the most influence와 같이 쓰는 실수를 많이 합니다. the strongest influence(가장 강력한 영향)로 써야 합니다.

~ 둘 다 → both of the/소유격+복수명사

그 사람들은 둘 다 이 방에서 잠을 잘 겁니다.

Both of the people will sleep in this room.

both of 뒤에도 some of와 마찬가지로 the나 소유격이 붙은 복수명사가 옵니다. 하지만 both of와 some of는 어법상 다른 점이 있습니다. both of 뒤에 the나 소유격이 들어간 복수명사가 올 때는 of가 생략될 수 있습니다. 그래서 Both of the people을 Both the people로 쓸 수 있습니다. 하지만 both of 뒤에 us나 them 같은 복수지시대명사가 오는 경우에는 of를 생략할 수 없으니 주의해야 합니다.

{TIP} both를 이용해서 영작해 보세요.

❶ 우리는 둘 다 군대에 갔다. 🖉 ....

❷ 그의 아이들은 둘 다 그 여행을 좋아했다. 🖉 ....

❸ 나는 너희를 둘 다 사랑해. 🖉 ....

컨닝페이퍼

군대에 가다
join the military
여행 trip

POINT 4 **내 친구/동료 중 하나 → a friend/colleague of mine**

토마스는 제 친구입니다.

Thomas is a friend of mine.

'내 친구'를 my friend라고 하면 되는데 군이 a friend of mine이라고 쓰는 걸 본 적이 있을 겁니다. 두 표현은 어떤 차이가 있을까요? 엄밀하게 따져볼 때 그냥 my friend라고 하면 '이 세상에 내 친구가 하나 있는데 바로 그 친구'라는 뉘앙스가 풍긴다고 합니다. 그래서 '내 친구 여럿 중의 한 친구'의 뉘앙스를 주기 위해 a friend of mine이라고 말하는 겁니다. 여기서의 of도 among(~중에서)의 의미가 있습니다. '네 동료들 중 하나'라고 하려면 a colleague of yours라고 하면 되고, '에이프릴 남자 친구들 중 하나'라고 하려면 a boyfriend of April's라고 하면 됩니다.

{TIP} of를 이용해서 영작해 보세요.

❶ 그는 그녀 동료들 중의 하나이다. 🖉 ....

❷ 저는 당신의 열렬한 팬들 중 하나이다. 🖉 ....

❸ 그녀는 김정일 사촌들 중의 하나이다. 🖉 ....

컨닝페이퍼

동료 colleague
열렬한 팬 big fan
사촌 cousin

★ 정답은 p.246을 확인하세요.

영문 이메일 ✉

메일쓰기

HTML ▾ | □서명첨부 □V-Card □!중요 | 한국어(EUC-KR) ▾ | 편지지
스타일▾ 포맷▾ 폰트▾ 글자 크기▾
▤ ▥ ▦ ▧ ▨ ▩

안녕하세요. 상해 출장은 어땠나요?

✎

이곳 사무실의 많은 사람들이 당신을 그리워합니다.

✎

제 동료 중 하나가 저에게 당신의 이메일 주소를 물었어요.

✎

그의 이름은 토마스이고, 우리 중 대부분이 그를 좋아합니다.

✎

그가 당신에게 곧 연락할 겁니다.

✎

곧 봬요.

✎

Hi. How was your business trip to Shanghai?
Many of us in this office miss ❶ you.
A colleague of mine asked me your e-mail ❷ address.
His name is Thomas, and most of us like him.
He will contact you soon.
See you soon.

❶ I just missed the bus.(나는 방금 버스를 놓쳤다.)와 같이 miss는 '(버스·비행기 등을) 놓치다'의 의미로도 쓰이지만, 예문에서처럼 '그리워하다'는 의미로도 쓰입니다.

❷ e-mail의 e는 대문자로 쓰는 것이 원칙이지만 소문자로 쓰는 미국인들도 많습니다.

37

비교급의 다양한 변신

The rich are getting richer.
부자들은 더욱 부자가 되고 있다.

강의듣기 37

준비단계

오늘 써볼 문장

여러분은 곧 이 문장을
영작할 수 있게 됩니다.

> 뛰는 게 걷는 것보다 빠르다.

> 나는 더 쉬운 문제를 못 풀었다.

> 한국에서의 상황은 더 안 좋다.

> 가난한 사람들은 더욱 가난해지고
> 있다.

1단계

영작 핵심 포인트

영작을 위해 이것만은
꼭 알아 두세요.

POINT 1 **2음절 이하의 비교급은 → -er** // **3음절 이상의 비교급은 → more**

그는 더욱 부자가 되었다.

He has become richer.

POINT 2 **large → larger** // **fat → fatter** // **early → earlier**

그들은 그 일을 더 일찍 끝냈다.

They finished the work earlier.

POINT 3 **good → better** // **bad → worse**

조금이라도 있는 게 없는 것보다는 낫다.

Something is better than nothing.

POINT 4 **점점 더 ～해지다 → get 비교급**

그들은 더욱 건강해졌다.

They got healthier.

POINT 1 2음절 이하의 비교급은 → -er // 3음절 이상의 비교급은 → more

뛰는 게 걷는 것보다 빠르다.
Running is faster than walking.

'음절'은 발음을 하는 단위입니다. 예를 들어 beautiful은 '뷰.티.플'의 3음절로 이루어졌습니다. 비교급을 만들 때 단어가 2음절 이하일 때는 끝에 -er을 붙이고, 3음절 이상일 때는 단어 앞에 more를 붙입니다. fast(빠른)는 2음절 이하이므로 more fast가 아닌 faster(더 빠른)라고 하고, beautiful은 3음절 이상이므로 more beautiful(더 아름다운)이라고 해야 합니다. 비교 대상을 나타낼 때는 than(~보다)을 사용합니다.

{TIP} 비교급을 이용해서 영작해 보세요.

❶ 이 개는 내 개보다 더 똑똑하다.

❷ 그는 나보다 빨리 달린다.

❸ 같이 공부하는 것이 혼자 공부하는 것보다 더 효과적이다.

POINT 2 large → larger // fat → fatter // early → earlier

나는 더 쉬운 문제를 못 풀었다.
I could not solve an easier question.

2음절 이하 단어의 비교급을 만들 때, 단어가 e로 끝나면 r만 붙입니다. 즉, large(큰)의 경우 larger(더 큰)라고 합니다. '단모음+단자음'으로 끝나는 단어는 마지막 자음을 한 번 더 쓰고 er를 붙입니다. 예를 들어, fat(뚱뚱한)의 경우 단모음 a와 단자음 t로 끝나기 때문에, 비교급을 만들 때 t를 한 번 더 써서 fatter(더 뚱뚱한)라고 해야 합니다. 마지막으로 y로 끝나는 단어는 y를 빼고 ier를 붙입니다. 즉, early(일찍)는 earlier(더 일찍)라고 합니다. 물론 3음절 이상인 경우 이런 복잡한 규칙 없이 그냥 앞에 more만 붙이면 됩니다.

{TIP} 비교급을 이용해서 영작해 보세요.

❶ 이것이 더 현명한 결정이다.

❷ 나는 너보다 크고 살쪘다.

❸ 그들은 더 행복하게 살았다.

POINT 3 **good → better // bad → worse**

한국에서의 상황은 더 안 좋다.

The situation in Korea is worse.

앞에서 설명한 비교급 만드는 규칙을 적용하지 않는 몇 가지 예외가 있습니다. 대표적인 단어를 들자면 good → better, bad → worse, many/much → more, far → farther/further 등이 있습니다. 이 중에서 far는 '먼'이라는 뜻인데 비교급으로 farther를 쓰면 '(실제적인 시간이나 공간상으로) 더 먼'이라는 뜻이 되고, further를 쓰면 '(추상적으로) 더 먼' 혹은 '그 이상의'라는 의미가 됩니다.

{TIP} 비교급을 이용해서 영작해 보세요.

❶ 이 컴퓨터는 당신 것보다 낫습니다. ✎ _____

❷ 당신은 더 많은 직원이 필요합니다. ✎ _____

❸ 이 이상의 정보를 위해 제게 연락 주십시오. ✎ _____

POINT 4 점점 더 ~해지다 → get 비교급

가난한 사람들은 더욱 가난해지고 있다.

The poor are getting poorer.

'점점 더 ~해지다'라는 변화를 나타낼 때 〈get+비교급〉을 씁니다. He gets older. 라고 하면 "그는 점점 더 늙는다."는 의미가 됩니다. 진행형을 써서 He is getting older.라고 하면 "그는 점점 더 늙어가고 있다."가 되어 생동감을 줍니다. 같은 비교급을 and 뒤에 한 번 더 반복해서 He is getting older and older.라고 쓰면 "그는 더더욱 나이 들어가고 있는 중이다."처럼 더욱 강조가 이루어집니다.

{TIP} 비교급을 이용해서 영작해 보세요.

❶ 당신은 더욱 날씬해지고 있다. ✎ _____

❷ 더더욱 더워지고 있다. ✎ _____

❸ 당신은 더더욱 예뻐지고 있군요. ✎ _____

컨닝페이퍼

날씬한 slim

★ 정답은 p.246을 확인하세요.

페이스북 **f**

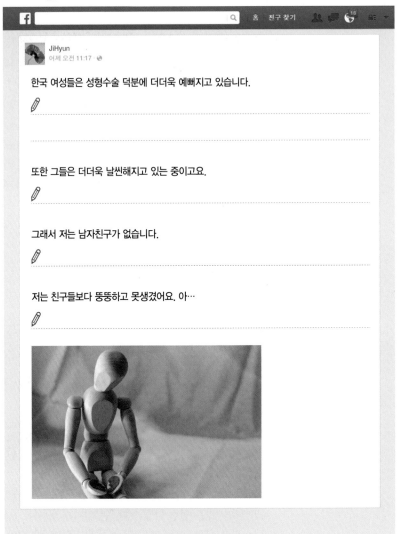

한국 여성들은 성형수술 덕분에 더더욱 예뻐지고 있습니다.

또한 그들은 더더욱 날씬해지고 있는 중이고요.

그래서 저는 남자친구가 없습니다.

저는 친구들보다 뚱뚱하고 못생겼어요. 아…

컨닝페이퍼

~ 덕분에 thanks to...
성형수술 plastic surgery
못생긴 ugly

Korean girls are getting prettier and prettier thanks to <u>plastic surgery</u>.❶
Also, they are getting slimmer and slimmer.
So I do not have a boyfriend.
I am fatter and uglier than my friends. Ah…

❶ '성형수술'은 불가산명사로서 plastic surgery라고 합니다. 우리나라의 한 성형수술병원 간판에
face renovation이라고 쓰인 것을 본 적이 있습니다. 이는 '얼굴 쇄신' 정도로 해석이 되는데, 한
국인들에게는 plastic surgery보다 더 와 닿을 것 같다는 생각이 들었습니다. 물론 이것은 외국인
들은 이해할 수 없는 콩글리시입니다.

38

최상급의 올바른 사용법

This is the most famous company in Korea.

강의듣기 38

이것은 한국에서 가장 유명한 회사입니다.

준비단계

오늘 써볼 문장

여러분은 곧 이 문장을
영작할 수 있게 됩니다.

> 세상에서 가장 부유한 사람은
> 빌 게이츠이다.

> 부장님은 나를 가장 신경 써 주지 않는다.

> 처음에는 그가 나를 좋아했다.

> 당신은 내가 가장 이해할 수 없는
> 사람입니다.

1단계

영작 핵심 포인트

영작을 위해 이것만은
꼭 알아 두세요.

POINT 1 ▶ **2음절 이하의 최상급은 → -est // 3음절 이상의 최상급은 → most**

이것은 한국에서 가장 유명한 회사입니다.

This is the most famous company in Korea.

POINT 2 ▶ **가장 → the most // 가장 덜 → the least**

저는 당신을 가장 존경해요.

I respect you the most.

POINT 3 ▶ **처음으로 → for the first time // 처음에는 → at first**

나는 난생 처음 직장에 늦었다.

I was late for work for the first time.

POINT 4 ▶ **가장 ~하지 않을 ~ → the last 명사 + 관계대명사절**

나는 네가 가장 알고 싶어하지 않을 사람이다.

I am the last person you want to know.

POINT 1 **2음절 이하의 최상급은 → -est // 3음절 이상의 최상급은 → most**

세상에서 가장 부유한 사람은 빌 게이츠이다.

The richest person in the world is Bill Gates.

최상급도 비교급과 비슷한 규칙을 따릅니다. 기본적으로 단어가 2음절 이하일 때는 단어 끝에 -est를 붙이고, 3음절 이상일 때는 단어 앞에 most를 씁니다. 비교급과 다른 점은 보통 the를 관사로 붙인다는 것입니다. 그래서 This is the most valuable book.(이것은 가장 소중한 책이다.)과 같이 씁니다. 어떤 책보다 소중한 책은 여러 권 있을 수 있지만, 가장 소중한 책은 한정을 나타내는 the와 함께 쓰는 게 타당합니다.

{TIP} **최상급을 이용해서 영작해 보세요.**

❶ 벨은 마을에서 가장 아름다운 여자이다. _____

❷ 가장 빠른 동물은 치타이다. _____

❸ 나는 나라에서 가장 못생긴 남자와 결혼했다. _____

POINT 2 **가장 → the most // 가장 덜 → the least**

부장님은 나를 가장 신경 써 주지 않는다.

The manager cares about me the least.

문장 끝에 오는 the most와 이의 반대말 the least는 부사적 표현입니다. 전자는 '가장'이고 후자는 '가장 덜'입니다. I like you the most. 하면 "나는 너를 가장 좋아한다."의 의미이고, I like you the least. 하면 "나는 너를 가장 덜 좋아한다."는 뜻이 됩니다. 간혹 I like you the most. 대신 I like you best.라고도 합니다.

{TIP} **the most/least를 이용해서 영작해 보세요.**

❶ 나는 너를 가장 신경 써. _____

❷ 그들은 그것에 가장 덜 집중했다. _____

❸ 그는 변호사가 되기를 가장 원했다. _____

처음에는 그가 나를 좋아했다. (지금은 아니라는 의미)

At first, he liked me.

최상급은 아니지만, 최상급과 비슷한 뜻의 first와 last가 있습니다. first 혹은 first of all은 '첫 번째로, 먼저, 우선'이라는 뜻의 부사적인 표현입니다. 이때는 관용적으로 관사가 붙지 않습니다. for the first time은 '(난생)처음'이라는 의미이고, at first는 '처음에는'이라는 뜻입니다. 특히 at first가 오면 나중에는 그렇지 않다는 문맥이 형성되니 주의해야 합니다. 참고로 '선착순'은 관용적으로 First come, first served.라고 합니다.

{TIP} first를 이용해서 영작해 보세요.

컨닝페이퍼
고마워하다 appreciate
월드컵 World Cup
알아보다 recognize

❶ 먼저, 당신의 도움에 고마움을 표합니다. 🖉 _____

❷ 그들은 처음으로 월드컵 우승을 했다. 🖉 _____

❸ 처음에는 당신을 못 알아봤습니다. 🖉 _____

POINT 4 가장 ~하지 않을 ~ → the last 명사 + 관계대명사절

당신은 내가 가장 이해할 수 없는 사람입니다.

You are the last person I can understand.

last와 관련된 관용적 표현으로 〈the last + 명사 + 관계대명사절〉이 있습니다. 이는 '가장 ~하지 않을 ~'라는 의미입니다. 예문은 person 뒤에 목적격 관계대명사 who/whom이 생략된 형태로 "당신은 내가 이해할 수 있는 마지막 사람이다." 즉, "당신은 내가 가장 이해할 수 없는 사람이다."라는 말이지요.

{TIP} last를 이용해서 영작해 보세요.

❶ 당신은 내가 믿을 수 있는 마지막 사람이다(가장 믿을 수 없는 사람이다).

🖉 _____

❷ 이것은 내가 할 마지막 일이다(가장 하지 않을 일이다).

🖉 _____

❸ 이것은 내가 살 마지막 차다(가장 사지 않을 차다).

🖉 _____

★ 정답은 p.247을 확인하세요.

카톡 문자

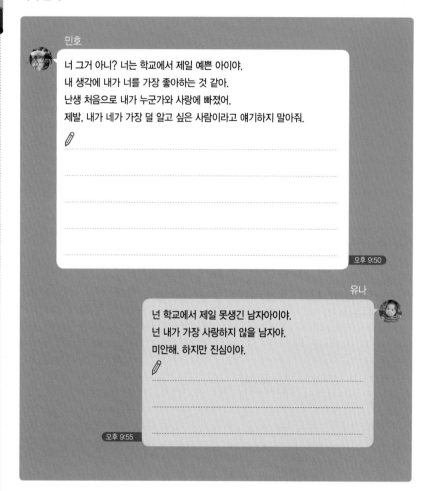

민호

너 그거 아니? 너는 학교에서 제일 예쁜 아이야.

내 생각에 내가 너를 가장 좋아하는 것 같아.

난생 처음으로 내가 누군가와 사랑에 빠졌어.

제발, 내가 네가 가장 덜 알고 싶은 사람이라고 얘기하지 말아줘.

오후 9:50

유나

넌 학교에서 제일 못생긴 남자아이야.

넌 내가 가장 사랑하지 않을 남자야.

미안해. 하지만 진심이야.

오후 9:55

컨닝페이퍼

~와 사랑에 빠지다
fall in love with...

진심이야. I mean it.

민호 : You know what? You are the prettiest girl at school.

I think I like you the most.

<u>For the first time in my life,</u>❶ I fell in love with someone.

Please, don't tell me I am the last person you want to know.

유나 : You are the ugliest boy at school.

You are the last person I will (ever) love.

Sorry. But <u>I mean it.</u>❷

❶ 보통 for the first time이라고 하면 '난생처음'이라는 의미가 있습니다. 그래서 굳이 뒤에 in my life를 넣을 필요는 없습니다. 하지만 구어체에서는 강조하기 위해 넣기도 합니다.

❷ "진심이야."는 I mean it. 혹은 I am serious.라고 합니다.

39

아주 · 너무 헷갈리는 so와 too 용법

It is too hot to eat.

그건 먹기에는 너무 뜨거워.

강의듣기 39

준비단계
오늘 써볼 문장

여러분은 곧 이 문장을
영작할 수 있게 됩니다.

아주 많은 사람들이 내 가게를 방문했다.

그들은 너무 잘생겨서 남의 이목 끄는
것을 피할 수 없을 지경이다.

그들은 남들 이목 끄는 것을 피하기에는
너무 잘생겼다.

나도 그런 영화 안 좋아해.

1단계
영작 핵심 포인트

영작을 위해 이것만은
꼭 알아 두세요.

POINT 1 (긍정적인) 아주 → so // (부정적인) 너무 → too

나는 너무 많은 사람들을 만나야 했다.

I had to meet too many people.

POINT 2 너무 ~해서 ~할 지경이다 → so 형용사/부사 that 문장

나는 너무 열심히 공부해서 졸릴 지경이다.

I studied so hard that I feel sleepy.

POINT 3 ~하기에는 너무 ~하다 → too 형용사 to 동사

이 음식은 먹기에는 너무 뜨겁다.

This food is too hot to eat.

POINT 4 (긍정문에서) 또한 → too // (부정문에서) 또한 → either

나 또한 그의 의견에 동의한다.

I agree with his opinion too.

POINT 1 (긍정적인) 아주 → so // (부정적인) 너무 → too

아주 많은 사람들이 내 가게를 방문했다.

So many people visited my store.

so는 긍정적인 뉘앙스의 '아주'이고, too는 부정적인 뉘앙스의 '너무'입니다. 그래서 so many people은 '아주 많은 사람들'이고, too many people은 '(지나치게) 너무 많은 사람들'이라는 의미가 됩니다. 또 I love you so much. 하면 내가 너를 많이 사랑한다는 뜻이지만, I love you too much. 하면 너를 지나치게 사랑해서 일상생활이 안 될 정도라는 부정적인 의미가 담겨 있습니다.

{TIP} so와 too의 쓰임에 유의하며 영작해 보세요.

❶ 그녀는 아주 사랑스러워. _____

❷ 나는 너무 많이 먹었다. _____

❸ 당신은 이 동물원에서 아주 많은 동물들을 볼 수 있습니다.

_____

커닝페이퍼

사랑스러운 lovely

POINT 2 너무 ~해서 ~할 지경이다 → so 형용사/부사 that 문장

그들은 너무 잘생겨서 남의 이목 끄는 것을 피할 수 없을 지경이다.

They are so handsome that they cannot avoid attracting others' attention.

잠깐만요!

문장을 쓸 때 단순히 I am happy.만 쓰는 것보다는 I am so happy that이라고 써 놓고 너무 행복해서 뭐할 지경인지를 뒤에 채워 넣는 식으로 하면 내용을 더욱 풍부하게 담을 수 있습니다.

〈so 형용사/부사〉 뒤에 that절이 붙으면 '너무 ~해서 ~할 지경이다'라는 의미가 됩니다. 이 표현에서 so는 지나치다는 뉘앙스가 풍깁니다. that 이하에는 절이 나오는데, 이를 관계대명사 that과 헷갈려서 주어를 빠뜨리는 사람들이 많으니 주의하세요.

{TIP} 〈so... that...〉 구문을 이용해서 영작해 보세요.

❶ 나는 너무 행복해서 잠을 못 잘 지경이다. _____

❷ 나는 네가 너무 많이 그리워서 너에게 전화를 해야겠어.

_____

❸ 그는 너무 빨리 달려서 기자들이 그를 알아보지 못했다.

_____

커닝페이퍼

전화하다 call
기자 reporter
알아보다 recognize

POINT 3 **~하기에는 너무 ~하다 → too 형용사 to 동사**

그들은 남들 이목 끄는 것을 피하기에는 너무 잘생겼다.

They are too handsome to avoid attracting others' attention.

⟨so... that... cannot...⟩은 ⟨too... to...⟩로 바꿀 수 있습니다. 'to 이하 하기에는 너무 too 이하 하다'라고 해석이 됩니다. 즉, I am so happy that I cannot sleep.(나는 너무 행복해서 잠을 못 잘 지경이다.)은 I am too happy to sleep.(나는 잠을 자기에는 너무 행복하다.)으로 바꿀 수 있습니다.

{TIP} ⟨too... to...⟩ 구문을 이용해서 영작해 보세요.

❶ 나는 너와 이야기하기에는 너무 지쳤어. 🖉 _____

❷ 브라이언은 차를 사기에는 너무 가난하다. 🖉 _____

❸ 당신은 실존하기에는 너무 좋은 사람이에요. 🖉 _____

컨닝페이퍼

사실인 true

POINT 4 **(긍정문에서) 또한 → too // (부정문에서) 또한 → either**

나도 그런 영화 안 좋아해.

I do not like such movies either.

식당에서 같은 것을 주문할 때 Me too.(저도요.)라는 표현을 쓰는 것은 다들 알고 있을 겁니다. 하지만 부정문에서는 too 대신 either를 써야 하는데, 막상 문장을 쓸 때는 too로 잘못 쓰는 사람들이 많습니다. 알고는 있지만 숙달이 안 되어 있기 때문입니다. 규칙은 간단합니다. 부정문에서는 too 대신 either를 쓰면 됩니다.

{TIP} too와 either의 쓰임에 유의하며 영작해 보세요.

❶ 나도 이 아이스크림을 좋아한다. 🖉

❷ 그도 체스를 안 둔다. 🖉

❸ 우리 또한 이런 이익이 나는 사업을 무시하지 못한다.

🖉 _____

컨닝페이퍼

이익이 나는 profitable
무시하다 ignore

★ 정답은 p.247을 확인하세요.

영문 이메일 ✉

▶ 메일쓰기

| HTML ▾ □ 서명첨부 □ V-Card □ !중요 | 한국어(EUC-KR) ▾ ⊡ 편지지 |

스타일 ▾ 포맷 ▾ 폰트 ▾ 글자 크기 ▾

Daniel에게, ✏

어떻게 지내고 있니?

✏

최근에 나는 너무 열심히 일해서 친구들을 전혀 만날 시간이 없었어.

✏

내 직장상사도 같이 일하기에는 너무 엄격해.

✏

그리고 내 동료들도 그렇게 유머러스하지는 않아.

✏

너의 일은 어때?

✏

Dear Daniel,

How have you been?
Recently, ❶ I worked so hard that I did not have time to meet any of my friends.
My boss is too strict to work with.
And my colleagues are not so humorous either.
How's your work?

❶ '최근에'라는 말로 recently가 쓰입니다. '요즘 ~한다'처럼 these days, nowadays는 현재형이나 현재완료와 함께 사용되고, '최근에 ~했다'처럼 recently는 과거형 동사와 함께 사용됩니다.

40

되도록 많이, 되도록 다양하게 as...as 용법

He walked as slowly as a snail.

그는 달팽이처럼 느리게 걸었다.

강의듣기 40

준비단계

오늘 써볼 문장

여러분은 곧 이 문장을
영작할 수 있게 됩니다.

그 교수는 아인슈타인만큼
천재적이다.

그는 달팽이처럼 느리게 걸었다.

나는 내가 원하는 만큼 많은
사람들을 만날 수 있었다.

가능한 많은 문장을 외워라.

1단계

영작 핵심 포인트

영작을 위해 이것만은
꼭 알아 두세요.

POINT 1 ~만큼 ~한 → as 형용사 as

나는 당신만큼 행복합니다.

I am as happy as you are.

POINT 2 ~만큼 ~하게 → as 부사 as

그는 우사인 볼트만큼 빨리 달렸다.

He ran as fast as Usain Bolt.

POINT 3 ~만큼 많은 ~ → as many/much 명사 as

이 회사는 인텔만큼 많은 돈을 번다.

This company makes as much money as Intel.

POINT 4 가능한 ~한/하게 → as 형용사/부사 as possible

가능한 열심히 노력해라.

Try as hard as possible.

POINT 1 ~만큼 ~한 → as 형용사 as

그 교수는 아인슈타인만큼 천재적이다.

The professor is as genius as Einstein.

as의 쓰임새는 다양합니다. He treated me as an expert.(그는 나를 전문가로 대했다.)처럼 〈as + 명사〉의 형태로 쓰일 때는 '~로, ~로서'라는 의미입니다. as 뒤에 절이 오면 when이나 while처럼 '~할 때, ~하는 동안'의 의미입니다. 대부분 이두 가지 쓰임은 잘 사용하는 반면, 〈as 형용사 as...〉 구문은 제대로 사용하지 못하는 경향이 있습니다. as genius as Einstein(아인슈타인만큼 천재적인), as big as a bear(곰처럼 큰)와 같이 뭔가에 비유해서 '~만큼/처럼 ~하다'고 말할 때 〈as 형용사 as...〉 구문이 쓰입니다.

{TIP} as 또는 〈as 형용사 as〉 구문을 이용해서 영작해 보세요.

❶ 그녀는 나를 학생으로 대했다.

❷ 이 사업은 당신이 기대했던 것만큼 이윤이 납니다.

❸ 이 문제는 당신이 생각하는 것만큼 심각합니다.

천년페이퍼

대하다 treat
이윤이 나는 profitable

POINT 2 ~만큼 ~하게 → as 부사 as

그는 달팽이처럼 느리게 걸었다.

He walked as slowly as a snail.

as slowly as a snail(달팽이처럼 느리게), as fast as a cheetah(치타처럼 빠르게)처럼 as와 as 사이에 부사가 올 수도 있습니다. 그때는 '~만큼/처럼 ~하게'와 같이 해석이 됩니다. as long as라는 관용적 표현이 있는데 이것도 같은 원리로 이해하면 됩니다. 직역하면 '~하는 한 길게'라는 뜻인데, 관용적으로 '~하는 한'의 의미로 많이 쓰입니다. as long as you want(네가 원하는 한)와 같이 쓰면 됩니다.

{TIP} 〈as 부사 as〉 구문을 이용해서 영작해 보세요.

❶ 당신이 원하는 한 여기 머무르세요.

❷ 그의 아버지는 그가 치타처럼 빨리 달린다고 생각했다.

❸ 그들은 숨을 쉬어야 하는 것처럼 필사적으로 그것을 원했다.

잠깐만요!

관용 표현으로 as far as I know(내가 아는 한)가 자주 쓰이니 기억해 두세요. As far as I know, he is not bad.(내가 아는 한, 그는 나쁜 사람이 아니다.)

천년페이퍼

숨 쉬다 breathe
필사적으로 desperately

POINT 3 **~만큼 많은 ~ → as many/much 명사 as**

나는 내가 원하는 만큼 많은 사람들을 만날 수 있었다.

I could meet as many people as I wanted.

'~만큼 많은 ~'라고 할 때는 as와 as 사이에 〈many/much 명사〉를 쓰면 됩니다. 명사가 셀 수 있는 명사면 many를 쓰고, 셀 수 없는 명사면 much를 씁니다. 그래서 '내가 원했던 만큼 많은 사람들'은 as many people as I wanted라고 표현합니다. '그는 그가 원했던 만큼 많은 돈을 벌었다.'의 경우 money는 셀 수 없는 명사이므로 He earned as much money as he wanted.라고 하면 되겠지요. 간단히 He earned as much as he wanted.라고 해도 됩니다.

{TIP} 〈as many/much 명사 as〉 구문을 이용해서 영작해 보세요.

❶ 당신은 이곳에서 당신이 원하는 만큼 많은 책을 읽을 수 있습니다.

❷ 그녀는 그녀가 예측했던 것만큼 많은 돈을 벌었다.

POINT 4 **가능한 ~한/하게 → as 형용사/부사 as possible**

가능한 많은 문장을 외워라.

Memorize as many sentences as possible.

이메일이나 문자에서 as soon as possible을 줄여 ASAP라고 쓰여 있는 것을 봤을 겁니다. '가능한 빨리'라는 뜻이지요. 이렇게 as...as 뒤에 possible이 붙으면 '가능한 ~한/하게'라는 뜻이 됩니다. 이 표현은 as soon as someone can이라고 바꿀 수도 있습니다. 즉, Calculate it as accurately as possible.이나 Calculate it as accurately as you can. 둘 다 "가능한 정확하게 계산해라."라는 뜻입니다.

{TIP} 〈as 형용사/부사 as possible〉 구문을 이용해서 영작해 보세요.

❶ 가능한 많은 숫자를 기억하려고 노력해라.

❷ 우리는 우리가 할 수 있는 한 열심히 일했다.

❸ 그 정부 공무원은 그가 할 수 있는 한 열정적으로 우리를 도왔다.

★ 정답은 p.247을 확인하세요.

187

영문 이메일 ✉

이 제품을 가능한 빨리 선적해 주십시오.

🖉 _____

귀사가 스케줄을 맞추어 주시는 한, 우리의 파트너십은 지속될 것입니다.

🖉 _____

_____

귀사의 제품은 다른 주요 경쟁사 제품만큼이나 만족스럽습니다.

🖉 _____

_____

대단히 감사합니다.

🖉 _____

Please ship this product as soon as possible.
As long as you meet the schedule, our partnership will continue.
Your product is as satisfying as other major <u>competitors'</u>. ❶
Thank you very much.

❶ 여기서 competitors'는 competitors' products에서 products를 생략한 것입니다. 소유격 파트
에서 설명한 것처럼, -s로 끝나는 경우 소유격으로 아포스트로피만 붙입니다.

41

'충분히' 활용하기 어려운 enough 용법

I had enough.

저는 충분히 먹었어요.

강의듣기 41

준비단계

오늘 써볼 문장

여러분은 곧 이 문장을
영작할 수 있게 됩니다.

당신의 영어는 충분히 좋습니다.

당신의 영어는 커뮤니케이션하기에
충분히 좋습니다.

당신은 충분한 영어 스킬을 가지고
있습니다.

저는 먹을 게 충분합니다.

1단계

영작 핵심 포인트

영작을 위해 이것만은
꼭 알아 두세요.

POINT 1　충분히 ~한/하게 → 형용사/부사 enough

이 닭고기는 충분히 크다.

This chicken is big enough.

POINT 2　~할 정도로 충분히 ~한/하게 → 형용사/부사 enough to 동사

이 닭고기는 먹기에 충분히 크다.

This chicken is big enough to eat.

POINT 3　충분한 ~ → enough 명사

나는 먹기에 충분한 닭고기가 있다.

I have enough chicken to eat.

POINT 4　충분한 양/수 → enough (대명사로도 쓰임)

저희는 충분히 먹었습니다/가졌습니다.

We had enough.

POINT 1 충분히 ~한/하게 → 형용사/부사 enough

당신의 영어는 충분히 좋습니다.

Your English is good enough.

enough는 '충분히'라는 의미의 부사로 쓰입니다. 그래서 I am big enough.(나는 충분히 크다.)처럼 enough는 형용사나 부사 뒤에 쓰일 수 있습니다. 그런데 I am big. 대신 군이 I am big enough.라고 하는 이유는 무엇일까요? 그건 문맥상 필요하기 때문입니다. 어른이라고 불릴 만큼 덩치가 충분히 크다는 얘기일 수도 있고, 누군가와 맞장 뜰 정도로 충분히 크다는 얘기일 수도 있습니다. 이렇게 문맥에 맞게 필요시 enough를 붙여 보세요.

{TIP} 〈형용사/부사 enough〉를 이용해서 영작해 보세요.

❶ 너 충분히 나이 들었니? 🖉 _____

❷ 나는 충분히 열심히 일했다. 🖉 _____

❸ 그는 충분히 빨리 달렸다. 🖉 _____

POINT 2 ~할 정도로 충분히 ~한/하게 → 형용사/부사 enough to 동사

당신의 영어는 커뮤니케이션하기에 충분히 좋습니다.

Your English is good enough to communicate.

무엇을 하기에 충분하다는 건지 밝히고 싶을 때는 enough 뒤에 'to 동사'를 넣으면 됩니다. 다시 말해 I am big enough. 하면 뭘 하기에 충분히 큰지 전달되지 않아요. 그때는 I am big enough to fight against you.(나는 너와 싸울 만큼 충분히 크다.)처럼 to를 이용해 내용을 연결해 나가면 됩니다. Your English is good enough.라고 한 다음 뭘 할 만큼 충분한 건지 밝히고 싶다면 Your English is good enough to communicate.처럼 붙이면 된다는 겁니다.

{TIP} 〈형용사/부사 enough to〉를 이용해서 영작해 보세요.

❶ 너는 담배 피울 만큼 충분히 나이 들었니? 🖉 _____

❷ 나는 보상을 받을 만큼 충분히 열심히 일했다. 🖉 _____

❸ 그는 그 경기에서 우승할 정도로 충분히 빨리 달렸다.

🖉 _____

당신은 충분한 영어 스킬을 가지고 있습니다.
You have enough English skills.

Point 1, 2에서 enough가 부사로 쓰이는 경우를 살펴봤습니다. 그런데 enough 는 '충분한'이라는 형용사로도 많이 쓰입니다. enough money(충분한 돈), enough English skills(충분한 영어 스킬)와 같이 명사 앞에 enough를 써서 사용 할 수 있습니다. 이 경우에도 무엇을 하기에 충분한 것인지 밝혀주려면 to 동사를 이용해 연결하면 됩니다. 물론 문맥상 명확하다면 군이 붙일 필요는 없습니다.

{TIP} 〈enough 명사〉를 이용해서 영작해 보세요.

❶ 나는 충분한 책을 가지고 있다. ✎ _____

❷ 우리는 영화 볼 충분한 시간이 있다. ✎ _____

❸ 그는 애완동물 살 충분한 돈이 없다.

✎ _____

컨닝페이퍼

영화 보다 watch a movie
애완동물 pet

저는 먹을 게 충분합니다.
I have enough to eat.

Are you full?(배불러?)이라고 물으면 I had enough.(나는 충분히 먹었어.)라고 답 할 수 있습니다. 이 때 enough는 '충분한 양/수'라는 뜻의 대명사입니다. 여기서도 뭘 할 만큼 충분하다는 건지 문맥상 불분명하다면 뒤에 'to 동사'를 붙이면 됩니다. 문법적으로 설명하자면 이때의 to 동사는 앞의 명사 enough를 꾸며주는 역할을 하므로 'to부정사의 형용사적 용법'입니다. 지긋지긋하게 공부했던 바로 그 'to부정 사의 용법들' 중의 하나입니다.

잠깐만요!

Enough is enough.라는 관용적 표현이 있는데 이것 은 "이제 그만."이라는 뜻입니 다.

{TIP} 대명사 enough를 이용해서 영작해 보세요.

❶ 그는 충분히 가졌어. ✎ _____

❷ 나는 읽을 게 충분해. ✎ _____

❸ 우린 돈이 좀 있어, 하지만 충분하지는 않아. ✎ _____

★ 정답은 p.248을 확인하세요.

영어일기 ③

나는 내가 직업을 얻기에 충분한 기술을 가지고 있다고 생각하지 않는다.

그래서 요즘 토익을 공부하고 있다.

하지만 그것도 충분하지 않다.

나는 세계 일주 하기에 충분한 돈을 벌고 싶다.

아... 직장이 필요하다.

I don't[1] think I have enough skills to get a job.
So I am studying the TOEIC[2] these days.
But that's not enough.
I want to earn enough money to travel around the world.
Ah... I need a job.

❶ 논문과 같이 형식을 갖춰야 하는 글에서는 don't와 같은 줄임말을 쓰지 않지만, 가벼운 이메일이나 일기와 같이 형식이 중요하지 않은 글에서는 상관없습니다. and나 but 같은 접속사로 시작하는 문장도 형식이 중요한 글에서는 지양합니다.

❷ 미국유학시험인 TOEFL은 미국인들에게 어느 정도 인지도가 있지만, 비즈니스 영어 시험인 TOEIC은 한국인들과 일본인들에게만 대중적인 인지도가 있으므로, 미국인이 읽는 글을 쓸 때는 TOEIC이 무엇인지 부연설명을 해 주는 것이 좋습니다.

42
두 번 할 말을 한 번에 not... but 용법

I want not excuses but results.
난 핑계가 아니라 결과물을 원해.

강의듣기 42

준비단계

오늘 써볼 문장

여러분은 곧 이 문장을
영작할 수 있게 됩니다.

> 그 교수님은 엄격하지만 가끔은
> 유머러스하다.

> 그 교수님은 엄격하지 않고
> 유머러스하다.

> 그 교수님은 엄격할 뿐 아니라
> 진지하기도 하다.

> 그 교수님은 엄격해질 수밖에 없었다.

1단계

영작 핵심 포인트

영작을 위해 이것만은
꼭 알아 두세요.

POINT 1 **A이지만 B이다 → A but B**

그는 천천히, 하지만 조심스럽게 내게 다가왔다.

He approached me slowly but carefully.

POINT 2 **A가 아니라 B이다 → not A but B**

내 직장상사는 핑계가 아니라 결과물을 원한다.

My boss wants not excuses but results.

POINT 3 **A뿐만 아니라 B도 또한 → not only A but also B**

그 선생님들은 느긋할 뿐 아니라 유머러스하다.

The teachers are not only easygoing but also humorous.

POINT 4 **~외에는 선택의 여지가 없다 → have no choice but to 동사**

그녀는 우는 것 외에는 선택의 여지가 없었다.

She had no choice but to cry.

POINT 1 **A이지만 B이다 → A but B**

그 교수님은 엄격하지만 가끔은 유머러스하다.

The professor is strict but sometimes humorous.

'A이지만 B이다'는 A but B로 씁니다. 이때 A와 B 자리에는 형용사나 부사가 많이 쓰이는데, 두 개의 품사가 일치해야 합니다. 위 문장에서 strict도 형용사이고 humorous도 형용사인 것처럼요.

{TIP} **but을 이용해서 영작해 보세요.**

❶ 우리는 가난하지만 행복하다. 🖉 ＿＿＿＿＿＿＿＿＿＿＿＿

❷ 그는 말랐지만 에너지가 넘친다. 🖉 ＿＿＿＿＿＿＿＿＿＿

❸ 시간은 빠르게 가지만 가끔은 천천히 지나갑니다.

🖉 ＿＿＿＿＿＿＿＿＿＿＿＿＿＿＿＿＿＿＿＿＿

컨닝페이퍼

에너지가 넘치는 energetic
이동하다, 가다 travel
지나가다 go by

POINT 2 **A가 아니라 B이다 → not A but B**

그 교수님은 엄격하지 않고 유머러스하다.

The professor is not strict but humorous.

'A가 아니라 B'라는 표현은 not A but B를 씁니다. 그래서 '엄격하지 않고 유머러스하다'고 할 때 not strict but humorous라고 하면 됩니다. not A but B 형태를 주어로 쓸 때 주의할 사항이 있는데 A가 아닌 B와 동사의 수를 일치시켜야 한다는 겁니다. 결국 글쓴이가 말하려는 바는 A가 아니라 B이기 때문이지요. 문장이 길다 싶으면 but 앞에 쉼표를 쓰기도 합니다.

{TIP} **not... but...을 이용해서 영작해 보세요.**

❶ 그는 부자는 아니지만 잘생겼다. 🖉 ＿＿＿＿＿＿＿＿＿

❷ 나는 위로가 아니라 돈을 원했다. 🖉 ＿＿＿＿＿＿＿＿

❸ 국민이 아니라 정부가 이 재앙에 책임이 있다.

🖉 ＿＿＿＿＿＿＿＿＿＿＿＿＿＿＿＿＿＿＿＿＿

컨닝페이퍼

위로 consolation
재앙 disaster

그 교수님은 엄격할 뿐 아니라 진지하기도 하다.

The professor is not only strict but also serious.

both A and B와는 다르게 not only A but also B는 B에 무게중심이 있습니다. 말하려고 하는 바가 B라는 얘기입니다. 미묘하게 다른 표현이니 주의해서 사용하세요.

'A뿐 아니라 B도 또한'은 not only A but also B를 씁니다. 이때 A와 B는 같은 품사로 맞춰 주는 게 좋습니다. 가끔 not only 대신 not just를 쓰기도 하고, but also에서 also를 생략하고 but만 쓰기도 합니다. 그래서 He is not only handsome but also rich.(그는 잘생겼을 뿐 아니라 부자이기도 하다.)는 He is not just handsome but rich.라고 쓰기도 합니다.

{TIP} **not only... but also...를 이용해서 영작해 보세요.**

❶ 너뿐 아니라 나도 처벌 받아야 한다.

❷ 회장님은 유럽뿐 아니라 아프리카까지 방문했다.

❸ 그는 효율적으로뿐 아니라 정확하게 일을 한다.

컨닝페이퍼

처벌하다 punish
회장 president
효율적으로 efficiently
정확하게 accurately

그 교수님은 엄격해질 수밖에 없었다.

The professor had no choice but to become strict.

but은 except의 의미로도 자주 쓰입니다. 그 대표적 숙어 표현이 〈have no choice but to 동사〉입니다. '~말고는 선택의 여지가 없다'는 뜻이므로 결국 '~할 수밖에 없다'는 뜻입니다. 비슷한 말로 〈cannot help but 동사원형〉과 〈cannot help -ing〉 등이 있습니다.

{TIP} **have no choice but to...를 이용해서 영작해 보세요.**

❶ 그들은 열심히 노력할 수밖에 없었다.

❷ 그 회사는 법을 지킬 수밖에 없다.

❸ 잭은 치열하게 경쟁하는 것 외에는 선택의 여지가 없다.

컨닝페이퍼

법을 지키다 obey the law
치열하게 fiercely
경쟁하다 compete

★ 정답은 p.248을 확인하세요.

토플 라이팅

TOEFL Writing

Agree or disagree?
Teachers should give everyday homework.

선생님은 숙제를 매일이 아니라 가끔 내줘야 한다.

_____

_____

매일의 숙제는 학생들을 바쁘게 만들 뿐 아니라 지치게도 만든다.

_____

_____

그들은 숙제하는 것 외에는 선택의 여지가 없다.

_____

_____

컨닝페이퍼

가끔 sometimes

Teachers should give homework not every day❶ but sometimes.
Everyday❷ homework❸ makes students not only busy but also tired.
They have no choice but to do homework.

❶~❷ 첫 번째 문장에서 every day는 '매일'이라는 뜻의 부사로 쓰였고, 두 번째 문장에서 everyday는 '매일의'라는 뜻의 형용사로 쓰여 homework을 꾸며주고 있습니다. 즉, every day처럼 every와 day를 띄어서 쓰면 each day와 같은 의미의 부사적 표현이 되고, everyday와 같이 한 단어로 쓰면 명사를 꾸며주는 형용사가 됩니다.

❸ homework는 셀 수 없는 명사입니다.

43 other, another, the other 구분해서 쓰기

We need another hero.

우리는 또 다른 영웅이 필요해.

강의듣기 43

준비단계

오늘 써볼 문장

여러분은 곧 이 문장을
영작할 수 있게 됩니다.

우리는 다른 나라에서 만든 제품을 안 산다.

과학자들은 또 다른 지구를 찾고 있는 중이다.

나는 그를 믿어. 하지만 다른 한 명은 못 믿겠어.

나는 집에 있었고, 다른 사람들은 박물관에 갔다.

1단계

영작 핵심 포인트

영작을 위해 이것만은
꼭 알아 두세요.

POINT 1 다른 ~들 → other 복수명사

다른 사람들 신경 쓰지 마.

Do not care about other people.

POINT 2 또 다른 ~ → another 단수명사

우리는 또 다른 책이 필요하다.

We need another book.

POINT 3 둘 중 하나 → one // 나머지 하나 → the other

반면, 정부는 이것에 돈을 쓰지 않을 것이다.

On the other hand, the government would not spend money on it.

POINT 4 나머지 것들 → the others

그는 좋지만 나머지 사람들은 아니다.

He is good, but the others are not.

197

POINT 1 다른 ~들 → other 복수명사

우리는 다른 나라에서 만든 제품을 안 산다.

We do not buy the products made in other countries.

'다른 ~들'이라고 할 때는 other(다른) 뒤에 복수명사를 붙입니다. '다른 사람들'은 other people, '다른 나라들'은 other countries, '다른 도시들'은 other cities라고 하면 됩니다. 그리고 이러한 것들을 통칭해서 others라고 쓰기도 합니다. 하지만 others는 다른 어떤 것들을 의미하는지 문맥상 명확해야 쓸 수 있으니 주의하세요.

{TIP} other를 이용해서 영작해 보세요.

❶ 당신은 이곳에서 다른 사람들을 방해하면 안 됩니다.

🖉 _____

❷ 몇몇 사람들은 그것을 좋아하지만, 다른 이들은 그렇지 않습니다.

🖉 _____

POINT 2 또 다른 ~ → another 단수명사

과학자들은 또 다른 지구를 찾고 있는 중이다.

Scientists are searching for another Earth.

another(또 다른)는 an+other의 의미를 갖고 있기 때문에 뒤에 복수명사를 쓰면 안 되고 항상 단수명사를 써야 합니다. 그리고 보통 another를 쓰면 뒤에 또 다른 것이 있을 수 있다는 의미가 됩니다. 예를 들어 One reason is that...이라고 쓴 뒤에 Another reason is that...이라고 쓰면, 이외에 또 다른 이유도 있을 수 있다는 뉘앙스를 풍깁니다.

{TIP} another를 이용해서 영작해 보세요.

❶ 우리는 또 다른 영웅이 필요하지 않다. 🖉 _____

❷ 또 다른 기회를 기다려 봐. 🖉 _____

❸ 그는 또 다른 용의자이다. 🖉 _____

둘 중 하나 → one // 나머지 하나 → the other

나는 그를 믿어. 하지만 다른 한 명은 못 믿겠어.

I trust him. But I cannot trust the other guy.

'둘 중 하나'는 one이고, '나머지 하나'는 the other를 씁니다. 셋인 경우도 같은 원리입니다. 셋 중 하나는 one이고, 두 번째는 another, 마지막 나머지 하나는 the other를 씁니다. 손이 두 개 있는데 그 중 한 손이 있고 또 다른 한 손이 있으니, '반면에'라는 표현으로 on the other hand를 씁니다. 만약 on another hand라고 하면 세 번째 손이 있을 수 있다는 무서운 얘기가 돼 버립니다.

{TIP} one, the other를 이용해서 영작해 보세요.

❶ 하나는 파랑이고 나머지 하나는 빨강이다. ✐ _____

❷ 절반은 물이고 나머지 절반은 공기이다. ✐ _____

❸ 다른 쪽 뺨을 내밀어라. ✐ _____

커닝페이퍼
뺨 cheek

POINT 4 **나머지 것들 → the others**

나는 집에 있었고, 다른 사람들은 박물관에 갔다.

I was at home, and the others went to the museum.

the other에 s를 붙인 the others는 '나머지 것들, 나머지 사람들'이라는 뜻입니다. others와 the others는 어떤 차이가 있을까요? some은 일부이고 others는 다른 일부입니다. 그래서 또 다른 일부도 있을 수 있습니다. 하지만 some과 the others를 쓴다면 앞의 some은 일부이고 the others는 나머지 전체를 의미합니다.

{TIP} the others를 이용해서 영작해 보세요.

❶ 이것은 내 것이고 나머지 것들은 너의 것이다. ✐ _____

❷ 나는 이 식물은 좋아하지만, 나머지 것들은 좋아하지 않는다.

✐ _____

❸ 그녀는 그녀 반의 모든 다른 학생들과는 다르다.

✐ _____

커닝페이퍼
식물 plant

★ 정답은 p.248을 확인하세요.

영어일기 3

나는 두 가지 선택이 있다.

하나는 제이미이고 다른 하나는 에이프릴이다.

브라이언은 "제이미가 낫다."고 말했다.

하지만 나는 다른 친구들에게 물어볼 필요가 있다.

I have two choices.
One is Jamie and the other is April.
Brian said, "Jamie is better."❶
But I need to ask my other friends.

❶ Brain said, "Jamie is better."와 같이 마침표와 뒤따옴표가 같이 올 경우 마침표는 뒤따옴표 안에 찍습니다. 이것은 미국식 표기법이고 영국식 표기법은 한글처럼 뒤따옴표 뒤에 마침표를 찍습니다. 영국영어를 써도 되지만, 이를 쓰려면 처음부터 끝까지 영국영어로 써야 합니다. 글을 쓰면서 미국영어, 영국영어, 필리핀영어 등을 섞어서 쓰면 곤란합니다.

44

형용사야, 동사야? 분사 용법

The lecture is boring.

그 강의는 지루해.

강의듣기 44

후진국들은 보통 부패하다.

그 교수의 강의는 지루하다.

나는 유명인들의 이야기에 관심 있다.

그들은 그의 제안에 만족할 것이다.

1단계

영작 핵심 포인트

영작을 위해 이것만은
꼭 알아 두세요.

POINT 1 개발하고 있으면 → developing **//** 개발된 것은 → developed

당신은 개발도상국들에서 많은 기회를 찾을 수 있다.

You can find a lot of opportunities in developing nations.

POINT 2 뭔가가 재미있고, 지루하고, 놀라우면
→ interesting, boring, surprising

그의 태도는 놀랍지 않다.

His attitude is not surprising.

POINT 3 사람이 재미, 지루함, 놀라움을 느끼면
→ be interested in, be bored with, be surprised to

나는 수학이 따분하다.

I am bored with math.

POINT 4 사람이 흥미진진, 매료, 만족을 느끼면
→ be excited about, be fascinated by, be satisfied with

우리 아이는 아이패드에 신이 났었다.

My child was excited about the iPad.

POINT 1 개발하고 있으면 → developing // 개발된 것은 → developed

후진국들은 보통 부패하다.

Underdeveloped countries are usually corrupt.

동사에 -ed가 붙은 과거분사형은 '~되어진'으로 해석이 되고, 동사에 -ing가 붙은 현재분사형은 '~하고 있는'으로 해석이 됩니다. 이렇게 동사 뒤의 형태가 바뀌면서 형용사 역할을 하는 것을 각각 '과거/현재분사의 형용사적 용법'이라고 합니다. a developed country는 '발전되어진 나라', 즉 '선진국'을 의미하고, a developing country는 '개발하고 있는 나라', 즉 '개발도상국'을 의미합니다. an underdeveloped country는 '저개발되어진 나라', 즉 '후진국'입니다.

{TIP} **과거/현재분사를 이용해서 영작해 보세요.**

❶ 그는 절대 냉동 음식을 먹지 않는다.

❷ 그녀는 부상당한 군인들을 돌봤다.

❸ 구르는 돌은 이끼를 모으지 않는다(구르는 돌은 이끼가 끼지 않는다).

커닝페이퍼

냉동시키다 freeze
(freeze-froze-frozen)

부상 입히다 wound
(wound-wounded-
wounded)

구르다 roll

모으다 gather

이끼 moss

POINT 2 뭔가가 재미있고, 지루하고, 놀라우면 → interesting, boring, surprising

그 교수의 강의는 지루하다.

The professor's lecture is boring.

It is interesting.은 주어가 재미있다는 얘기이고, It is boring.은 주어가 지루하다는 의미입니다. 또 It is surprising.은 주어가 놀랍다는 뜻입니다. 이것들도 -ing 형태가 형용사적으로 쓰인 경우입니다. a surprising story(놀라운 이야기)에서도 surprising은 명사 story를 꾸며주는 형용사입니다. 마치 형용사 nice가 It is nice.로도 쓰이고 a nice person으로도 쓰이듯이 말이죠.

{TIP} **현재분사형(-ing) 형용사를 이용해서 영작해 보세요.**

❶ 너의 이야기는 재미있다.

❷ 이 영화는 지루하지 않다.

❸ 이러한 변화는 놀라웠다.

POINT 3 사람이 재미, 지루함, 놀라움을 느끼면
→ be interested in, be bored with, be surprised to

나는 유명인들의 이야기에 관심 있다.

I am interested in the stories of famous people.

〈주어 be interested in A〉는 주어가 A에 흥미를 느낀다는 의미이고, 〈주어 be bored with A〉는 주어가 A에 지루함을 느낀다는 의미입니다. 또 〈주어 be surprised to 동사〉는 주어가 (동사)해서 놀라움을 느낀다는 뜻입니다. 이러한 과거분사형은 각각 수동태라기보다는 형용사 역할을 하고 있습니다. 각 형용사와 함께 쓰이는 전치사가 있으므로 숙어적으로 암기하고 숙달시켜 두세요.

{TIP} 과거분사형(-ed) 형용사를 이용해서 영작해 보세요.

❶ 토마스는 물리학에 관심이 있었다.

❷ 우리는 그 교수의 강의가 따분했다.

❸ 그의 어머니는 그가 동성애자인 것을 알아차리고 놀랐다.

컨닝페이퍼

물리학 physics
강의 lecture
남자 동성애자인 gay
알아차리다 realize

POINT 4 사람이 흥미진진, 매료, 만족을 느끼면
→ be excited about, be fascinated by, be satisfied with

그들은 그의 제안에 만족할 것이다.

They will be satisfied with his proposal.

Point 3에서 다룬 유형의 숙어적 표현이 매우 중요하여 세 개만 더 다루겠습니다. be excited about(~에 신이 나다), be fascinated by/with(~에 매료되다), be satisfied with(~에 만족하다) 역시 자주 쓰이는 표현입니다. 각 표현에 따라다니는 전치사에 유의하며 반복 학습하여 숙달시켜 놓으세요.

{TIP} 과거분사형(-ed) 형용사를 이용해서 영작해 보세요.

❶ 당신은 그 관광지에 매료될 것이다.

❷ 그는 그의 급여에 항상 만족한다.

❸ 우리 아이들은 그 새로운 비디오 게임에 신이 났었다.

컨닝페이퍼

관광지 tourist attraction
급여 salary

★ 정답은 p.249를 확인하세요.

영어일기 3

나는 시험 결과에 만족하지 않는다.

🖉 _____

하지만 공부는 따분해한다.

🖉 _____

사실 나는 어떤 것에도 관심이 없다.

🖉 _____

삶이 지루하다.

🖉 _____

컨닝페이퍼

시험 결과 exam result

사실 in fact

I am not satisfied with the exam result.
But I am bored with studying.
In fact, <u>I am not interested in anything.</u> ❶
Life is boring.

❶ I am not interested in anything.은 I am interested in nothing.으로 바꿔 써도 됩니다. 이렇게
not...anything은 nothing으로, not...anyone은 no one 혹은 nobody로 바꿀 수 있습니다.

비즈니스 영작에서 많이 쓰는 표현 ❶

비즈니스 영작의 경우 제1원칙이 있습니다. please와 you는 많이 쓸수록 좋다는 것입니다. 특히 please는 magic word라고 하여 아무리 많이 써도 지나치지 않습니다.

- **Dear Marketing Director** 마케팅 이사님께

- **Dear Sir or Madam** (읽는 사람이 누구인지 모를 경우)

- **Dear Frank** (받는 사람이 친한 경우)

- **To Whom It may Concern** 관계자 분께

- **Thank you for your letter of 30th May 2014, which has been passed to me.**
  2014년 5월 30일에 보내신 편지 잘 받아 보았습니다.

- **I am very pleased to receive your reply so soon.**
  귀하의 답장을 이렇게 빨리 받게 되어 매우 기쁩니다.

- **I am writing in reference to our telephone conversation this morning.**
  오늘 아침 우리의 전화 통화와 관련하여 편지를 씁니다.

- **Please send us this item by the end of this month.**
  이 품목을 이달 말까지 보내주시기 바랍니다.

- **In the last meeting I already reported this.**
  지난번 미팅에서 제가 이걸 이미 보고했습니다.

- **Please sign the form and return it to me.**
  이 서류에 사인하고 제게 다시 보내주시기 바랍니다.

- **Would you tell me if it is possible to make purchases online?**
  온라인상으로 구매가 가능한지 말씀해주실 수 있는지요?

여섯째마디

문장 수준을 높이는 고급 영작 따라잡기

지금까지 영어로 문장을 만드는 데 있어 반드시 알아야 할 사항들에 관해 살펴보았는데, 어느 정도 감을 잡았나요? 조금 자신감이 생겼다면, 이제 레벨을 살짝 높여보겠습니다. 영작문을 하다 보면 경우에 따라 한 문장에 많은 이야기를 해야 할 때가 있고, 서로 다른 두 문장을 적절히 연결해야 할 때도 있습니다. 또 많은 것들을 나열해야 할 때도 있고, 있지도 않은 일 혹은 있을 만한 일들에 관한 가정을 해야 할 때도 있습니다. 이번 마디에서는 이렇게 약간 수준이 높은 문장을 구사하는 방법을 소개합니다. 이 내용까지 숙지하고 나면 영작을 제법 한다는 얘기를 들을 수 있을 겁니다. 마지막 마디입니다. 완독을 향해 파이팅하세요!

45

두 문장을 이어주는 관계대명사 ❶

She is the girl who we all like.

그녀는 우리 모두가 좋아하는 소녀이다.

강의듣기 45

준비단계

오늘 써볼 문장

여러분은 곧 이 문장을
영작할 수 있게 됩니다.

그녀는 돈을 낭비하는 여자가 아니다.

그는 내가 언급했던 사람이다.

물리학은 내가 전공했던 과목이다.

그녀의 아들이 의사가 됐는데,
이는 그녀가 오랫동안 원했던 것이다.

1단계

영작 핵심 포인트

영작을 위해 이것만은
꼭 알아 두세요.

POINT 1 사람을 뒤에서 꾸며주려면 → 주격 관계대명사 who

에이프럴은 공부를 즐기는 학생이다.

April is a student who enjoys studying.

POINT 2 사람을 뒤에서 꾸며주려면 → 목적격 관계대명사 who(m)

그는 우리 모두가 좋아하는 교수님이다.

He is the professor who(m) we all like.

POINT 3 사람이 아닌 것을 뒤에서 꾸며주려면 → 관계대명사 which

이것은 사람들이 사고 싶어 하는 차다.

This is the car which people want to buy.

POINT 4 앞 문장을 부연설명 하려면 → 관계대명사의 계속적 용법(, who/which)

그녀는 유명하고, 이로 인해 그녀는 사생활이 전혀 허용되지 않는다.

She is famous, which doesn't allow her to have any privacy.

POINT 1 사람을 뒤에서 꾸며주려면 → 주격 관계대명사 who

그녀는 돈을 낭비하는 여자가 아니다.

She is not the woman who wastes money.

'많이 먹는 사람'을 영어로 할 때 '많이 먹는'이라는 형용사가 마땅히 없습니다. 이렇게 명사를 꾸며줄 수 있는 형용사가 없을 때 관계대명사를 씁니다. 사람을 받는 관계대명사로 who를 사용하므로, '많이 먹는 사람'은 a person who eats too much라고 하면 됩니다. 이 표현에서 who 이하에 주어가 없지요? 그 주어로 이미 앞에 a person이 있기 때문에 who 이하에 또 주어를 써줄 이유가 없습니다. 같은 원리로 '돈을 낭비하는 여자'는 the woman who wastes money가 됩니다.

{TIP} 관계대명사 who를 이용해서 영작해 보세요.

❶ 나는 위험을 즐기는 사람들을 안 좋아한다.　✎ ⋯⋯⋯⋯⋯⋯⋯⋯⋯⋯

❷ 그들은 나를 좋아하는 사람들이다.　✎ ⋯⋯⋯⋯⋯⋯⋯⋯⋯⋯

❸ 그녀는 투표하는 사람이 아니다.　✎ ⋯⋯⋯⋯⋯⋯⋯⋯⋯⋯

POINT 2 사람을 뒤에서 꾸며주려면 → 목적격 관계대명사 who(m)

그는 내가 언급했던 사람이다.

He is the person who(m) I mentioned.

'내가 언급했던 사람'을 영작할 때 '내가 언급했던'이라는 형용사가 없으므로 이때도 관계대명사를 사용합니다. 그래서 the person who I mentioned라고 하면 '내가 언급했던 사람'이라는 뜻이 됩니다. 여기서 the person은 who 이하 부분의 목적어이기 때문에 관계대명사 뒤에 목적어를 또 쓸 필요가 없습니다. 즉, the person who I liked him이라고 쓰면 틀린 표현이 됩니다. 목적격 관계대명사의 경우 딱딱한 문체에서는 whom을 쓰기도 하지만, 일반적으로 who를 쓰면 됩니다.

{TIP} 관계대명사 who(m)를 이용해서 영작해 보세요.

❶ 그는 내가 좋아하는 사람이다.　✎ ⋯⋯⋯⋯⋯⋯⋯⋯⋯⋯

❷ 그녀는 모두가 사랑하는 사람이 아니다.　✎ ⋯⋯⋯⋯⋯⋯⋯⋯

❸ 마이클은 우리 부모님이 선호하는 타입의 사람이 아니다.

　✎ ⋯⋯⋯⋯⋯⋯⋯⋯⋯⋯⋯⋯⋯⋯⋯⋯⋯⋯⋯⋯⋯⋯

물리학은 내가 전공했던 과목이다.

Physics is the subject which I majored in.

사람이 아닌 것을 꾸며줄 때는 who 대신 which를 사용합니다. 주격이건 목적격이건 who와 같은 어법을 취합니다. '작동 잘하는 기계'는 the machine which works well이라고 하고, '내가 전공했던 과목'은 the subject which I majored in이라고 합니다. 전자에서 which는 주격 관계대명사로 쓰인 것이고, 후자에서 which는 목적격 관계대명사로 쓰인 것입니다. 전자의 which 뒤에 주어가 빠졌고, 후자의 which 뒤에는 목적어가 빠진 게 보이죠?

{TIP} 관계대명사 which를 이용해서 영작해 보세요.

❶ 나는 빨리 자라는 식물이 좋다. ✎ _____

❷ 이게 내가 가장 좋아하는 개다. ✎ _____

❸ 이것들은 우리에게 동물들에 관해 알려주는 책이다. ✎ ____

그녀의 아들이 의사가 됐는데, 이는 그녀가 오랫동안 원했던 것이다.

Her son became a doctor, which she wanted for a long time.

예문의 which 앞에 쉼표가 있지요? 쉼표로 인해 그녀가 a doctor를 오랜 시간 원했던 것이 아니라, 그녀 아들이 의사가 되는 것을 그녀가 오랜 시간 원했었다는 의미가 되었습니다. 이렇게 쉼표가 있어서 의미가 계속적으로 해석이 되는 것을 '관계대명사의 계속적용법'이라고 합니다. who도 마찬가지로 앞에 쉼표를 넣으면 계속적용법으로 쓸 수 있습니다.

{TIP} 관계대명사의 계속적 용법을 이용해서 영작해 보세요.

❶ 그는 한 여자를 만났는데, 그녀를 사랑하게 됐다. ✎ _____

❷ 나는 정부를 위해 일했는데, 이는 내가 기억하고 싶지 않은 일이다.

✎ _____

❸ 그가 그녀를 초대했는데, 이는 그가 그녀를 원했다는 뜻이다.

✎ _____

★ 정답은 p.249를 확인하세요

영문 이메일 ✉

```
▶ 메일쓰기

HTML ▼  □서명첨부  □V-Card  □!중요                                    한국어(EUC-KR)  ▼  📋편지지
스타일▼ 포맷▼ 폰트▼ 글자 크기 ▼ | ✂ 📋 📋 📋 | ↶ ↷ | 🔍 🔍 | ☰ ─ ☺ Ω √ ⟨⟩ | B I U ✄ ×₂ x²
≔ ≔ 墨 署 | ✏ ▼ 署▼ 墨 墨 墨 墨 | 🖼 ∞ 🖾 | ▣ 소스
```

토마스가 당신이 먼저 만나야 하는 사람입니다.

✎

그는 귀사가 필요로 하는 커넥션을 가지고 있습니다.

✎

하지만 그는 요즘 바쁘고, 이는 당신이 그를 쉽게 만날 수 없다는 의미입니다.

✎

Thomas is the person❶ who you should meet first.
He has the connection which your company needs.
However, he is busy these days, which means that you cannot meet him easily.

❶ Thomas is the person... 대신 Thomas is a person...으로 써도 됩니다. the person이라고 쓰면 '다른 사람이 아닌' 당신이 먼저 만나야 하는 사람을 뜻하고, a person이라고 쓰면 당신이 만나야 하는 사람이 여럿 있을 수 있는데 그런 사람들 중의 '한 사람' 정도로 해석이 됩니다. 여기서는 후자보다는 전자의 뜻이 되어야 문맥이 매끄러우니 the person이 더 적당합니다. 물론 a person으로 써도 문맥이 아주 이상한 것은 아닙니다.

46

두 문장을 이어주는 관계대명사 ❷

The only one that I love is you.

내가 사랑하는 단 한 사람은 너야.

강의듣기 46

준비단계

오늘 써볼 문장

여러분은 곧 이 문장을
영작할 수 있게 됩니다.

이 고양이는 내가 원하지 않았던
애완동물이다. ▶

그들은 우리가 아는 나쁜 사람들이
아니다. ▶

나는 모두가 나를 좋아했던 그룹에
합류했다. ▶

여기는 내가 살았던 도시다. ▶

1단계

영작 핵심 포인트

영작을 위해 이것만은
꼭 알아 두세요.

POINT 1 사람과 사물에 모두 쓰이는 관계대명사 → that

내가 원하는 단 하나의 것은 돈입니다.

The only thing that I want is money.

POINT 2 목적격 관계대명사는 → 생략 가능

이게 우리가 지난 토요일에 즐긴 뮤지컬입니다.

**This is the musical (which) we enjoyed last
Saturday.**

POINT 3 전치사가 있는 경우 → 전치사+which

이것이 내가 얘기했던 차다.

This is the car about which I talked.

POINT 4 장소 in which → 장소 where

서울은 내가 자란 도시다.

Seoul is the city where I grew up.

POINT 1 ▶ 사람과 사물에 모두 쓰이는 관계대명사 → that

이 고양이는 내가 원하지 않았던 애완동물이다.

This cat is the pet that I did not want.

관계대명사 who, whom, which 대신 that을 써도 됩니다. 즉, '내가 원하지 않았던 애완동물'은 the pet <u>which</u> I did not want라고 해도 되고, the pet <u>that</u> I did not want라고 해도 됩니다. 꾸미는 것이 사람인지 사물인지 고민할 필요도 없고, 주격인지 목적격인지 따질 필요도 없기 때문에 관계대명사 자리에 that이 자주 사용되는 편입니다. 특히 all <u>that</u> I want(내가 원하는 모든 것)나 the only thing <u>that</u> you need(네가 필요로 하는 단 하나) 등과 같이 강조해서 말할 때는 which보다 that을 쓰는 경향이 있습니다.

{TIP} 관계대명사 that을 이용해서 영작해 보세요.

❶ 그것은 내가 어젯밤에 본 개다. 🖉 ....

❷ 내가 원하는 전부는 사랑이다. 🖉 ....

❸ 네가 해야 할 단 하나의 일은 공부다. 🖉 ....

POINT 2 ▶ 목적격 관계대명사는 → 생략 가능

그들은 우리가 아는 나쁜 사람들이 아니다.

They are not bad people (that) we know.

...people that we know라는 표현은 중간의 목적격관계대명사 that을 생략하여 ...people we know라고 할 수 있습니다. 하지만 주격관계대명사는 생략할 수 없습니다. 즉, The person who eats too much can be unhealthy.(너무 많이 먹는 사람은 건강이 나빠질 수 있다.)를 The person eats too much can be unhealthy.라고 쓰면 한 문장에 동사가 두 개(eats와 can be)나 되어 틀린 문장이 됩니다. that뿐만이 아니라 who(m)/which도 목적격으로 쓰인 것이면 생략 가능합니다.

{TIP} 목적격 관계대명사를 생략하며 영작해 보세요.

❶ 네가 필요로 하는 전부는 돈이다. 🖉 ....

❷ 그들은 당신이 모르는 사람들이다. 🖉 ....

❸ 내가 원하는 단 하나는 평화다. 🖉 ....

> 나는 모두가 나를 좋아했던 그룹에 합류했다.
>
> # I joined the group in which everybody liked me.

이 문장은 I joined the group.(나는 그 그룹에 합류했다.)과 Everybody liked me in the group.(그 그룹에서 모두가 나를 좋아했다.)이 합쳐진 것입니다. 이때 관계 대명사 바로 앞으로 전치사가 옮겨가는 것에 주의하세요. 마찬가지로 This is the city.와 I lived in the city.가 합쳐지면 This is the city in which I lived.가 됩니다.

{TIP} 〈전치사+which〉를 이용해서 영작해 보세요.

❶ 이곳은 사람들이 친절한 장소이다. ✎ ....

❷ 얘는 내가 함께 살고 있는 개다. ✎ ....

❸ 나는 내가 학교 다녔던 뉴욕시를 사랑한다.

✎ ....

> 여기는 내가 살았던 도시이다.
>
> # This is the city where I lived.

This is the city in which I lived.를 예문처럼 바꿔 써도 됩니다. 이렇게 in which... 앞에 오는 명사가 장소인 경우에는 in which를 where로 바꿀 수 있습니다. 〈전치사+which〉이건 where이건 그 뒤에는 문법적으로 완전한 절이 옵니다. 만약 This is the city where I like.라고 하면 잘못된 문장입니다. like는 타동사 이기 때문입니다. 그럴 때는 This is the city that I like.(이곳은 내가 좋아하는 도 시다.)라고 해야 합니다.

{TIP} 관계부사 where를 이용해서 영작해 보세요.

❶ 여기가 우리가 서로 만났던 곳이다. ✎ ....

❷ 나는 많은 사람들이 있는 서울을 방문했다. ✎ ....

❸ 여기는 내가 어제 점심 먹은 식당이다.

✎ ....

컨닝페이퍼
서로 each other

★ 정답은 p.250을 확인하세요.

213

카톡 문자

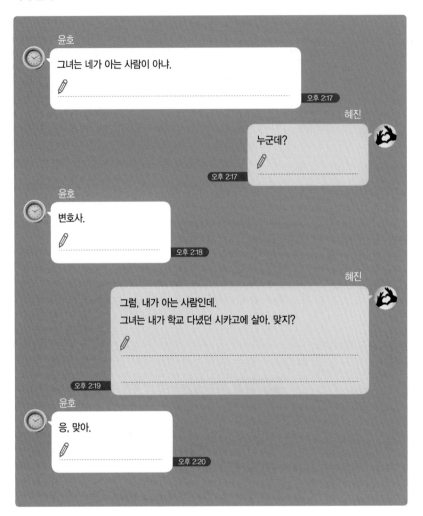

윤호

그녀는 네가 아는 사람이 아냐.

오후 2:17

혜진

누군데?

오후 2:17

윤호

변호사.

오후 2:18

혜진

그럼, 내가 아는 사람인데.
그녀는 내가 학교 다녔던 시카고에 살아. 맞지?

오후 2:19

윤호

응, 맞아.

오후 2:20

컨닝페이퍼

변호사 lawyer

영작 가정교사

윤호 : She is not someone you know.
혜진 : Who is she?
윤호 : A lawyer. ❶
혜진 : Then, she is the one I know. She lives in Chicago where I went to school, right?
윤호 : Yeah, right.

❶ 변호사 외에 다음 단어도 알아 두세요.

　　검사 prosecutor　　판사 judge　　피고 defendant　　원고 plaintiff

214

47

긴 주어를 대신하는 가주어 it

It is important to finish this job.

이 일을 끝내는 것은 중요하다.

강의듣기 47

준비단계

오늘 써볼 문장

여러분은 곧 이 문장을
영작할 수 있게 됩니다.

아이들이 공부하는 것을 안 좋아하는 것은 자연스러운 일이다.

직장인들은 취미를 갖는 게 필요하다.

한국은 지금 매우 춥다.

서울에서 부산까지 대략 400킬로입니다.

1단계

영작 핵심 포인트

영작을 위해 이것만은
꼭 알아 두세요.

POINT 1 문장이 주어면 뒤로 → It... that...

그들이 우리를 돕고 싶어 하지 않는다는 건 확실하다.

It is obvious that they do not want to help us.

POINT 2 동사구가 주어면 뒤로 → It... to...

우리가 이 일을 끝내는 것은 중요하다.

It is important for us to finish this job.

POINT 3 날씨 · 명암을 나타낼 때 → 주어는 it

지금 비가 오고 있다.

It is raining now.

POINT 4 날짜 · 시간 · 요일 · 거리를 나타낼 때도 → 주어는 it

오후 4시다.

It is 4 p.m.

POINT 1 문장이 주어면 뒤로 → It... that...

아이들이 공부하는 것을 안 좋아하는 것은 자연스러운 일이다.

It is natural that children do not like to study.

"그가 너를 사랑한다는 게"까지만 말하면 그게 당연하다는 건지, 의심스럽다는 건지 알 수가 없습니다. 이렇게 우리말에서는 중요한 내용이 뒤에 나오는 경향이 있는 반면, 영어에서는 중요한 내용을 앞으로 빼는 경향이 있습니다. 즉, That children do not like to study is natural.이라고는 거의 쓰지 않고 It is natural that children do not like to study.라고 쓴다는 거지요. 이렇게 중요한 natural을 앞으로 빼기 위해 it이 사용되는데, 이런 it을 '가주어'라고 부릅니다.

{TIP} It... that... 구문을 이용해서 영작해 보세요.

❶ 모두가 그를 좋아한다는 게 놀랍다. 🖉 _____

❷ 물은 아래쪽으로 흐르는 게 자연스럽다. 🖉 _____

❸ 우리가 그 프로젝트를 끝냈다는 게 중요해. 🖉 _____

커닝페이퍼

놀라운 amazing
아래쪽으로 downwards
흐르다 run

POINT 2 동사구가 주어면 뒤로 → It... to...

직장인들은 취미를 갖는 게 필요하다.

It is necessary for office workers to have hobbies.

It... 뒤에 that절 대신 to 동사가 와도 됩니다. It is necessary to have hobbies. 하면 "취미를 갖는 게 필요하다."라는 뜻입니다. 이때의 it도 가주어입니다. 여기서 누가 취미를 갖는 게 필요하다는 건지 주체를 밝히고 싶으면 for를 이용해 It is necessary for office workers to have hobbies.와 같이 쓰면 됩니다. 누가 have hobbies 하는 것인지 주체가 명확하면 굳이 for 부분을 넣지 않아도 됩니다.

{TIP} It... to... 구문을 이용해서 영작해 보세요.

❶ 어려움들을 극복하는 건 힘들다. 🖉 _____

❷ 너는 그를 피하는 게 나을 거야. 🖉 _____

❸ 컴퓨터 없이 사는 건 거의 불가능하다.

🖉 _____

커닝페이퍼

어려움 difficulty
극복하다 overcome
불가능한 impossible

한국은 지금 매우 춥다.

It is very cold in Korea now.

"지금 비가 오고 있어."를 영작할 때 무엇을 주어로 잡아야 할까요? '비'는 rain이고 '오다'는 come이라고 해서 Rain is coming.이라고 쓰면 안 됩니다. 날씨를 나타낼 때는 it을 주어로 씁니다. 그래서 It is raining.과 같이 써야 합니다. 이때의 it은 가주어가 아니라 비인칭주어 it이라고 합니다. 같은 원리로 "어제 화창했어."라고 말할 때도 it을 주어로 써서 It was sunny yesterday.라고 하면 됩니다.

{TIP} **It을 이용해서 영작해 보세요.**

❶ 이곳은 덥다. ✏ _____

❷ 어제는 비가 왔었어. ✏ _____

❸ 너무 어둡다. ✏ _____

서울에서 부산까지 대략 400킬로입니다.

It is about 400 kilometers from Seoul to Busan.

날씨와 명암 이외에 날짜와 시간, 요일, 거리를 나타낼 때도 비인칭 주어 it을 씁니다. "지금 8시야."를 영어로 말할 때 주어로 '지금'을 써서 Now is 8 o'clock.이라고 하면 안 되고, It is 8 o'clock now.라고 해야 합니다. 거리를 나타낼 때도 〈It is 거리 from A to B〉와 같이 쓰면 A에서 B까지의 거리가 어떻게 되는지 표현할 수 있습니다.

{TIP} **It을 이용해서 영작해 보세요.**

❶ 오후 7시다. ✏ _____

❷ 여름이다. ✏ _____

❸ 여기서 사무실까지 2마일이다. ✏ _____

페이스북

SangJun Park
어제 오전 11:17 · 🌐

어제는 화창했는데 지금은 비가 오고 있다.

난 누군가를 기다리고 있는 중이다. 아니... 아무도 안 기다린다...

아... 내가 가을을 타는 게 확실해.

It was sunny yesterday, but it is raining now.
I am waiting for someone, no... no one...
Ah... It is <u>obvious</u>❶ that I <u>get sentimental</u>❷ in the fall.

❶ obvious는 evident, clear 등으로 바꿔 쓸 수 있습니다.

❷ be sentimental이라고 하면 '센티멘탈하다'는 의미이고, get sentimental이라고 하면 '센티멘탈 해진다'는 뜻입니다. 전자가 상태를 나타낸다면 후자는 변화에 중점을 두는 표현으로서 가을을 '타 다'는 의미로는 후자가 좀 더 부합됩니다.

48

여러 개를 연결하는 나열의 원칙

It is between you and me.

우리끼리 얘기야.

강의듣기 48

준비단계

오늘 써볼 문장

여러분은 곧 이 문장을
영작할 수 있게 됩니다.

연예인들은 키 크고 예쁘다.

그는 빠르고 정확하게 대답했다.

한국과 미국, 중국이 이 문제를 함께
해결해야 한다.

마이클과 나는 오랜 친구이다.

1단계

영작 핵심 포인트

영작을 위해 이것만은
꼭 알아 두세요.

POINT 1 나열할 때는 → 같은 품사로

두 가지 이유가 있다: 돈 버는 것과 친구 사귀는 것.

**There are two reasons: to earn money and
to make friends.**

POINT 2 두 개를 나열할 때는 → A and B

한국과 일본은 인접국이다.

Korea and Japan are neighboring countries.

POINT 3 세 개를 나열할 때는 → A, B, and C

내 여동생은 활달하고, 수다스럽고, 욱하는 성미가 있다.

**My sister is outgoing, talkative, and hot-
tempered.**

POINT 4 '나'를 포함해 나열할 때는 → '나'를 뒤로

너와 나 사이만의 일이야(우리끼리 얘기야).　(비밀 얘기 등을 할 때 쓰이는 관용구)

It is between you and me.

219

POINT 1 ▶ **나열할 때는 → 같은 품사로**

연예인들은 키 크고 예쁘다.
Entertainers are tall and pretty.

나열은 같은 품사를 사용하는 게 원칙입니다. to부정사면 to부정사끼리, 형용사면 형용사끼리 나열을 합니다. 예를 들어 We should understand, analyze, and even predict the trends.(우리는 그러한 트렌드를 이해하고, 분석하고, 심지어 예측까지 해야 한다.)라고 쓰면 동사가 세 개 나열된 꼴입니다. 명사나 형용사, 부사도 이런 식으로 나열할 수 있습니다. 하지만 명사와 형용사를 함께 나열하거나, 형용사와 부사를 함께 나열하지 않도록 주의하세요.

{TIP} 같은 품사끼리 나열하면서 영작해 보세요.

❶ 마이클과 제레미는 친구이다. 🖊

❷ 그들은 천천히 그리고 조용히 걸었다. 🖊

❸ 나는 그것을 두 가지 이유 때문에 지지합니다: 돈을 많이 번다는 것과 스트레스를 해소한다는 것.

🖊

POINT 2 ▶ **두 개를 나열할 때는 → A and B**

그는 빠르고 정확하게 대답했다.
He answered it quickly and accurately.

두 개를 나열할 때는 A and B(A와 B) 혹은 A or B(A나 B)와 같이 쓰면 됩니다. 이 경우 기본적으로 and나 or 앞에 쉼표가 들어가지 않습니다. 그럼 A or B와 either A or B는 어떻게 다를까요? 전자는 경우에 따라서 C를 고를 수도 있지만, 후자의 경우는 'A 아니면 B'라는 의미로 C를 고를 수가 없습니다. "커피나 차 드실래요?"라고 물으면 "물 한잔 주세요."라고 답할 수 있지만, "커피 드실래요, 차 드실래요?"라고 물으면 둘 중 하나를 고르라는 얘기인 것과 같습니다.

{TIP} 두 개를 나열하면서 영작해 보세요.

❶ 그녀는 한국어와 영어를 할 수 있다. 🖊

❷ 그들은 프랑스나 독일로 여행 갈 계획을 세웠다. 🖊

❸ 그에게는 두 가지 선택이 있다: 그걸 팔거나 갖고 있거나.

🖊

POINT 3 세 개를 나열할 때는 → A, B, and C

한국과 미국, 중국이 이 문제를 함께 해결해야 한다.

South Korea, the United States, and China have to solve this problem together.

세 개 이상을 나열할 때는 쉼표가 필요합니다. A, B, and C 또는 A, B, or C와 같이 맨 마지막 단어 앞에 and/or을 써야 합니다. 또 and/or 바로 앞에 있는 쉼표는 생략 가능합니다. 4개나 5개 등을 나열할 때도 같은 원리입니다. 기본적으로 쉼표로만 연결하다가 마지막 단어 앞에 and/or를 넣는다고 생각하면 됩니다. 참고로 '기타 등등'의 표현은 etc나 and so on을 씁니다.

{TIP} **세 개 이상을 나열하면서 영작해 보세요.**

❶ 그는 가수, 배우, 혹은 코미디언이 되길 원한다.

❷ 세 명의 기부자는 토마스, 제이미, 그리고 에이프럴이다.

❸ 그것은 산소와 수소 등을 포함한다.

컨닝페이퍼

코미디언 comedian
기부자 donor
산소 oxygen
수소 hydrogen

POINT 4 '나'를 포함해 나열할 때는 → '나'를 뒤로

마이클과 나는 오랜 친구이다.

Michael and I are old friends.

나열할 때 '나'는 뒤로 빼는 게 원칙입니다. 그래서 "너와 나 사이의 비밀이야."라는 표현은 It's between you and me.라고 합니다. 가끔 흑인 영어에서는 It's between I and you.라는 식으로 어법 파괴가 이루어지긴 하지만, 문어체에서는 형식을 따르는 것이 좋습니다.

{TIP} **나열 순서에 주의하며 영작해 보세요.**

❶ 너와 나는 절대 안 죽을 거야.

❷ 그녀와 나 둘 다 이 개를 소유하고 있다.

❸ 그와 나는 어젯밤에 영화를 보러 갔다.

잠깐만요!

영화 〈Austen Powers〉의 삽입곡 〈Just the two of us〉의 가사에서도 just the two of us, you and I라는 부분이 나옵니다.

컨닝페이퍼

소유하다 own
영화 보러 가다
go to the movies

★ 정답은 p.250을 확인하세요.

토플 라이팅 ✏️

TOEFL Writing

몇몇 사람들은 현대인들이 더 건강하게 산다고 말합니다.

✏️ _____

_____

하지만 나는 과거에 사람들이 더 건강했었다는 것에 동의합니다.

✏️ _____

_____

두 가지 주요 측면이 있습니다: 정신적 그리고 육체적 건강.

✏️ _____

_____

컨닝페이퍼

현대의 modern
건강하게 healthily
측면 aspect
정신적인 mental
육체적인 physical

Some people say that <u>modern</u> ❶ people live more healthily.
However, I agree that people were healthier in the past.
There are two major aspects: <u>mental</u> ❷ and physical health.

❶ modern이라는 단어를 쓸 때 morden 혹은 mordern 등으로 철자를 틀리는 경우가 많습니다. 이런 실수가 잦으면 영어로 글을 많이 써 보지 않았다는 증거이니 앞으로 꾸준히 영어문장을 많이 외우고 써 봐야 합니다.

❷ 흔히 '멘탈이 붕괴됐다'고 말할 때의 mental은 형용사입니다. 명사로 쓸 수 없습니다.

49

문장의 접착제인 접속사 활용법

I love him but he does not love me.

강의듣기 49

나는 그를 사랑하지만 그는 나를 사랑하지 않는다.

준비단계

오늘 써볼 문장

여러분은 곧 이 문장을
영작할 수 있게 됩니다.

마이클은 내 아들이고 나는 그를
존중한다.

그는 열심히 일하지만 많은 돈을
벌지는 않는다.

그는 최선을 다했다. 하지만 그는
성공할 수 없었다.

엘사는 그래서 여동생을 떠나야 했다.

1단계

영작 핵심 포인트

영작을 위해 이것만은
꼭 알아 두세요.

POINT 1 　**두 문장을 합칠 때는** → 접속사 and, but, or

나는 그를 사랑하지만 그는 나를 사랑하지 않는다.

I love him but he does not love me.

POINT 2 　**주어가 같은 두 문장을 합칠 때는** → 두 번째 문장의 주어는 생략 가능

나는 그를 사랑하고 그와 결혼하고 싶다.

I love him and want to marry him.

POINT 3 　**However, Therefore로 연결할 때는** → 항상 새 문장으로

이 제품은 비싸다. 하지만 고객들은 만족한다.

This product is expensive. However, the customers are satisfied.

POINT 4 　**접속부사는** → 문장 중간에 넣을 수 있다

하지만 나는 그가 잘생겼다고 생각한다.

I think, however, he is handsome.

POINT 1 두 문장을 합칠 때는 → 접속사 and, but, or

마이클은 내 아들이고 나는 그를 존중한다.

Michael is my son and I respect him.

서로 다른 두 문장을 연결할 때는 and, but, or 등의 접속사를 이용합니다. 이들을 '등위접속사'라고 합니다. 등위접속사 앞에는 쉼표가 오는 것이 원칙이나 문장이 짧으면 빼도 됩니다. 이 외에 '왜냐하면'이라는 인과관계를 나타내는 접속사인 because, since를 이용할 수도 있습니다.

{TIP} 접속사를 이용해서 영작해 보세요.

❶ 나는 개가 있고 그는 고양이가 있다.

❷ 그녀는 내 아내지만 우리는 거의 얘기하지 않는다.

❸ 이 사업은 이윤이 나지만 나는 투자할 돈이 없다.

POINT 2 주어가 같은 두 문장을 합칠 때는 → 두 번째 문장의 주어는 생략 가능

그는 열심히 일하지만 많은 돈을 벌지는 않는다.

He works hard, but does not make a lot of money.

서로 다른 두 개의 단문을 복문으로 합칠 때, 주어가 같으면 위의 문장처럼 두 번째 주어는 생략이 가능합니다. but와 does 사이에 he가 빠진 꼴입니다. 그럼 주어도 같고 동사도 같은 경우에는 어떻게 할까요? 예를 들어 He works hard.와 He works slowly. 두 문장을 합치는 경우, He와 works가 동일하므로 간단히 He works hard but slowly.라고 쓰면 됩니다. 이런 경우 굳이 단문을 복문으로 합쳤다는 식으로 얘기하지는 않습니다.

{TIP} 접속사를 이용해서 영작해 보세요.

❶ 나는 결혼했지만 아이는 없다.

❷ 그는 내 생일을 알았었지만 곧 잊었다.

❸ 한국인들은 더 부유해져 왔지만 그들의 전통 가치들을 잃어 왔다.

> 그는 최선을 다했다. 하지만 그는 성공할 수 없었다.
>
> # He did his best. However, he could not succeed.

and, but, or 등과 같은 접속사는 아니지만 내용을 연결하는 역할을 하는 '접속부사'라는 것이 있습니다. 대표적인 접속부사로는 however(하지만), therefore(그러므로), thus(따라서), accordingly(이에 따라) 등이 있습니다. 뒷 문장 앞에 접속부사를 넣고 그 바로 뒤에 쉼표를 쓰는 것이 원칙입니다.

{TIP} 접속부사를 이용해서 영작해 보세요.

❶ 그 교수님은 유명하다. 하지만 잘 가르치지는 못한다.

🖉 ....

❷ 우리는 영문법을 안다. 하지만 영작문은 잘 못한다.

🖉 ....

❸ 그 문제가 더욱 심각해지고 있다. 그래서 대통령이 점점 더 걱정하고 있다.

🖉 ....

컨닝페이퍼

문법 grammar
영작문하다 write English
걱정하다 get worried

> 엘사는 그래서 여동생을 떠나야 했다.
>
> # Elsa, therefore, had to leave her sister.

접속부사는 보통 문장 맨 앞에 오지만, 문장 중간에 올 수도 있습니다. 그렇게 하면 문장이 좀 더 세련되어 보입니다. 이때 접속부사 앞뒤로 쉼표가 들어간 것에 유의하세요. 접속부사가 중간에 삽입될 때 그 위치는 보통 be동사 뒤나 일반동사 앞입니다. 그래서 However, Elsa is warm-hearted.(하지만 엘사는 마음이 따뜻합니다.)라는 문장은 Elsa is, however, warm-hearted.로 바꿀 수 있습니다.

{TIP} 접속부사를 문장 중간에 넣어 영작해 보세요.

❶ 진정한 사랑은, 하지만 자매간의 사랑이었다. 🖉 ....

❷ 환경은, 그러므로 보존되어야 한다. 🖉 ....

❸ 우리는 이에 따라 그를 따르기로 결정했다. 🖉 ....

컨닝페이퍼

보존하다 preserve
~하기로 결정하다
decide to 동사

★ 정답은 p.251을 확인하세요.

토플 라이팅

TOEFL Writing

자연을 보존하는 것은 중요합니다.

정부는 그러므로 이것에 많은 돈을 쓸 필요가 있습니다.

하지만 후진국에서는 사람들은 가난하고 정부는 돈이 없습니다.

컨닝페이퍼

자연 nature
보존하다 preserve
후진국 underdeveloped
country

Preserving <u>nature</u> ❶ is important.
The government, therefore, needs to spend a lot of money on it.
<u>However,</u> ❷ in underdeveloped countries, people are poor and the government has no money.

❶ nature 앞에는 관사를 붙이지 않습니다.

❷ 접속부사로 서로 다른 단문을 하나의 복문으로 만들 때는 세미콜론과 쉼표를 이용합니다. 예를 들어 ...money on it. However, in underdeveloped... 부분을 ...money on it; however, in underdeveloped...로 합칠 수 있습니다. 하지만 이는 격식을 갖춘 문어체에서 주로 쓰입니다. 굳이 단문을 복문으로 만들 필요가 없으면 두 개의 서로 다른 단문으로 써도 무방합니다.

50

가정하고 상상하고 후회하는 가정법 활용법

I shouldn't have quit the job.

나는 직장을 그만두지 말았어야 했다.

강의듣기 50

준비단계

오늘 써볼 문장

여러분은 곧 이 문장을
영작할 수 있게 됩니다.

> 만약 네가 이 일을 한다면,
> 그녀가 행복해할 것이다.

> 나는 로또에 당첨된다면 미국에
> 갈 것이다.

> 내가 삼성에 안 다녔다면,
> 널 못 만났을 거야.

> 그는 어제 너를 만났어야 했다.

1단계

영작 핵심 포인트

영작을 위해 이것만은
꼭 알아 두세요.

POINT 1 현재나 미래에 있을 법한 가정 → if 현재, 현재/will

만약 내일 비가 오면, 나는 거기 안 갈 것이다.

If it rains tomorrow, I will not go there.

POINT 2 현재나 미래에 없을 법한 가정 → if 과거, would/could 동사원형

지금 비가 온다면, 나는 여기 있지 않을 것이다.

If it rained now, I would not be here.

POINT 3 과거 일에 대한 가정 → if had p.p., would/could have p.p.

어제 비가 왔으면, 나는 그 야구 경기를 못 했을 것이다.

If it had rained yesterday, I could not have played the baseball game.

POINT 4 과거 일에 대한 후회 → should have p.p.

나는 직장을 그만두지 말았어야 했다.

I shouldn't have quit the job.

POINT 1 현재나 미래에 있을 법한 가정 → if 현재, 현재/will

만약 네가 이 일을 한다면, 그녀가 행복해할 것이다.

If you do this job, she will be happy.

'만약 네가 이 일을 한다면'처럼 현재나 미래에 있을 만한 일을 가정할 때는 if절에 현재시제를 쓰고, 주절에는 현재시제나 미래시제(will)를 씁니다. 이는 문법적으로 어떤 가정법에 속한다기보다는 '조건절'에 속합니다. 만약 if절을 뒤로 보내고 싶다면 주절과 if절을 구분하는 쉼표는 넣지 않아도 됩니다. 하지만 문장이 너무 길 경우에는 쉼표를 넣는 것이 좋습니다.

{TIP} If절을 이용해서 영작해 보세요.

❶ 성공하기를 원한다면, 열심히 노력해라.

❷ 그가 너를 사랑한다면, 그는 데이트 신청할 거야.

❸ 내가 할 수 있으면 할게.

컨닝페이퍼

성공하다 succeed

~에게 데이트 신청하다
ask someone out

POINT 2 현재나 미래에 없을 법한 가정 → if 과거, would/could 동사원형

나는 로또에 당첨된다면 미국에 갈 것이다.

If I won the Lotto, I would go to the United States.

'내가 로또에 당첨된다면'처럼 '말도 안 되는 얘기겠지만 만약…'이라는 뉘앙스로 가정을 할 때가 있습니다. 이럴 경우 if절에는 과거형 동사를, 주절에는 〈would/could＋동사원형〉을 씁니다. 이를 '가정법 과거'라고 합니다.

{TIP} If절을 이용해서 영작해 보세요.

❶ 내가 할 수 있으면 하지(못해서 안 하는 거야).

❷ 내가 만약 김태희와 결혼한다면 행복할 텐데.

❸ 내가 만약에 화성에 간다면, 물의 흔적을 찾을 것이다.

잠깐만요!

확률 계산을 잘해서 로또에 여러 번 당첨된 사람이 있었습니다. 그 사람은 '내가 로또에 당첨된다면'이라는 가정을 할 때 그럴 확률이 충분히 있다고 생각할 것이므로, 그때는 if 조건절을 쓸 수 있습니다.

컨닝페이퍼

화성 Mars

~을 찾다 search for

흔적 trace

POINT 3 과거 일에 대한 가정 → if had p.p., would/could have p.p.

내가 삼성에 안 다녔다면, 널 못 만났을 거야.

If I had not worked for Samsung, I could not have met you.

과거 일을 가정할 때는 if절에 〈hap+p.p.〉를 쓰고 주절에 〈would/could have p.p.〉를 씁니다. If I married you...는 '(말이 안 되겠지만) 내가 나랑 결혼한다면'이라는 현재나 미래의 가정이고, '만약 내가 과거에 너와 결혼했었다면'은 If I had married you로 써야 합니다. 같은 원리로 '내가 지금 삼성에 안 다닌다면'은 If I did not work for Samsung이라고 하고, '내가 과거에 삼성에 안 다녔다면'은 If I had not worked for Samsung이라고 합니다.

{TIP} If절을 이용해서 영작해 보세요.

❶ 그들이 우리를 돕지 않았더라면, 우리는 성공 못했을 것이다.

❷ 내가 만약 공학을 전공했었더라면, 직업을 더욱 쉽게 얻을 수 있었을 것이다.

천닝페이퍼

공학 engineering

POINT 4 과거 일에 대한 후회 → should have p.p.

그는 어제 너를 만났어야 했다.

He should have met you yesterday.

과거에 '뭔가를 했어야 했는데' 또는 '하지 말았어야 했는데' 하면서 후회할 때가 많습니다. 이럴 때 should have p.p.가 요긴합니다. 〈should 동사원형〉은 '~해야 한다'라는 의미이지만, should have p.p.는 '~했어야 했다'는 뜻입니다. 참고로 could have p.p.는 '~할 수 있었을 것이다'이고, would have p.p.는 '~했을 것이다'라는 뜻입니다.

{TIP} should/could have p.p.를 이용해서 영작해 보세요.

❶ 난 너와 결혼했어야 했다.

❷ 마이클은 그들에게 수학을 가르치지 말았어야 했다.

★ 정답은 p.251을 확인하세요.

카톡 문자

지은♥
오빠가 나를 사랑하면 왜 여기 안 와?
오후 5:24

오빠
뭐라고?
오후 5:24

지은♥
내 생일이라고!
오후 5:24

오빠
가방 열어봐.
오후 5:25

지은♥
오! 오빠 사랑 의심하지 말았어야 했는데. 미안~
오후 12:17

의심하다 doubt

지은 : If you love me, why don't you come here?
오빠 : What?
지은 : It's my birthday!
오빠 : Open your bag.
지은 : Oh! I shouldn't have doubted your love. Sorry~

싸이의 '(오빠) 강남스타일' 이래로 '강남'이라는 말이 미국인들 사이에서 통용될 수 있는 단어가 된 건 참 대단합니다. 하지만 아직 obba(오빠)라는 말은 통용되지 않고 있으니 여기서는 you로 받아야 합니다. 외국인 애인에게 그 단어를 가르쳐주기 전에는 말이죠.

비즈니스 영작에서 많이 쓰는 표현 ❷

● **Unfortunately, we regret we are not able to accept you proposal.**
불행하게도 귀사의 제안을 받아들일 수 없어서 유감입니다.

● **What your company made is only a unilateral decision.**
당신 회사가 한 것은 일방적 결정에 불과합니다.

● **As requested, we are sending you separate copies of each catalogue.**
요청하신 대로, 우리는 각 카탈로그의 복사본을 보내드립니다.

● **We are particularly interested in item #321.**
우리는 특히 321번 품목에 관심이 있습니다.

● **Please let me know by the end of this week.**
이번 주 말까지 알려주시기 바랍니다.

● **I look forward to hearing from you soon.**
곧 답장을 받기를 고대합니다.

● **Should you have any questions, do not hesitate to contact me.**
질문 있으시면 언제라도 연락 주시기 바랍니다.

● **If you wish to discuss any points I have not clarified, please contact me.**
제가 언급하지 않은 것에 대해 논의할 것이 있으면, 연락주시기 바랍니다.

● **If you have any further inquiries, please feel free to contact me at 555-1111.**
뭐든 문의사항이 있으면, 언제라도 555-1111로 연락하세요.

● **I regret that I cannot be of more assistance in this matter.**
이 문제에 대해 더 이상 도움이 못 되어 죄송합니다.

● Answers ●

영작문
무작정 따라하기

영작 집중 훈련 모범답안

본 책의 2단계 영작 집중 훈련의 답안입니다. 영작하면서
헷갈리거나 어려운 부분이 있었다면, 또는 내가 쓴 문장이
모범답안과 다르다면 책에 표시를 해 두고 막힘없이 영작
할 수 있을 때까지 반복해서 훈련하세요. 영작 시 주의해
야 할 사항들은 답변 아래에 Tip으로 달아 두었으니 놓치
지 말고 읽어 보세요.

첫째마당

 주어-동사만으로 충분한 1형식 문장
The baby cried.

p. 018~019

Point 1

① He swims.

② This stone moved.

③ My old dog never barks.

Point 2

① This cat always sleeps.

② The baby hardly cries.

③ He slept too much yesterday.

Point 3

① They slept in my room.

② His car stopped at the gas station.

③ The workers worked hard in March.

Point 4

① A problem happened.

② God exists.

③ I worked at a part-time job last month.

▶ last month(지난달) 앞에 전치사나 the를 쓰지 않는 것에 주의하세요.

 주어에 대한 설명이 필요한 2형식 문장
I feel good.

p. 022~023

Point 1

① I am ugly.

② They are excited.

③ These days I am hardly happy.

Point 2

① You look beautiful today.

② She looks depressed.

③ His music sounds weird.

Point 3

① I feel good today.

② Can you feel the love tonight?

③ He looked at the picture.

Point 4

① He became a doctor.

② Three years ago, my uncle became rich.

③ At that time, humans almost became extinct.

▶ '~할 뻔했지만 결국 그러지 않았다'는 의미로 almost를 씁니다.

 '누구를·무엇을'이 궁금한 3형식 문장
We enjoyed the trip.

p. 026~027

Point 1

① We enjoyed the trip.

② My family loves this puppy.

③ He trusts me.

▶ trust 대신 believe를 써도 됩니다. trust가 사람 자체를 믿는다는 의미라면, believe는 그 사람이 한 말이나 약속을 지킬 거라고 믿는다는 의미입니다.

Point 2

① He suddenly approached us.

② This policy will affect society.

③ Answer the phone!

Point 3

① Will you marry me?

② Are you married?

③ I have been married to him for three years.

Point 4

① I went to the museum yesterday.

② He visited Michael's office.

③ I have been to Toronto.

누구에게 무엇을 해주는 4형식 문장
04 I will buy you a drink.

p. 030~031

Point 1

① Give me some advice. /
Give some advice to me.

② Don't give the dog any food. /
Don't give any food to the dog.

③ My company gave me a bonus. /
My company gave a bonus to me.

Point 2

① Do not send me such e-mails. /
Do not send such e-mails to me.

② Teachers teach us lessons of life. /
Teachers teach lessons of life to us.

③ He showed me the way. /
He showed the way to me.

Point 3

① He will never buy me lunch. /
He will never buy lunch for me.

② My father cooked me ramen. /
My father cooked ramen for me.

③ She ordered me a hamburger. /
She ordered a hamburger for me.

Point 4

① I asked him too many questions.

② Do not ask me her phone number.

③ She asked me a favor. /
She asked a favor of me.

목적어에 대한 설명이 필요한 5형식 문장 ❶
05 I want you to stay.

p. 034~035

Point 1

① Our teacher wants us to study only.

② They do not want me to leave them.

③ Parents want their sons and daughters to succeed.

▶ success는 명사이고, succeed는 동사임에 주의하세요.

Point 2

① They allowed us to play tennis.

② We were allowed to play tennis here.

③ The government permitted us to build a house here.

Point 3

① He enabled me to study hard.

② Your advice enabled me to overcome it.

③ This book enabled me to understand the theory.

Point 4

① He never asks me to do anything.

② My wife asked me not to cheat on her.

③ The teacher asked us to do something special.

목적어에 대한 설명이 필요한 5형식 문장 ❷
06 People call me a genius.

p. 038~039

Point 1

① Please call me Thomas.

② My father named me April.

③ My boss considers me his errand boy.

Point 2

① He kept his room dirty.

❷ He found the question difficult.

❸ Please leave me alone.

▶ alone은 부사도 되고 형용사도 됩니다.

Point 3

❶ He saw me watch/watching TV.

❷ She saw us steal/stealing the money.

❸ I saw you go/going out.

Point 4

❶ I heard Jamie talk/talking about me.

❷ They heard me shout/shouting.

❸ Thomas felt something move/moving beside him.

 07 문장의 의미를 분명하게 만드는 부사

He almost died.

p. 042~043

Point 1

❶ I encountered an <u>extremely</u> dangerous animal.

▶ 부사가 형용사 dangerous를 수식

❷ He <u>frequently</u> goes to the hospital.

▶ 부사가 동사 go를 수식

❸ They like her <u>so</u> much.

▶ 부사가 부사 much를 수식

❹ <u>Surprisingly</u>, Alex is a boy.

▶ 부사가 문장 전체를 수식

Point 2

❶ She works quietly.

❷ They never work voluntarily.

❸ He drives fast.

Point 3

❶ They are sometimes arrogant.

❷ I seldom visit my parents.

❸ I will always love you.

Point 4

❶ He almost killed the cat.

❷ She almost always cries.

❸ Almost 1,000 people participated in this contest.

▶ 1,000은 people을 꾸미는 수량형용사로 쓰였고, 이 형용사를 almost가 꾸며주고 있습니다.

 08 주어가 뭔가를 당하는 수동태 문장

I was given a lot of money.

p. 046~047

Point 1

❶ The child was punished.

❷ The actor is loved by everyone.

❸ This machine is not used.

Point 2

❶ They were given gifts.

❷ I was shown the picture.

❸ He was asked his name.

Point 3

❶ The road was paved 11 years ago.

❷ The book was published in 2004.

❸ This smart phone was made in China.

Point 4

❶ He is known as a hardworking person.

❷ We are known for our high-quality service.

❸ Jeju Island is known for its many stones, women, and wind.

09 지나간 일을 나타내는 동사의 과거시제

He spent a lot of money.

p. 052~053

Point 1

① He showed me the picture.

② We enjoyed the movie.

③ She lived a happy life.

Point 2

① She cut the rope.

② He set me up.

③ It cost 20 dollars to buy this dress.

Point 3

① I always thought of you.

② He drank too much last night.

③ We spent a lot of energy finishing this project.

Point 4

① We used to swim in the lake.

② I used to think of him.

③ My mom finally got used to using a smart phone.

10 앞으로의 일을 나타내는 동사의 미래시제

It will be better.

p. 056~057

Point 1

① I will not meet him.

② They will forgive you.

③ It won't bite you.

Point 2

① We are going to have dinner there.

② I am not going to read it.

③ She is going to finish this work.

Point 3

① You would love it.

② I wouldn't go to Japan.

③ The clothes would not disappoint you.

Point 4

① He is about to catch up with you.

② I was about to start the engine.

③ They were about to blame me.

11 지금 하고 있는 일을 나타내는 동사의 진행형

I'm coming.

p. 060~061

Point 1

① I am coming.

▶ come은 '가다'가 아니라 '오다'의 의미이지만, 이런 경우 듣는 이의 입장에서 come하는 것이어서 보통 come을 씁니다.

② He is watching the movie again.

③ They are not eating now.

Point 2

① Light travels fast.

② People say that all roads lead to Rome.

③ As people say, the brave get the beauty.

Point 3

① I play chess.

② I never swear.

③ He enjoys Korean food.

Point 4

① He was helping us.

② I was not paying attention.

③ You will be enjoying the product.

12 예전부터 지금까지의 일을 나타내는 현재완료

I have not seen her since yesterday.

p. 064~065

Point 1

❶ The company has pursued money only.

❷ They have ignored my opinion.

❸ I have been in love with her.

Point 2

❶ I have not been to Seoul since 2010.

❷ Since he was a university student, he has been very happy.

❸ The government has monitored the company since last year.

Point 3

❶ Michael has taught for 10 years.

❷ She has not been in love for five years.

❸ My manager has cared about me for the whole day.

Point 4

❶ Morgan has been wasting his time.

❷ They have been spending a lot of money.

❸ The organization has been persuading the government.

 13 동사를 도와주는 조동사

I can do it.

p. 068~069

Point 1

❶ It can happen to you.

❷ I can finish this work.

❸ My boss can suggest a different idea.

Point 2

❶ You are able to overcome this.

❷ They are not able to beat him.

❸ The president is able to handle this matter.

Point 3

❶ May I come in?

❷ May I have your attention, please?

❸ You may hang out with your friends now.

Point 4

❶ They must be our enemies.

❷ The government must/should help the poor.

❸ My department had to support this policy.

 14 시키는 것을 좋아하는 사역동사 ❶

It makes me happy.

p. 072~073

Point 1

❶ They made me avoid them.

❷ My boss made me quit.

❸ My parents made me want to be a doctor.

Point 2

❶ His mother made him a lawyer.

❷ The students made me a bad teacher.

❸ The president should make the day a national holiday.

Point 3

❶ Amy makes me happy.

❷ Competitors make us stronger.

❸ His attitude made me sad.

Point 4

❶ She made her own bread.

❷ Her boyfriend made her paper flowers.

❸ He never made me a paper airplane.

15 시키는 것을 좋아하는 사역동사 ❷

I had my hair cut.

p. 076~077

Point 1

❶ My manager had me stay after work.

❷ I didn't have him copy this document.

Point 2

❶ They never let me love you.

❷ Yesterday my parents let me play computer games.

❸ My wife never lets me drink a lot.

Point 3

❶ My brother helped me (to) see him secretly.

❷ My father helped me financially (to) study abroad.

Point 4

❶ I didn't force you to stop it.

❷ He forced us to go to church.

❸ I was forced to work hard.

16 함께 있어야 완벽해지는 동사구

I thought of you.

p. 080~081

Point 1

❶ I once thought about this matter.

❷ Jamie sometimes thinks of/about her pet.

❸ She thought of/about her ex-boyfriend on her way home.

Point 2

❶ She concentrates/focuses on computer games.

❷ The boss concentrated/focused on the stock market.

❸ The teacher emphasized this chapter.

Point 3

❶ I can deal with it.

❷ They deal with environmental problems.

❸ The teacher put off the exam.

▶ put의 과거는 put입니다.

Point 4

❶ Will you join me?

❷ He joined the military yesterday.

❸ We already discussed this problem.

17 'to 동사'를 좋아하는 동사

I hope to pass the exam.

p. 084~085

Point 1

❶ She wants to look younger.

❷ He does not want to wear a uniform.

❸ I hope to visit your company soon.

Point 2

❶ I decided to major in physics.

❷ Why did you decide to apply for this company?

❸ She never chose to study this subject.

Point 3

❶ I promise to buy you a gift.

❷ We planned to contact you.

❸ He planned to run an Internet business.

Point 4

❶ I promised not to yell at you.

❷ I decided not to go to church.

❸ I did not promise to give you money.

18 -ing를 좋아하는 동사
He enjoys reading.

p. 088~089

Point 1

❶ I enjoyed living here.

❷ We enjoyed being with you.

❸ He never enjoys working with us.

Point 2

❶ He avoided answering the question.

❷ She narrowly avoided the car.

❸ He could not avoid saying so.

Point 3

❶ Please, finish taking a shower quickly.

❷ I could not finish reading the book.

❸ You should finish working by noon.

Point 4

❶ They finally stopped fighting.

❷ I stopped to smoke.

❸ I quit smoking.

▶ quit은 현재형과 과거형이 같습니다.

둘째 마당

19 시간 전치사 제대로 쓰기
I am going to meet him at 5 p.m.

p. 096~097

Point 1

❶ At 7 p.m., they had dinner.

❷ I was working at noon.

❸ I finished my work at 4:40.

Point 2

❶ He has to work hard on Monday.

❷ We got married on June 5th.

❸ I did nothing on Christmas Eve.

Point 3

❶ He published a book in 2004.

❷ She lived in the 20th century.

❸ A new smart phone will be released in December.

Point 4

❶ I will quit smoking next year.

❷ I wasted a lot of time last week.

❸ The company will fire him this month.

---

20 장소 전치사 제대로 쓰기
They came from North Korea.

p. 100~101

Point 1

❶ I was at home the day before yesterday.

❷ See you at school.

❸ I said good bye to him at the airport.

Point 2

❶ He almost died in Brazil.

❷ Jeremy was alone in this room.

❸ You should not smoke in the building.

Point 3

❶ The picture on the wall is marvelous.

❷ There is no one on the island.

❸ I bought some oranges on the farm.

Point 4

❶ He went to her place at midnight.

❷ They came from the building.

❸ She came here early.

21 기간 전치사 제대로 쓰기
I have worked for five years.

p. 104~105

Point 1

❶ I have not eaten for two days in a row.

❷ For many years, he was a hero.

❸ The dog can stand still for hours.

Point 2

❶ He passed away during the night.

❷ I could not find him during the party.

❸ During his visit, he will meet the U.S. president.

Point 3

❶ He has worked since he was 20 years old.

❷ Brian has been between jobs since 2013.

❸ My wife has become wiser since our marriage.

Point 4

❶ Since I am a student, I have no money.

❷ People respect him since he is smart.

❸ Since he does not smoke, we have to go outside.

22 전치사 by의 4가지 용법

I got there by train.

p. 108~109

Point 1

❶ They were brought up by their grandmother.

❷ She was hurt by her boyfriend.

❸ We were beaten by the US team.

Point 2

❶ You can get there by bus or taxi.

❷ We cannot go to the office by subway.

❸ He went to school on foot.

▶ '학교에 다니다'는 school 앞에 관사를 쓰지 않고 go to school이라고 합니다.

Point 3

❶ He will send it to you by midnight.

❷ By 2100, the colonization of Mars will end.

❸ Wait here until 8 o'clock.

Point 4

❶ By watching TV, we can get a lot of knowledge.

❷ We could succeed by getting some information from him.

❸ By using the Internet, they can advertise their concert.

23 자주 헷갈리는 동사 ❶

I took a long trip.

p. 112~113

Point 1

❶ It positively affects us.
It has positive effects on us.
It positively influences us.
It has positive influences on us.

Point 2

❶ I agree with you.

❷ I cannot agree to your proposal.

❸ We [do not agree/disagree] with this claim.

Point 3

❶ She stressed me out.

❷ I got stressed out.

❸ This class causes a lot of stress.

Point 4

❶ We took a trip to Beijing. /
We went on a trip to Beijing.

❷ My parents traveled around the world.

❸ Thomas tripped and fell.

24 자주 헷갈리는 동사 ❷

It takes a lot of money.

p. 116~117

Point 1

❶ The government should help the poor.

❷ She helped (me) with my writing assignment.

❸ They helped him (to) get out of his poverty.

Point 2

❶ She provided us with the shelter. / She provided the shelter for us.

❷ He provided the poor with a chance. / He provided a chance for the poor.

❸ They gave us money. / They gave money to us.

Point 3

❶ You spent too much time and energy.

❷ I spend a lot of money buying books.

❸ It takes a lot of time to travel around the world.

Point 4

❶ She was wearing a red ribbon.

❷ He wore something special yesterday.

❸ I am coming. I will just put my coat on.

25 자주 헷갈리는 명사

Promise me that you will never give up.

p. 120~121

Point 1

❶ I don't believe you.

❷ Do not trust anyone in this world.

❸ A/The cat is not a faithful animal. / Cats are not faithful animals.

Point 2

❶ I have an appointment with a doctor tomorrow.

❷ He broke his promise to me.

❸ Sorry, I have a previous engagement.

Point 3

❶ This machine is energy efficient.

❷ Writing sentences is an effective learning method.

❸ Economics is about efficiency.

Point 4

❶ Learning a foreign language is beneficial.

❷ Beetles are beneficial insects.

❸ This business is profitable nowadays.

26 자주 헷갈리는 형용사

I feel comfortable with you.

p. 124~125

Point 1

❶ This plan cannot be successful.

❷ My daughters were born in two successive years.

❸ She succeeded her father as the president of a country.

Point 2

❶ He is too economical.

❷ Economic growth has some side effects.

❸ Korea is now experiencing an economic recession.

Point 3

❶ A considerable amount of time has passed by.

❷ She is charming and considerate.

❸ This is not considerate behavior.

Point 4

❶ He made me feel comfortable.

❷ Call me at a time of your convenience.

❸ I work for my customers' convenient life.

 27 자주 헷갈리는 반대말

I have few friends.

p. 128~129

Point 1

❶ He has few relatives.

❷ I had little luck.

❸ She gave me a little money.

Point 2

❶ I brought my umbrella.

❷ My brother took him to the hospital.

❸ My son brought a chick home.

▶ 이때 home은 부사이므로 앞에 전치사를 쓰지 않습니다.

Point 3

❶ Surprisingly, my father prepared breakfast.

❷ He uniquely prepared for the job interview.

❸ I have spent two weeks searching for you.

Point 4

❶ Even if you give me a lot of money, I still won't like you.

❷ Even though the child is physically strong, he does not beat others.

❸ Even though she is young, she is serious about everything.

 28 자주 틀리는 수의 일치

The police help people.

p. 132~133

Point 1

❶ They are nice people.

❷ He plays chess.

❸ She goes to school.

Point 2

❶ Four hundred meters is too long.

❷ Ten dollars is a lot of money to me.

❸ We need another five minutes.

▶ five minutes를 하나의 개념으로 보고 단수 명사 앞에 만 쓰는 another를 붙인 겁니다.

Point 3

❶ The police do not care about this case.

❷ My family are all safe.

❸ My family is very important to me.

Point 4

❶ The staff is the biggest asset of the company.

❷ He has two staff members.

❸ There are not gangsters.

 29 소유격 제대로 쓰기

I just finished one hour's work.

p. 136~137

Point 1

❶ Jamie's effort was useless.

❷ I spent my father's money.

❸ The keyboard of this computer is out of order.

Point 2

❶ Others' happiness is also important.

❷ Her teachers' compliments made her happy.

❸ She bought her children's clothes.

▶ children은 복수형이지만 -s로 끝나지 않습니다.

Point 3

❶ It is only one hour's distance.

❷ We do not need to read yesterday's newspapers.

❸ It is one million dollars' worth of advice.

Point 4

❶ I do not want to meet my mother.

❷ We should preserve our environment.

❸ In my country, people care about others too much.

30 헷갈려서 꼭 틀리는 부정문

Nobody can avoid it.

p. 140~141

Point 1

❶ They did not enjoy the trip.

❷ They could not enjoy the trip.

❸ They were not enjoying the trip.

Point 2

❶ Unfortunately, he did not always love me.

❷ She is not always nice to me.

❸ The applicants do not necessarily have to be college graduates.

Point 3

❶ Nothing can stop us.

❷ [Nobody / No one] went to the party.

❸ [Nobody / No one] can answer this question.

Point 4

❶ Neither of us met him yesterday.

❷ None of my classmates like the teacher.

❸ It is none of your business.

31 a와 the 구분해서 쓰기

I met a man yesterday.

p. 146~147

Point 1

❶ My daughter wants to be a scientist.

❷ An apple fell.

❸ [A cat is / The cat is / Cats are] arrogant.

Point 2

❶ The professor invented this machine.

❷ She is the person.

❸ I know the cat.

Point 3

❶ I am the manager of this club.

❷ I am a manager of this club.

❸ She is a friend of mine.

Point 4

❶ I live in an urban area.

❷ He has an MBA degree.

▶ M[em]은 모음 발음으로 시작합니다.

❸ She wanted to be an honest politician.

▶ honest는 h가 발음되지 않아 모음인 [ɑ] 발음으로 시작합니다.

32 셀 수 있을 것 같은 불가산 명사

You can get a lot of information.

p. 150~151

Point 1

❶ Knowledge is power.

❷ Information is the key to success.

❸ Imagination is more important than knowledge.

Point 2

❶ He gave me advice about the exam.

❷ The police officer arrested him without evidence.

❸ They provided no evidence.

Point 3

❶ Using public transportation is convenient here.

❷ Water pollution in this area is serious.

❸ The factory produces a lot of pollutants.

Point 4

❶ They do not have much information.

❷ In this class, I gained a lot of knowledge.

❸ The professor gave me a lot of advice.

33 가산명사와 불가산명사

Experience is important.

p. 154~155

Point 1

❶ Your hair is white.

❷ A few hairs were burned.

❸ I am allergic to cat hair.

Point 2

❶ Experience is more important than knowledge.

❷ Forget about bad experiences.

❸ Part-time jobs allow us to have various experiences.

Point 3

❶ I like the convenience of using a plane.

❷ Koreans had a lot of economic difficulties.

❸ You can enjoy modern conveniences in

here.

Point 4

❶ I threw a baseball to him.

❷ Many Americans love baseball.

❸ [A newspaper is / Newspapers are] out of date.

34 영작의 최대 복병 the 정복하기

I live near the Han River.

p. 158~159

Point 1

❶ Egypt has the Nile River.

❷ The Atlantic Ocean is the second largest ocean.

❸ The East Sea is the correct name of the sea.

Point 2

❶ I stayed in France and moved to the UK.

❷ Japan is next to Korea.

❸ The United States (of America) is the strongest nation.

Point 3

❶ I listened to the radio last night.

❷ Please, turn up the TV.

❸ My kitty is in the attic.

Point 4

❶ You are the first customer in my store today.

❷ The second largest nation in the world is Canada.

❸ At first, I liked you.

35 the의 관용적 쓰임

We should preserve the environment.

p. 162~163

Point 1

❶ [The country / The countryside / A rural area] has fresh air.

❷ I lived in [the country / the countryside / a rural area].

❸ Living in [the country / the countryside / a rural area] is beneficial.

Point 2

❶ We depend on the environment.

❷ Nature is important.

❸ Studying animals teaches us about human nature.

Point 3

❶ The twins wear the same clothes.

❷ His IQ is the same as mine.

❸ We are in the same boat.

Point 4

❶ I have a cold.

❷ He cannot play the violin.

❸ I play soccer every Sunday.

셋째 마당

36 여럿 중의 일부를 돋보이게 하는 of 용법

She is one of my students.

p. 170~171

Point 1

❶ He is one of them.

❷ She is not one of our teachers.

❸ This company is one of the affiliated companies.

Point 2

❶ Some people will like the book.

❷ Some of the people will enjoy the movie.

❸ Most of them are new.

Point 3

❶ Both of us joined the military.

❷ Both (of) his children liked the trip.

❸ I love both of you.

▶ 여기서 you는 '너희들'이라는 복수지시대명사입니다.

Point 4

❶ He is a colleague of hers.

❷ I am a big fan of yours.

❸ She is a cousin of Jung-il Kim's.

37 비교급의 다양한 변신

The rich are getting richer.

p. 174~175

Point 1

❶ This dog is smarter than mine.

❷ He runs faster than me.

❸ Studying together is more effective than studying alone.

Point 2

❶ This is a wiser decision.

❷ I am bigger and fatter than you.

❸ They lived more happily.

▶ happy의 비교급은 happier이지만, happily는 3음절이어서 비교급이 more happily가 됩니다.

Point 3

❶ This computer is better than yours.

❷ You need more employees.

③ Please, contact me for further information.

Point 4

① You are getting slimmer.

② It is getting hotter and hotter.

③ You are getting prettier and prettier.

 최상급의 올바른 사용법

38 **This is the most famous company in Korea.**

p. 178~179

Point 1

① Belle is the most beautiful girl in town.

② The fastest animal is a cheetah.

③ I married the ugliest man in the country.

Point 2

① I care about you the most.

② They concentrated on it the least.

③ He wanted to be a lawyer the most.

Point 3

① First (of all), I appreciate your help.

② They won the World Cup for the first time.

③ At first, I could not recognize you.

Point 4

① You are the last person I can trust.

② This is the last thing I will do.

③ This is the last car I will buy.

 아주 · 너무 헷갈리는 so와 too 용법

39 **It is too hot to eat.**

p. 182~183

Point 1

① She is so lovely.

② I ate too much.

③ You can see so many animals in this zoo.

Point 2

① I am so happy that I cannot sleep.

② I miss you so much that I have to call you.

③ He ran so fast that the reporters could not recognize him.

Point 3

① I am too tired to talk with you.

② Brian is too poor to buy a car.

③ You are too good to be true.
　▶ 정말 좋다고 할 때 쓰이는 관용적인 표현

Point 4

① I like this ice cream too.

② He does not play chess either.

③ We cannot ignore this profitable business either.

 되도록 많이, 되도록 다양하게 as...as 용법

40 **He walked as slowly as a snail.**

p. 186~187

Point 1

① She treated me as a student.

② This business is as profitable as you expected.

③ The problem is as serious as you think.

Point 2

① Stay here as long as you want.

② His father thought that he ran as fast as a cheetah.

③ They wanted it as desperately as they need to breathe.

Point 3

① You can read as many books as you want

here.

❷ She earned as much money as she predicted.

Point 4

❶ Try to remember as many numbers as possible.

❷ We worked as hard as we could.

❸ The government official helped us as passionately as he could.

'충분히' 활용하기 어려운 **enough** 용법

I had enough.

p. 190~191

Point 1

❶ Are you old enough?

❷ I worked hard enough.

❸ He ran fast enough.

Point 2

❶ Are you old enough to smoke?

❷ I worked hard enough to get a reward.

❸ He ran fast enough to win the game.

Point 3

❶ I have enough books.

❷ We have enough time to watch a movie.

❸ He does not have enough money to buy a pet.

Point 4

❶ He had enough.

❷ I have enough to read.

❸ We have some money, but not enough.
    ▶ 여기서 enough는 enough money를 의미한다.

두 번 할 말을 한 번에 **not... but** 용법

I want not excuses but results.

p. 194~195

Point 1

❶ We are poor but happy.

❷ He is thin but energetic.

❸ Time travels fast but sometimes it goes by slowly.

Point 2

❶ He is not rich but handsome.

❷ I wanted not consolation but money.

❸ Not the people but the government is responsible for this disaster.

Point 3

❶ Not only you but also I should be punished.

❷ The president visited not only Europe but also Africa.

❸ He works not only efficiently but also accurately.

Point 4

❶ They had no choice but to try hard.

❷ The company has no choice but to obey the law.

❸ Jack has no choice but to compete fiercely.

other, another, the other 구분해서 쓰기

We need another hero.

p. 198~199

Point 1

❶ You should not disturb other people here.

❷ Some people like it, but others do not.

Point 2

① We do not need another hero.

② Wait for another chance.

③ He is another suspect.

Point 3

① One is blue and the other is red.

② One half is water and the other half is air.

③ Turn the other cheek.

Point 4

① This is mine and the others are yours.

② I like this plant, but I do not like the others.

③ She is different from all the others in her class.

 44 형용사야, 동사야? 분사 용법

The lecture is boring.

p. 202~203

Point 1

① He never eats frozen food.

② She took care of wounded soldiers.

③ A rolling stone gathers no moss.

Point 2

① Your story is interesting.

② This movie is not boring.

③ This change was surprising.

Point 3

① Thomas was interested in physics.

② We were bored with the professor's lecture.

③ His mother was surprised to realize he was gay.

Point 4

① You will be fascinated by the tourist attraction.

② He is always satisfied with his salary.

③ My children were excited about the new video game.

 45 두 문장을 이어주는 관계대명사 ❶

She is the girl who we all like.

p. 208~209

Point 1

① I do not like people who enjoy taking risks.

② They are people who like me.

③ She is not someone who votes.

▶ 여기서 someone은 a/the person이라고 써도 됩니다.

Point 2

① He is the person who(m) I like.

② She is not someone who(m) everybody loves.

③ Michael is not the type of a person who(m) my parents prefer.

Point 3

① I like plants which grow fast.

② This is the dog which I like the most.

③ These are the books which tell us about animals.

Point 4

① He met a woman, who he began to love.

② I worked for the government, which I do not want to remember.

③ He invited her, which means that he wanted her.

46 두 문장을 이어주는 관계대명사 ❷

The only one that I love is you.

p. 212~213

Point 1

1. It is the dog that I saw last night.
2. All that I want is love.
3. The only thing that you should do is to study.

Point 2

1. All you need is money.
2. They are the people you do not know.
3. The only thing I want is peace.

Point 3

1. This is the place in which people are kind.
2. This is the dog with which I live.
3. I love New York City in which I went to school.

Point 4

1. This is the place where we met each other.
2. I visited Seoul where there are many people.
3. This is the restaurant where I had lunch yesterday.

 47 긴 주어를 대신하는 가주어 *it*

It is important to finish this job.

p. 216~217

Point 1

1. It is amazing that everybody likes him.
2. It is natural that water runs downwards.
3. It is important that we finished the project.

Point 2

1. It is hard to overcome difficulties.
2. It will be better for you to avoid him.

3. It is almost impossible to live without a computer.

Point 3

1. It is hot here.
2. It rained yesterday.
3. It is too dark.

Point 4

1. It is 7 p.m.
2. It is summer.
3. It is two miles from here to the office.

 48 여러 개를 연결하는 나열의 원칙

It is between you and me.

p. 220~221

Point 1

1. Michael and Jeremy are friends.
2. They walked slowly and quietly.
3. I support it for two reasons: to make a lot of money and to relieve stress.

Point 2

1. She can speak Korean and English.
2. They planned to travel to France or Germany.
3. He has two options: either to sell it or to keep it.

Point 3

1. He wants to become a singer, actor, or comedian.
2. The three donors are Thomas, Jamie, and April.
3. It contains oxygen, hydrogen, and so on.

Point 4

1. You and I will never die.
2. She and I both own this dog.

❸ He and I went to the movies last night.

 문장의 접착제인 접속사 활용법

49 I love him but he does not love me.

p. 224~225

Point 1

❶ I have a dog and he has a cat.

❷ She is my wife but we hardly talk.

❸ This business is profitable, but I do not have money to invest.

Point 2

❶ I am married but have no child.

❷ He knew my birthday, but forgot it soon.

❸ Koreans have become richer, but have lost their traditional values.

Point 3

❶ The professor is famous. However, he cannot teach well.

❷ We know English grammar. However, we cannot write English well.

❸ The problem is getting more serious. Therefore, the president is getting more worried.

Point 4

❶ True love was, however, love between sisters.

❷ The environment, therefore, has to be preserved.

❸ We, accordingly, decided to follow him.

 가정하고 상상하고 후회하는 가정법 활용법

50 I shouldn't have quit the job.

p. 228~229

Point 1

❶ If you want to succeed, try hard.

❷ He will ask you out if he loves you.

❸ If I can, I will.

Point 2

❶ If I could, I would.

❷ If I married Taehee Kim, I would be happy.

❸ If I went to Mars, I would search for a trace of water.

Point 3

❶ If they had not helped us, we could not have succeeded.

❷ I could have found a job more easily if I had majored in engineering.

Point 4

❶ I should have married you.

❷ Michael shouldn't have taught them math.

뼈가 되고 살이 되는
영작 어드바이스

01 활용도 100% 구두점 익히기
02 영작 불문율 The Rules of Writing

영작을 할 때 알아 두면 유용한 알짜 Tip들만 모았습니다.
영어 전문 강사인 필자가 20년간 강의해 오면서 사람들이
영작 시 자주 혼동하거나 틀리기 쉬운 것들만 정리한 것입
니다. 여기에 있는 내용만 제대로 지켜준다면 보다 완벽하
고 세련된 영작을 할 수 있습니다.

활용도 100% 구두점 익히기

영어에서 구두점(punctuation)의 세계는 쉬운 것 같으면서도 아리송할 때가 많습니다. 영어에는 period, comma, colon, semicolon, quotation, double quotation 등의 다양한 구두점이 있는데, 영작할 때 이런 구두점들을 정확하게 알고 사용하는 분들이 의외로 많지 않습니다. 아무리 글을 잘 써도 맞춤법 오류가 많으면 글쓴이의 국어 실력이 의심스러운 것처럼 영작한 글에 철자와 구두점 오류가 많으면 그 글이 허술해 보입니다. 시험이나 에세이에서는 말할 것도 없겠지요. 여러분의 글을 더욱 영어답게 완성해줄 영어 구두점을 이번 기회에 확실하게 정리해 봅시다.

period(.)

'마침표'라 하고 문장을 마무리할 때 씁니다.

comma(,)

'콤마' 혹은 '쉼표'라고 합니다.

1. 서로 다른 두 문장을 연결할 때 쓰는 접속사인 and, but, or, nor 앞에 콤마를 씁니다. 단, 문장이 짧을 경우에는 생략 가능합니다. 하지만 얼마나 짧아야 하는지는 주관적인 기준에 따릅니다.

> **I like him, but she does not like him.** （○）
> **I like him but she does not like him.** （○）
> 나는 그를 좋아하지만 그녀는 그를 좋아하지 않는다.

2. 세 가지 이상의 사항들을 나열할 때 콤마를 씁니다.

A, B, and C   A, B, or C
A, B, C, and D   A, B, C, or D

> **My favorite sports are soccer, baseball, and basketball.**
> 내가 좋아하는 스포츠는 축구, 야구, 농구이다.

and so on이나 etc.가 문장 중간에 들어갈 때 그 뒤에도 콤마를 넣습니다.

> **Countries, businesses, schools, etc., are the areas that need good leaders.**
> 국가, 기업체, 학교 등이 훌륭한 지도자를 필요로 하는 분야들이다.

3. however, accordingly, finally, otherwise, therefore, nevertheless, consequently 등과 같이 문장 첫머리에서 어떤 내용을 본격적으로 소개하는 데 쓰이는 접속부사 뒤에 콤마를 씁니다. 하지만 still, then, hence, thus 뒤에는 흔히 콤마가 생략됩니다. 또 and나 but 뒤에는 절대 콤마를 쓰지 않습니다.

> **I have to finish this as soon as possible. Otherwise, I will be punished.** 난 이것을 가능한 빨리 끝내야 해. 안 그러면 혼나.

4. 주절 앞에 나온 종속절이나 분사구문 뒤에 콤마를 씁니다.

> **Taking all these advantages into consideration, I have no choice but to do it.**
> 이러한 모든 장점들을 고려해보건대, 난 그걸 할 수밖에 없다.

5. 부연 설명의 앞뒤에 콤마가 쓰입니다.

> **My father, the president of this company, is rich.**
> 이 회사 사장님인 우리 아버지는 부자다.

semicolon(;)

1. 서로 다른 두 문장을 하나로 연결하는 접속사(and, but 등) 대신 세미콜론을 씁니다.

> **We can live without money; not without love.**
> 우리는 돈 없이 살 수 있지만, 사랑 없이는 못 산다.

이 경우, 세미콜론이 어떤 접속사를 대신한 것인지는 문맥으로 파악해야 합니다.

2. 서로 다른 두 문장을 하나로 연결하는 접속부사(however, therefore, otherwise 등) 앞에 세미콜론을 씁니다.

> **We can live without money; however, not without love.**
> 우리는 돈 없이 살 수 있다. 하지만 사랑 없이는 살 수 없다.

hyphen(-)

하이픈은 주로 3가지 용법으로 사용됩니다.

1. 한 행의 끝에서 단어를 음절 단위로 잘라야 할 때 하이픈을 씁니다.

2. 단어 생성의 과도기에 하이픈이 사용됩니다. 예를 들어 '동료'를 의미하는 co-worker는 worker 앞에 '함께'를 뜻하는 접두어인 co-를 붙여 만든 단어입니다. 이제 이 단어는 중간의 하이픈을 빼고 그냥 coworker로 쓰는 경우가 많습니다. co-worker는 구식 표기법이 된 겁니다. 필자가 중학교에 다닐 때만 해도 '협동'이란 의미의 단어를 co-operation이라고 표기했습니다. 요즘은 이렇게 쓰지 않고 cooperation이라고 합니다. database도 마찬가지입니다. 과거에는 data base였는데 database로 되었다가 이제는 database로 쓰고 있습니다. lifestyle도 lifestyle에서 life-style을 거쳐 lifestyle로 굳어진 겁니다. 이처럼 단어 생성의 과도기에는 하이픈이 쓰입니다.

3. 이것이 가장 중요한 쓰임새인데, 소위 '붙여쓰기'라고 생각하면 됩니다. 예를 들어 '오래된 신문 배달부'라는 표현을 살펴봅시다. 이 말은 두 가지로 해석이 가능합니다. 하나는 '근무한 지 오래된 신문 배달부'라는 의미이고 다른 하나는 '(재활용 센터로) 오래된 신문을 배달하는 사람'이라는 의미입니다. 이 두 가지는 다음과 같이 붙여쓰기로 구분할 수 있습니다.

> 오래된 신문배달부 : 근무한 지 오래된 신문 배달부
> 오래된신문 배달부 : 오래된 신문을 배달하는 사람

영어에서는 이러한 붙여쓰기의 용도로 하이픈을 이용합니다. new knowledge라는 단어는 하이픈이 필요 없습니다. 앞에 있는 형용사 new가 명사 knowledge를 꾸미는 게 명백하니까요. 하지만 new knowledge source는 어떨까요? 이 말은 두 가지로 해석할 수 있습니다. 하나는 '새로운 지식을 제공하는 소스', 즉 신문, 방송, 인터넷 등을 의미합니다. 다른 하나는 '지식을 제공하는 새로운 소스', 즉 지식을 제공하는 새로운 매체로 등장한 스마트폰 등을 의미합니다. 두 의미를 구분하기 위해 하이픈을 사용합니다.

> **new-knowledge source** 새로운 지식을 제공하는 소스
> **new knowledge-source** 지식을 제공하는 새로운 소스

이러한 붙여쓰기는 매우 유용합니다. '버스 전용 차선'을 영어로 표현해 봅시다. 차선은 lane이므로 이 단어 앞에 '버스만 전용으로 달리는'이라는 의미의 형용사를 넣으면 됩니다. 물론 이런 형용사는 없습니다. 관계대명사를 사용해 the lane in which you can drive a bus only라고 할 수 있지만 너무 장황합니다. 이 경우 하이픈을 사용해 the bus-only lane이라고 간단히 표현할 수 있습니다.

'쓰레기 종량제'는 어떻게 표현할까요? the pay-as-you-throw program이라고 합니다. 미국인들이 많이 쓰는 표현 중에 '일생일대의 기회'가 있는데, 이는 the once-in-a-lifetime opportunity라고 합니다.

하나 더 살펴볼까요? '말만 따르라는 식의 교육'이라는 표현을 영어로 생각해봅시다. 흔히 쓰는 말로 Do as I say, not as I do.가 있습니다. '내 행동을 따라 하지 말고 내가 말하는 대로 행동하라'는 뜻입니다. 다시 말해 나처럼 행동하면 나 같은 사람이 되니 내 행동보다는 말을 따르라는 얘기입니다. 이 말을 빌리면 '말만 따르라는 식의 교육'은 the do-as-I-say education으로 표현할 수 있습니다.

dash(—)

우리말에서는 부연 설명을 할 때 대개 괄호를 쓰지만, 영어에서는 보통 앞뒤에 콤마나 대시를 씁니다.

> **Almost all, if not all, people would love us.**
> **Almost all – if not all – people would love us.**
> 전부는 아니더라도, 거의 모든 사람들이 우리를 사랑할 것이다.

colon(:)

어떤 사안이나 목록의 내용을 열거할 때 씁니다.

> **You have to choose only one between two: watching a movie**
> **and reading a book.**
> 여러분은 둘 중 하나만 골라야 합니다: 영화 보는 것과 책 읽는 것.

책이나 작품의 제목 쓰는 법

1. 큰 따옴표로 묶습니다.

2. 책이나 작품의 제목을 쓸 때는 대문자 규칙(capitalization rule)을 따릅니다. 대문자 규칙이란 단어의 첫 번째 철자를 대문자로 써야 한다는 것입니다. 책이나 작품의 제목이 다음 3가지 중 하나라도 해당되면 첫 번째 철자를 대문자로 씁니다.

   - 첫 번째 단어의 첫 번째 철자는 대문자
   - 중요한 품사(동사, 명사, 부사, 형용사)는 대문자, 중요하지 않은 품사(관사, 전치사 등)는 소문자
   - 철자가 4개 이상으로 된 단어는 대문자

   > **"For Whom the Bell Tolls"** 〈누구를 위하여 종은 울리나〉
   > **"Gone With the Wind"** 〈바람과 함께 사라지다〉
   > **"The New York Times"** 〈뉴욕타임스〉

영작 불문율 The Rules of Writing

영작을 할 때 꼭 지켜야 하는 규칙들이 있습니다.

---

01. Verbs has to agree with their subjects.

02. And do not start a sentence with a conjunction.

03. Be more or less specific.

04. Also, too, never, ever, use repetitive redundancies.

05. No sentence fragments.

06. Contractions aren't necessary and shouldn't be used.

07. One-word sentence? Eliminate.

08. The passive voice is to be ignored.

09. Kill all exclamation points!

10. Use words correctly, irregardless of how others use them.

11. Use the apostrophe in it's proper place and omit it when its not needed.

12. Exaggeration is a billion times worse than understatement.

13. Parenthetical remarks (however relevant) are (usually) unnecessary.

14. Proofread carefully to see if you any words out.

위의 내용은 출처가 확실치 않습니다. 제가 다녔던 학교의 TESOL 교수님들 사이에서 이메일로 전해져 왔던 내용입니다. 가벼운 글에서는 이러한 불문율을 따르지 않아도 크게 문제될 건 없지만, 대학에서의 작문(academic writing)이나 논문 등 형식을 많이 따지는 글쓰기에서는 가능한 지켜야 하는 규칙들입니다. 문어체 문장이 무엇인지에 관해 감을 잡을 수 있는 내용이기에 읽어보면 많은 도움이 될 겁니다. 이제 위에서 열거한 영작 불문율을 하나하나 설명 드리겠습니다.

---

01. Verbs has to agree with their subjects.

동사를 주어에 일치시켜라.

주어가 3인칭 단수형일 때 동사에 -s를 붙이는 것은 습관 들이기가 참 어렵습니다. 알면서도 항상 틀리는 게 바로 이것입니다. 평소에 주어가 단수인지 복수인지에 따라 동사가 이에 일치되는지 확인하는 습관을 들이면서 많이 쓰다 보면 어느새 숙달이 됩니다.

→ Verbs <u>have</u> to agree with their subjects.

02. And do not start a sentence with a conjunction.

접속사로 문장을 시작하지 마라.

Conjunction은 and, but 등의 접속사를 뜻합니다. 미국 교수님들 중에는 and나 but으로 시작하는 문장에 노골적인 비판을 가하는 분들이 있습니다. 접속사는 문장을 이끌 만한 힘이 없다는 거지요. 그런데 몇몇 작가나 교수님들 중에는 접속사로 시작하는 문장을 쓰기도 합니다. 이는 일부러 그렇게 힘없는 접속사로 문장을 이끌게 한 의도가 따로 있는 경우입니다. 하지만 영어를 잘 못하는 사람이 그렇게 쓰면 문어체 문장의 기본기가 안 되어 있다고 여겨질 확률이 높으니 지양해야 합니다.

→ <u>Moreover</u>, do not start a sentence with a conjunction.

03. Be more or less specific.

다소 구체적이 되어라.

구체적인 글이야말로 미국식 작문입니다. 어떤 교수님들은 구체적이지 못한 글은 거의 B- 이상 주지 않습니다. 객관성을 부여해야 하는 글은 육하원칙(what, why, who, when, where, how)을 구체적으로 써야 하고, 설득력이 있어야 하는 글은 그 중에서도 how와 why에 대한 답을 구체적으로 써야 합니다.

→ Be ~~more or less~~ specific.

04. Also, too, never, ever, use repetitive redundancies.

같은 단어의 반복 사용을 자제하라.

같은 단어의 반복 사용이 아주 적절한 예를 하나 들어 드리겠습니다. 미국의 어느 다이어트 광고 중에 이런 문구가 있습니다. You will never, ever, ever, ever have to diet again! 얼마나 반가운 얘기입니까? 강조를 위한 반복이 아주 훌륭하게 들어갔습니다. 하지만 이처럼 광고나 연설문과는 달리 형식을 중요시 여기는 문어체 문장에서는 반복 사용으로 강조를 하지 않습니다. 위 예문에서 also와 too가 중복이고, never가 이미 있으니 ever는 빼는 게 낫고, repetitive redundancies는 '반복적 중복'이라는 이상한 표현입니다. 글은 구체적이면서 경제적으로 써야 합니다.

→ <u>Also</u>, <u>never</u> use <u>redundancies</u>.

05. No sentence fragments.

조각난 문장은 안 된다.

주어와 동사가 완벽하게 갖추어진 문장을 써야 합니다.

→ <u>We should not use</u> sentence fragments.

06. Contractions aren't necessary and shouldn't be used.
줄임말은 불필요하니 쓰지 마라.

Contraction은 He is…와 같은 표현을 He's…와 같이 줄이는 것을 말합니다. 줄임말은 '구어체'라고 해서 작문에서는 잘 쓰지 않습니다. 하지만 이메일이나 문자 등의 writing에서는 상관없습니다.

→ Contractions <u>are not</u> necessary and <u>should not</u> be used.

07. One-word sentence? Eliminate.
한 단어짜리 문장은 쓰지 마라.

한 단어가 한 문장인 글은 삼가하세요. 전문적으로 보이지 않는 경우가 대부분입니다.

→ We should <u>eliminate</u> one-word sentences.

08. The passive voice is to be ignored.
수동태로 쓰지 마라.

the passive voice는 '수동태'입니다. 수동태 문장은 내용에 객관성을 부여합니다. 또한 동사의 주체가 중요하지 않음을 암시합니다. 하지만 이러한 경우를 제외하고, 심지어는 논문에서조차, 수동태보다는 능동태 문장이 더 바람직하다고 얘기합니다.

→ We <u>should not use</u> the passive voice.

09. Kill all exclamation points!
감탄사를 쓰지 마라.

느낌표 사용은 과장된 글로 느껴지게 하는 역할을 합니다.

→ Do not use exclamation points<u>.</u>

10. Use words correctly, irregardless of how others use them.
단어를 정확하게 사용하라.

이 문장에서는 뭐가 틀렸죠? irregardless의 철자가 틀렸습니다. 어느 정도 영어 공부를 한 우리나라 사람들은 철자를 많이 틀리지는 않습니다. 학창시절 연습장에 단어를 쓰면서 공부한 덕이겠지요.

→ Use words correctly, <u>regardless</u> of how others use them.

11. Use the apostrophe in it's proper place and omit it when its not needed.

아포스트로피는 써야 할 곳에만 정확히 써라.

앞에 있는 it's(it is의 줄임말)는 its(그것의)로 바꾸고, 뒤에 있는 its는 it is로 바꿔야 합니다. 중요한 구두점에 관한 설명은 또 다른 부록에 자세히 설명해 놓았습니다.

→ Use the apostrophe in <u>its</u> proper place and omit it when <u>it is</u> not needed.

12. Exaggeration is a billion times worse than understatement.

과장하지 마라.

글쓰기뿐 아니라 말하는 것에 있어서도 주의해야 할 사항입니다.　　　*understatement 절제된 말

→ Exaggeration is <u>worse</u> than understatement.

13. Parenthetical remarks (however relevant) are (usually) unnecessary.

괄호를 남발하지 마라.

영어에선 약자, 약어를 표시할 때 외에는 괄호를 잘 쓰지 않습니다. 다른 구두점으로 변환해서 쓰는 것이 글을 전문적으로 만듭니다. 윗글의 경우 (however relevant)를 콤마를 이용해서, however relevant,로 쓰는 것이 좋습니다. 그리고 (usually)는 괄호를 생략하세요.

→ Parenthetical remarks, <u>however relevant</u>, are <u>usually</u> unnecessary.

*however relevant = no matter how relevant 얼마나 관련이 있건

14. Proofread carefully to see if you any words out.

마지막으로 주의 깊게 교정하라.

마지막으로 교정입니다. 위 문장에서는 무엇이 빠졌을까요? If절의 동사가 빠졌네요.

→ Proofread carefully to see if you <u>left</u> any words out.

영작문 무작정 따라하기

말하기
영작
워크북

박상준 지음

말하기 영작 워크북 활용법

이 책은 본 책에 있는 문장들을 엄선하여 영어 말하기 훈련을 할 수 있도록 구성한 워크북입니다. 손으로 써봤던 표현들을 이제 입으로 말해볼 차례입니다. 출·퇴근할 때, 누군가를 기다릴 때, 자투리 시간을 적극적으로 활용해 보세요. 영작은 물론 영어 말하기 자신감도 여러분의 것이 됩니다!

이렇게 활용하세요!

하루에 한 페이지씩 5분 정도면 충분히 학습할 수 있는 부담 없는 분량입니다. 본 책을 공부하면서 워크북을 함께 활용하면 학습효과가 배가됩니다. 워크북으로 공부할 때도 꼭 mp3 파일을 들으면서 공부하세요!

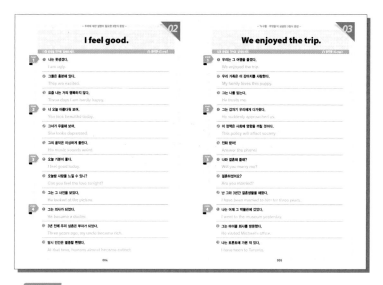

STEP 1 제시된 우리말 영어로 바꿔 말하기!

가능한 아래의 모범 답안을 보지 않고 우리말에 집중하면서 스스로의 힘으로 말해 보세요.

STEP 2 막히거나 헷갈리는 부분 확인하기!

훈련하면서 표현이 잘 떠오르지 않았거나 틀린 부분은 책에 표시해두고 다시 확인하세요.
여러분의 취약점을 한눈에 알 수 있어요.

STEP 3 영어를 눈-귀-입에 착 붙이기!

이번에는 책과 함께 mp3를 들으면서 영어 문장이 입에서 자연스럽게 흘러나올 때까지
반복 또 반복해 주세요.

STEP 4 영어 말하기 자신감 충전 완료!

이제 우리말만 봐도 1초의 고민 없이 문장이 떠오른다고요?
자, 여러분의 영어 말하기 자신감이 충전 완료되었습니다.

The baby cried.

다음 문장을 영어로 말해보세요. 🎧 영작문 01.mp3

① 그는 수영한다.

He swims.

- -

② 이 돌이 움직였어.

This stone moved.

- -

③ 나의 늙은 개는 절대 안 짖는다.

My old dog never barks.

② 이 고양이는 항상 잔다.

This cat always sleeps.

- -

② 그 아기는 거의 울지 않는다.

The baby hardly cries.

- -

③ 그는 어제 너무 많이 잤다.

He slept too much yesterday.

① 그들은 내 방에서 잤다.

They slept in my room.

- -

② 그의 차가 주유소에서 멈췄다.

His car stopped at the gas station.

- -

③ 직원들은 3월에 열심히 일했다.

The workers worked hard in March.

① 문제가 발생했다.

A problem happened.

- -

② 신은 존재한다.

God exists.

- -

③ 나는 지난달에 아르바이트를 했다.

I worked at a part-time job last month.

I feel good.

❶ 나는 못생겼다.

I am ugly.

❷ 그들은 흥분해 있다.

They are excited.

❸ 요즘 나는 거의 행복하지 않다.

These days I am hardly happy.

❶ 너 오늘 아름다워 보여.

You look beautiful today.

❷ 그녀가 우울해 보여.

She looks depressed.

❸ 그의 음악은 이상하게 들린다.

His music sounds weird.

❶ 오늘 기분이 좋다.

I feel good today.

❷ 오늘밤 사랑을 느낄 수 있니?

Can you feel the love tonight?

❸ 그는 그 사진을 보았다.

He looked at the picture.

❶ 그는 의사가 되었다.

He became a doctor.

❷ 3년 전에 우리 삼촌은 부자가 되었다.

Three years ago, my uncle became rich.

❸ 당시 인간은 멸종할 뻔했다.

At that time, humans almost became extinct.

We enjoyed the trip.

다음 문장을 영어로 말해보세요. ⋂ 영작문 03.mp3

❶ 우리는 그 여행을 즐겼다.

We enjoyed the trip.

❷ 우리 가족은 이 강아지를 사랑한다.

My family loves this puppy.

❸ 그는 나를 믿는다.

He trusts me.

❶ 그는 갑자기 우리에게 다가왔다.

He suddenly approached us.

❷ 이 정책은 사회에 영향을 끼칠 것이다.

This policy will affect society.

❸ 전화 받아!

Answer the phone!

❶ 나와 결혼해 줄래?

Will you marry me?

❷ 결혼하셨어요?

Are you married?

❸ 난 그와 3년간 결혼생활을 해왔다.

I have been married to him for three years.

❶ 나는 어제 그 박물관에 갔었다.

I went to the museum yesterday.

❷ 그는 마이클 회사를 방문했다.

He visited Michael's office.

❸ 나는 토론토에 가본 적 있다.

I have been to Toronto.

I will buy you a drink.

❶ 나에게 조언 좀 주세요.

Give me some advice. / Give some advice to me.

❷ 그 개에게 어떤 음식도 주지 마세요.

Don't give the dog any food. / Don't give any food to the dog.

❸ 우리 회사는 나에게 보너스를 주었다.

My company gave me a bonus. / My company gave a bonus to me.

❶ 나한테 그런 이메일들 보내지 마.

Do not send me such e-mails. / Do not send such e-mails to me.

❷ 선생님들은 우리에게 삶의 교훈들을 가르친다.

Teachers teach us lessons of life. / Teachers teach lessons of life to us.

❸ 그가 나에게 길을 보여줬다.

He showed me the way. / He showed the way to me.

❶ 그는 절대 나에게 점심 안 사줄 것이다.

He will never buy me lunch. / He will never buy lunch for me.

❷ 아버지가 나에게 라면을 끓여 주셨다.

My father cooked me ramen. / My father cooked ramen for me.

❸ 그녀는 나에게 햄버거를 주문해 줬다.

She ordered me a hamburger. / She ordered a hamburger for me.

❶ 나는 그에게 너무 많은 질문을 했다.

I asked him too many questions.

❷ 나에게 그녀 전화번호 묻지 마.

Do not ask me her phone number.

❸ 그녀가 나에게 부탁했다(호의를 요청했다).

She asked me a favor. / She asked a favor of me.

I want you to stay.

다음 문장을 영어로 말해보세요. 🎧 영작문 05.mp3

POINT 1

❶ 우리 선생님은 우리가 공부만 하기를 원한다.

Our teacher wants us to study only.

❷ 그들은 내가 그들을 떠나는 걸 원치 않는다.

They do not want me to leave them.

❸ 부모는 자식들이 성공하길 원한다.

Parents want their sons and daughters to succeed.

POINT 2

❶ 그들은 우리가 테니스 치는 것을 허락했다.

They allowed us to play tennis.

❷ 우리는 여기서 테니스 치는 것을 허락 받았다.

We were allowed to play tennis here.

❸ 정부는 우리가 이곳에 집 짓는 것을 허가했다.

The government permitted us to build a house here.

POINT 3

❶ 그는 내가 열심히 공부할 수 있게 해줬다.

He enabled me to study hard.

❷ 네 조언이 내가 그것을 극복할 수 있게 해줬다.

Your advice enabled me to overcome it.

❸ 이 책은 내가 그 이론을 이해할 수 있게 해줬다.

This book enabled me to understand the theory.

POINT 4

❶ 그는 절대 나한테 뭐 해달라고 부탁하지 않는다.

He never asks me to do anything.

❷ 아내가 나에게 바람피우지 말라고 부탁했다.

My wife asked me not to cheat on her.

❸ 그 선생님은 우리에게 뭔가 특별한 것을 해달라고 부탁하셨다.

The teacher asked us to do something special.

People call me a genius.

❶ 저를 토마스라고 불러주세요.

Please call me Thomas.

❷ 아버지가 나를 April이라고 이름 지어 주셨다.

My father named me April.

❸ 내 상사는 나를 그의 심부름꾼으로 여긴다.

My boss considers me his errand boy.

❶ 그는 그의 방을 더럽게 유지했다.

He kept his room dirty.

❷ 그는 그 질문이 어렵다는 걸 알게 됐다.

He found the question difficult.

❸ 제발 저를 혼자 놔두세요.

Please leave me alone.

❶ 그는 내가 TV 보고 있는 것을 봤다.

He saw me watch/watching TV.

❷ 그녀는 우리가 돈을 훔치는 것을 봤다.

She saw us steal/stealing the money.

❸ 나는 네가 밖으로 나가는 것을 봤다.

I saw you go/going out.

❶ 나는 제이미가 나에 관해 얘기하고 있는 걸 들었다.

I heard Jamie talk/talking about me.

❷ 그들은 내가 고함치는 걸 들었다.

They heard me shout/shouting.

❸ 토마스는 뭔가가 자기 옆으로 움직이는 걸 느꼈다.

Thomas felt something move/moving beside him.

He almost died.

다음 문장을 영어로 말해보세요.   ∩ 영작문 07.mp3

❶ 나는 극도로 위험한 동물을 마주쳤다.

I encountered an extremely dangerous animal.

❷ 그는 병원에 자주 간다.

He frequently goes to the hospital.

❸ 그들은 그녀를 아주 많이 좋아한다.

They like her so much.

❹ 놀랍게도 알렉스는 남자아이다.

Surprisingly, Alex is a boy.

❶ 그녀는 조용히 일한다.

She works quietly.

❷ 그들은 절대 자발적으로 일하지 않는다.

They never work voluntarily.

❸ 그는 빠르게 운전한다.

He drives fast.

❶ 그들은 가끔 거만하다.

They are sometimes arrogant.

❷ 나는 부모님을 거의 찾아뵙지 않는다.

I seldom visit my parents.

❸ 나는 너를 항상 사랑할 거야.

I will always love you.

❶ 그는 그 고양이를 거의 죽일 뻔했다.

He almost killed the cat.

❷ 그녀는 거의 항상 운다.

She almost always cries.

❸ 거의 천 명의 사람들이 이 대회에 참가했다.

Almost 1,000 people participated in this contest.

I was given a lot of money.

다음 문장을 영어로 말해보세요. 🎧 영작문 08.mp3

POINT 1

❶ 그 아이는 처벌 받았다.

The child was punished.

❷ 그 배우는 모두의 사랑을 받는다.

The actor is loved by everyone.

❸ 이 기계는 이용되지 않는다.

This machine is not used.

POINT 2

❶ 그들은 선물을 받았다.

They were given gifts.

❷ 나는 그 사진을 봤다. (누군가 보여줘서)

I was shown the picture.

❸ 그는 이름을 질문 받았다.

He was asked his name.

POINT 3

❶ 그 도로는 11년 전에 포장되었다.

The road was paved 11 years ago.

❷ 그 책은 2004년에 출간되었다.

The book was published in 2004.

❸ 이 스마트폰은 중국산이다.

This smart phone was made in China.

POINT 4

❶ 그는 열심히 일하는 사람으로 알려져 있다.

He is known as a hardworking person.

❷ 우리는 질 높은 서비스로 유명합니다.

We are known for our high-quality service.

❸ 제주도는 많은 돌, 여자, 바람으로 유명하다.

Jeju Island is known for its many stones, women, and wind.

09

He spent a lot of money.

POINT 1

❶ 그가 내게 그 사진을 보여줬다.

He showed me the picture.

❷ 우리는 그 영화를 즐겼다.

We enjoyed the movie.

❸ 그녀는 행복한 인생을 살았다.

She lived a happy life.

POINT 2

❶ 그녀가 줄을 끊었다.

She cut the rope.

❷ 그는 나를 속였다.

He set me up.

❸ 이 드레스를 사는 데 20달러가 들었다.

It cost 20 dollars to buy this dress.

POINT 3

❶ 나는 항상 너를 생각했어.

I always thought of you.

❷ 그는 지난밤에 술을 너무 많이 마셨다.

He drank too much last night.

❸ 우리는 이 프로젝트를 끝내는 데 많은 에너지를 소비했다.

We spent a lot of energy finishing this project.

POINT 4

❶ 우리는 그 호수에서 수영하곤 했다.

We used to swim in the lake.

❷ 나는 그를 생각하곤 했다.

I used to think of him.

❸ 우리 엄마는 마침내 스마트폰 이용에 익숙해졌다.

My mom finally got used to using a smart phone.

It will be better.

❶ 나는 그를 안 만날 것이다. (즉흥)

I will not meet him.

❷ 그들이 너를 용서해줄 것이다. (즉흥)

They will forgive you.

❸ 그건 너를 물지 않을 거야. (즉흥)

It won't bite you.

❶ 우리는 그곳에서 저녁을 먹을 것이다. (예정)

We are going to have dinner there.

❷ 나는 그거 안 읽을 거야. (예정)

I am not going to read it.

❸ 그녀는 이 일을 끝낼 것이다. (예정)

She is going to finish this work.

❶ (아마도) 당신은 그걸 사랑하게 될 거예요.

You would love it.

❷ (만약 나라면) 일본에 안 갈 것 같아.

I wouldn't go to Japan.

❸ (만약 사게 되면) 그 옷은 당신을 실망시키지 않을 겁니다.

The clothes would not disappoint you.

❶ 그가 막 너를 따라잡으려 해.

He is about to catch up with you.

❷ 나는 막 시동을 켜려던 참이었다.

I was about to start the engine.

❸ 그들은 나를 비난하려던 참이었다.

They were about to blame me.

I'm coming.

다음 문장을 영어로 말해보세요.　　　　　🎧 영작문 11.mp3

❶ 나는 가고 있는 중이야.

I am coming.

❷ 그는 그 영화를 다시 보고 있어.

He is watching the movie again.

❸ 그들은 지금 안 먹고 있어.

They are not eating now.

❶ 빛은 빠르게 이동한다.

Light travels fast.

❷ 모든 길은 로마로 통한다고 사람들은 얘기한다.

People say that all roads lead to Rome.

❸ 사람들이 얘기하듯, 용기 있는 자가 미인을 얻는다.

As people say, the brave get the beauty.

❶ 나 체스 해.

I play chess.

❷ 나는 절대 욕을 하지 않는다.

I never swear.

❸ 그는 한국 음식을 즐긴다.

He enjoys Korean food.

❶ 그는 우리를 도와주고 있는 중이었다.

He was helping us.

❷ 나는 집중 안 하고 있었다.

I was not paying attention.

❸ 당신은 그 제품을 즐기게 될 겁니다.

You will be enjoying the product.

I have not seen her since yesterday.

다음 문장을 영어로 말해보세요.　　　　　　　　　　　　　　　∩ 영작문 12.mp3

POINT 1

❶ 그 회사는 돈만을 추구해 왔습니다.

The company has pursued money only.

❷ 그들은 내 의견을 무시해 왔다.

They have ignored my opinion.

❸ 나는 그녀와 사랑에 빠져 왔습니다.

I have been in love with her.

POINT 2

❶ 나는 2010년 이후로 서울에 가본 적이 없다.

I have not been to Seoul since 2010.

❷ 그는 대학생이었던 시절부터 쭉 무척 행복했다.

Since he was a university student, he has been very happy.

❸ 작년 이후로 정부는 그 회사를 감시해 왔다.

The government has monitored the company since last year.

POINT 3

❶ 마이클은 10년 동안 가르쳐 왔다.

Michael has taught for 10 years.

❷ 그녀는 5년 동안 사랑에 빠진 적이 없다.

She has not been in love for five years.

❸ 저희 부장님이 저를 하루 종일 신경 써 주셨습니다.

My manager has cared about me for the whole day.

POINT 4

❶ 모건은 시간을 낭비해 오고 있는 중이다.

Morgan has been wasting his time.

❷ 그들은 많은 돈을 써 오고 있는 중이다.

They have been spending a lot of money.

❸ 그 조직은 정부를 설득해 오고 있는 중이다.

The organization has been persuading the government.

I can do it.

❶ 그것은 당신에게 일어날 수 있어요.

It can happen to you.

❷ 나는 이 일을 끝낼 수 있다.

I can finish this work.

❸ 우리 상사는 다른 생각을 제시할 수 있다.

My boss can suggest a different idea.

❶ 당신은 이것을 극복할 수 있습니다.

You are able to overcome this.

❷ 그들은 그를 이길 수 없습니다.

They are not able to beat him.

❸ 그 회장은 이 문제를 다룰 능력이 됩니다.

The president is able to handle this matter.

❶ 제가 들어가도 될까요?

May I come in?

❷ 주목해 주시겠어요?

May I have your attention, please?

❸ 너 이제 친구들하고 놀아도 돼.

You may hang out with your friends now.

❶ 그들은 우리의 적임에 틀림없다.

They must be our enemies.

❷ 정부는 가난한 사람들을 도와야 한다.

The government must / should help the poor.

❸ 우리 부서는 이 정책을 지지해야 했다.

My department had to support this policy.

It makes me happy.

다음 문장을 영어로 말해보세요.　　　　　　　　　　　🎧 영작문 14.mp3

POINT 1

❶ 그들은 내가 그들을 피하게 만들었다.

They made me avoid them.

❷ 우리 상사가 나를 그만두게 만들었다.

My boss made me quit.

❸ 우리 부모님은 내가 의사가 되고 싶게 만들었다.

My parents made me want to be a doctor.

POINT 2

❶ 그의 어머니가 그를 변호사로 만들었다.

His mother made him a lawyer.

❷ 그 학생들은 나를 나쁜 선생님으로 만들었다.

The students made me a bad teacher.

❸ 대통령이 그날을 국경일로 만들어야 한다.

The president should make the day a national holiday.

POINT 3

❶ 에이미는 나를 행복하게 만든다.

Amy makes me happy.

❷ 경쟁자들이 우리를 더 강하게 만든다.

Competitors make us stronger.

❸ 그의 태도가 나를 슬프게 했다.

His attitude made me sad.

POINT 4

❶ 그녀는 그녀 자신의 빵을 만들었다.

She made her own bread.

❷ 그녀 남자친구가 그녀에게 종이꽃을 만들어 주었다.

Her boyfriend made her paper flowers.

❸ 그는 나에게 절대 종이비행기를 만들어 주지 않았다.

He never made me a paper airplane.

I had my hair cut.

다음 문장을 영어로 말해보세요.　　　　　　　　　　　🎧 영작문 15.mp3

POINT 1

❶ 우리 부장님이 나에게 일 끝난 뒤에 남으라고 시켰다.

My manager had me stay after work.

❷ 나는 그에게 이 서류를 복사하라고 시키지 않았다.

I didn't have him copy this document.

❸ 부자는 돈이 그들을 위해 일하게끔 시킨다.

The rich have money work for them.

POINT 2

❶ 그들은 절대 내가 너를 사랑하게 내버려두지 않아.

They never let me love you.

❷ 어제 우리 부모님은 내가 컴퓨터 게임 하는 걸 내버려두셨다.

Yesterday my parents let me play computer games.

❸ 아내는 내가 술 많이 마시는 것을 절대 내버려두지 않는다.

My wife never lets me drink a lot.

POINT 3

❶ 오빠는 내가 그와 몰래 연애하는 것을 도왔다.

My brother helped me (to) see him secretly.

❷ 아버지는 내가 유학하는 걸 금전적으로 도와주셨다.

My father helped me financially (to) study abroad.

❸ 우리 선생님은 우리가 그 수학 문제 푸는 것을 도와주셨다.

Our teacher helped us (to) solve the math question.

POINT 4

❶ 나는 그걸 멈추라고 너한테 강요하지 않았어.

I didn't force you to stop it.

❷ 그는 우리에게 교회 다니라고 강요했다.

He forced us to go to church.

❸ 나는 어쩔 수 없이 열심히 일했다.

I was forced to work hard.

I thought of you.

POINT 1

❶ 나는 한때 이 문제를 곰곰이 생각해 봤다.

I once thought about this matter.

❷ 제이미는 가끔 자기 애완동물 생각을 한다.

Jamie sometimes thinks of/about her pet.

❸ 그녀는 집에 가다가 전 남자친구 생각을 했다.

She thought of/about her ex-boyfriend on her way home.

POINT 2

❶ 그녀는 컴퓨터 게임에 집중한다.

She concentrates/focuses on computer games.

❷ 그 상사는 주식에 집중했었다.

The boss concentrated/focused on the stock market.

❸ 그 선생님은 이 챕터를 강조했다.

The teacher emphasized this chapter.

POINT 3

❶ 나는 그거 다룰 수 있어.

I can deal with it.

❷ 그들은 환경 문제들을 다룬다.

They deal with environmental problems.

❸ 선생님이 시험을 연기했다.

The teacher put off the exam.

POINT 4

❶ 나랑 함께할래?

Will you join me?

❷ 그는 어제 군대 갔어.

He joined the military yesterday.

❸ 우린 이미 이 문제에 관해 토론했다.

We already discussed this problem.

I hope to pass the exam.

다음 문장을 영어로 말해보세요.　　　　　　　　　　　　　🎧 영작문 17.mp3

POINT 1

❶ 그녀는 더 어려 보이길 원한다.

She wants to look younger.

❷ 그는 유니폼 입기를 원하지 않는다.

He does not want to wear a uniform.

❸ 저는 귀사를 곧 방문하길 희망합니다.

I hope to visit your company soon.

POINT 2

❶ 나는 물리학을 전공하기로 결정했다.

I decided to major in physics.

❷ 왜 이 회사에 지원하기로 결정했나요?

Why did you decide to apply for this company?

❸ 그녀는 절대 이 과목을 공부하기로 선택하지 않았다.

She never chose to study this subject.

POINT 3

❶ 너에게 선물 사주기로 약속할게.

I promise to buy you a gift.

❷ 우리는 당신과 접촉할 계획이었다.

We planned to contact you.

❸ 그는 인터넷 사업을 운영하려고 계획했었다.

He planned to run an Internet business.

POINT 4

❶ 나는 네게 소리 지르지 않기로 약속했다.

I promised not to yell at you.

❷ 나는 교회에 안 가기로 결정했다.

I decided not to go to church.

❸ 나는 네게 돈을 주기로 약속하지 않았다.

I did not promise to give you money.

He enjoys reading.

다음 문장을 영어로 말해보세요.　　　　　　　　🎧 영작문 18.mp3

 POINT 1

❶ 나는 이곳에서 사는 걸 즐겼다.

I enjoyed living here.

❷ 우리는 당신과 함께해서 즐거웠습니다.

We enjoyed being with you.

❸ 그는 우리와 일하는 걸 절대 즐기지 않는다.

He never enjoys working with us.

 POINT 2

❶ 그는 그 질문에 답하는 걸 피했다.

He avoided answering the question.

❷ 그녀는 그 차를 가까스로 피했다.

She narrowly avoided the car.

❸ 그는 그렇게 말하는 걸 피할 수 없었다.

He could not avoid saying so.

 POINT 3

❶ 제발 샤워하는 거 빨리 끝내 주세요.

Please, finish taking a shower quickly.

❷ 나는 그 책 읽는 걸 끝낼 수 없었다.

I could not finish reading the book.

❸ 너는 정오까지 일하는 걸 끝내야 한다.

You should finish working by noon.

 POINT 4

❶ 그들은 마침내 싸우는 걸 멈췄다.

They finally stopped fighting.

❷ 나는 담배 피우기 위해 멈춰 섰다.

I stopped to smoke.

❸ 나 담배 끊었어.

I quit smoking.

I am going to meet him at 5 p.m.

다음 문장을 영어로 말해보세요. ∩ 영작문 19.mp3

❶ 오후 7시에 그들은 저녁을 먹었다.

At 7 p.m., they had dinner.

❷ 나는 정오에 일하는 중이었어.

I was working at noon.

❸ 나는 내 일을 4시 40분에 끝냈다.

I finished my work at 4:40.

❶ 그는 월요일에 열심히 일해야 한다.

He has to work hard on Monday.

❷ 우리는 6월 5일에 결혼했다.

We got married on June 5th.

❸ 나는 크리스마스이브에 아무것도 안 했다.

I did nothing on Christmas Eve.

❶ 그는 2004년에 책을 출간했다.

He published a book in 2004.

❷ 그녀는 20세기에 살았다.

She lived in the 20th century.

❸ 새로운 스마트폰이 12월에 출시될 것이다.

A new smart phone will be released in December.

❶ 나는 내년에 담배를 끊을 것이다.

I will quit smoking next year.

❷ 나는 지난주에 많은 시간을 낭비했다.

I wasted a lot of time last week.

❸ 회사가 이번 달에 그를 해고할 것이다.

The company will fire him this month.

They came from North Korea.

❶ 나는 그저께 집에 있었어.

I was at home the day before yesterday.

---

❷ 학교에서 보자.

See you at school.

---

❸ 나는 공항에서 그에게 작별인사를 했어.

I said good bye to him at the airport.

❶ 그는 브라질에서 거의 죽을 뻔했다.

He almost died in Brazil.

---

❷ 제레미는 이 방에 혼자 있었다.

Jeremy was alone in this room.

---

❸ 빌딩 안에서 흡연하면 안 됩니다.

You should not smoke in the building.

❶ 벽에 있는 그림이 굉장하다.

The picture on the wall is marvelous.

---

❷ 그 섬에는 아무도 없다.

There is no one on the island.

---

❸ 나는 농장에서 오렌지를 좀 샀다.

I bought some oranges on the farm.

❶ 그는 자정에 그녀의 집으로 갔다.

He went to her place at midnight.

---

❷ 그들은 저 건물에서 나왔다.

They came from the building.

---

❸ 그녀는 이곳에 일찍 왔다.

She came here early.

I have worked for five years.

다음 문장을 영어로 말해보세요.　　　　　　　　　🎧 영작문 21.mp3

① 나는 이틀 연달아 먹지 않았다.

I have not eaten for two days in a row.

② 수년 간 그는 영웅이었다.

For many years, he was a hero.

③ 그 개는 몇 시간 동안 꼼짝 않고 있을 수 있다.

The dog can stand still for hours.

① 그분은 밤새 돌아가셨다.

He passed away during the night.

② 파티를 하는 동안 나는 그를 발견하지 못했다.

I could not find him during the party.

③ 그의 방문기간 동안 그는 미국 대통령을 만날 것이다.

During his visit, he will meet the U.S. president.

① 그는 20살 때 이후로 일을 해 왔다.

He has worked since he was 20 years old.

② 브라이언은 2013년 이래로 실직 중이다.

Brian has been between jobs since 2013.

③ 우리의 결혼 이래로 내 와이프는 계속 더 현명해졌다.

My wife has become wiser since our marriage.

① 나는 학생이어서 돈이 없다.

Since I am a student, I have no money.

② 그는 똑똑해서 사람들은 그를 존경한다.

People respect him since he is smart.

③ 그는 담배를 피우지 않기 때문에, 우리는 밖으로 나가야 한다.

Since he does not smoke, we have to go outside.

I got there by train.

다음 문장을 영어로 말해보세요.　　　　　　　　　　　　　　　∩ 영작문 22.mp3

POINT 1

❶ 그들은 할머니에 의해 길러졌다.

They were brought up by their grandmother.

❷ 그녀는 남자친구에게 상처 받았다.

She was hurt by her boyfriend.

❸ 우리는 미국팀에게 졌다.

We were beaten by the US team.

POINT 2

❶ 넌 그곳에 버스나 택시로 도착할 수 있어.

You can get there by bus or taxi.

❷ 우리는 사무실에 지하철로 갈 수 없다.

We cannot go to the office by subway.

❸ 그는 걸어서 학교에 다녔다.

He went to school on foot.

POINT 3

❶ 그가 너에게 그것을 자정까지 보내줄 거야.

He will send it to you by midnight.

❷ 2100년까지 화성의 식민지화가 끝날 것이다.

By 2100, the colonization of Mars will end.

❸ 여기서 8시까지 기다려라.

Wait here until 8 o'clock.

POINT 4

❶ TV를 시청함으로써, 우리는 많은 지식을 얻을 수 있다.

By watching TV, we can get a lot of knowledge.

❷ 그에게서 몇몇 정보를 얻음으로써, 우리는 성공할 수 있었다.

We could succeed by getting some information from him.

❸ 인터넷을 이용함으로써, 그들은 그들의 콘서트를 광고할 수 있다.

By using the Internet, they can advertise their concert.

I took a long trip.

POINT 1

❶ 그것은 우리에게 긍정적인 영향을 끼친다.

It positively affects us.

It has positive effects on us.

It positively influences us.

It has positive influences on us.

POINT 2

❶ 나는 당신에게 동의합니다.

I agree with you.

❷ 네 제안은 받아들일 수 없어.

I cannot agree to your proposal.

❸ 우리는 이 주장에 동의하지 않는다.

We [do not agree/disagree] with this claim.

POINT 3

❶ 그녀는 나에게 스트레스를 줬다.

She stressed me out.

❷ 나는 스트레스를 받았다.

I got stressed out.

❸ 이 수업은 많은 스트레스를 야기한다.

This class causes a lot of stress.

POINT 4

❶ 우리는 북경을 여행했다.

We took a trip to Beijing. / We went on a trip to Beijing.

❷ 우리 부모님은 세계 일주를 하셨다.

My parents traveled around the world.

❸ 토마스는 발을 헛디뎌 넘어졌다.

Thomas tripped and fell.

025

It takes a lot of money.

다음 문장을 영어로 말해보세요. 🎧 영작문 24.mp3

 POINT 1

❶ 정부는 가난한 사람들을 도와야 한다.

The government should help the poor.

❷ 그녀가 내 작문 숙제를 도왔다.

She helped (me) with my writing assignment.

❸ 그들은 그가 가난에서 벗어나는 걸 도왔다.

They helped (him) (to) get out of his poverty.

POINT 2

❶ 그녀는 우리에게 안식처를 제공했다.

She provided us with the shelter. / She provided the shelter for us.

❷ 그는 가난한 이들에게 기회를 제공했다.

He provided the poor with a chance. / He provided a chance for the poor.

❸ 그들이 우리에게 돈을 줬다.

They gave us money. / They gave money to us.

POINT 3

❶ 넌 너무 많은 시간과 에너지를 소비했어.

You spent too much time and energy.

❷ 나는 책 사는 데 많은 돈을 쓴다.

I spend a lot of money buying books.

❸ 세계 일주를 하는 데 많은 시간이 든다.

It takes a lot of time to travel around the world.

POINT 4

❶ 그녀는 빨간색 리본을 달고 있었다.

She was wearing a red ribbon.

❷ 그는 어제 뭔가 특별한 것을 입었다.

He wore something special yesterday.

❸ 가고 있어. 코트만 입으면 돼(나는 바로 코트를 입을 거야).

I am coming. I will just put my coat on.

Promise me that you will never give up.

❶ 나는 너(의 말) 못 믿어.

I don't believe you.

❷ 이 세상의 어느 누구도 믿지 마.

Do not trust anyone in this world.

❸ 고양이는 충직한 동물이 아니다.

A/The cat is not a faithful animal. / Cats are not faithful animals.

❶ 나 내일 진찰 약속(예약) 있어.

I have an appointment with a doctor tomorrow.

❷ 그는 나에게 한 약속을 어겼다.

He broke his promise to me.

❸ 미안해, 선약이 있어.

Sorry, I have a previous engagement.

❶ 이 기계는 에너지 효율적이다.

This machine is energy efficient.

❷ 문장을 쓰는 게 효과적인 학습법이다.

Writing sentences is an effective learning method.

❸ 경제학은 효율성에 관한 것이다.

Economics is about efficiency.

❶ 외국어를 배우는 것은 이롭다.

Learning a foreign language is beneficial.

❷ 딱정벌레는 이로운 곤충이다.

Beetles are beneficial insects.

❸ 이 사업은 요즘 이윤이 난다.

This business is profitable nowadays.

I feel comfortable with you.

다음 문장을 영어로 말해보세요.　　　　　　　　　　　　🎧 영작문 26.mp3

 POINT 1

❶ 이 계획은 성공적일 수 없다.

This plan cannot be successful.

❷ 제 딸들은 연년생이에요.

My daughters were born in two successive years.

❸ 그녀는 그녀의 아버지를 이어 한 나라의 대통령이 되었다.

She succeeded her father as the president of a country.

 POINT 2

❶ 그는 지나치게 절약한다.

He is too economical.

❷ 경제 성장은 몇몇 부작용이 있습니다.

Economic growth has some side effects.

❸ 한국은 지금 경기 침체를 겪고 있다.

Korea is now experiencing an economic recession.

 POINT 3

❶ 상당한 시간이 지났습니다.

A considerable amount of time has passed by.

❷ 그녀는 매력적이면서 사려 깊다.

She is charming and considerate.

❸ 이는 사려 깊은 행동이 아니다.

This is not considerate behavior.

 POINT 4

❶ 그는 내가 편안하게 느끼게끔 만들어 줬다.

He made me feel comfortable.

❷ 편한 시간에 전화 주세요.

Call me at a time of your convenience.

❸ 저는 저희 고객들의 편리한 생활을 위해 일합니다.

I work for my customers' convenient life.

I have few friends.

다음 문장을 영어로 말해보세요. ∩ 영작문 27.mp3

POINT 1

❶ 그는 친척이 거의 없다.

He has few relatives.

❷ 나는 운이 거의 없었다.

I had little luck.

❸ 그녀가 나에게 돈을 조금 줬다.

She gave me a little money.

POINT 2

❶ 나는 내 우산을 가져왔다.

I brought my umbrella.

❷ 우리 오빠가 그를 병원으로 데려갔다.

My brother took him to the hospital.

❸ 우리 아들이 병아리를 집으로 데려왔다.

My son brought a chick home.

POINT 3

❶ 놀랍게도 아버지가 아침을 해 놓으셨다.

Surprisingly, my father prepared breakfast.

❷ 그는 유일하게 그 입사 면접을 준비했다.

He uniquely prepared for the job interview.

❸ 나는 너를 찾느라 2주를 보냈다.

I have spent two weeks searching for you.

POINT 4

❶ 설령 네가 나에게 돈을 많이 줘도, 나는 여전히 너를 좋아하지 않을 거야.

Even if you give me a lot of money, I still won't like you.

❷ 비록 그 아이가 육체적으로 강하지만, 다른 이들을 때리지는 않는다.

Even though the child is physically strong, he does not beat others.

❸ 그녀는 비록 어리지만 모든 것에 진지하다.

Even though she is young, she is serious about everything.

The police help people.

다음 문장을 영어로 말해보세요.   ♫ 영작문 28.mp3

POINT
1

❶ 그들은 좋은 사람들이다.

They are nice people.

❷ 그는 체스를 둔다.

He plays chess.

❸ 그녀는 학교에 다닌다.

She goes to school.

POINT
2

❶ 400미터는 너무 길다.

Four hundred meters is too long.

❷ 10불은 나에게는 많은 돈이다.

Ten dollars is a lot of money to me.

❸ 우리는 또 다른 5분이 필요합니다.

We need another five minutes.

POINT
3

❶ 경찰이 이 사건을 신경 쓰지 않는다.

The police do not care about this case.

❷ 우리 가족들은 모두 안전하다.

My family are all safe.

❸ 우리 가족은 나에게 무척 중요하다.

My family is very important to me.

POINT
4

❶ 직원들은 그 회사의 최대 자산이다.

The staff is the biggest asset of the company.

❷ 그는 두 명의 직원을 데리고 있다.

He has two staff members.

❸ 그들은 폭력배가 아니다.

They are not gangsters.

I just finished one hour's work.

❶ 제이미의 노력은 소용없었다.

Jamie's effort was useless.

❷ 나는 아버지의 돈을 썼다.

I spent my father's money.

❸ 이 컴퓨터의 키보드가 고장 났다.

The keyboard of this computer is out of order.

❶ 다른 이들의 행복 또한 중요하다.

Others' happiness is also important.

❷ 그녀 선생님들의 칭찬이 그녀를 행복하게 했다.

Her teachers' compliments made her happy.

❸ 그녀는 자기 아이들의 옷을 샀다.

She bought her children's clothes.

❶ 거기는 겨우 한 시간 거리야.

It is only one hour's distance.

❷ 우리는 어제 신문을 읽을 필요는 없다.

We do not need to read yesterday's newspapers.

❸ 이건 백만 불짜리 가치가 있는 조언이야.

It is one million dollars' worth of advice.

❶ 나는 우리 엄마를 만나고 싶지 않다.

I do not want to meet my mother.

❷ 우리는 우리의 환경을 보존해야 한다.

We should preserve our environment.

❸ (외국인에게 말하면서) 우리나라에서는 사람들이 남들을 지나치게 신경 쓴다.

In my country, people care about others too much.

Nobody can avoid it.

다음 문장을 영어로 말해보세요.　　　　🎧 영작문 30.mp3

❶ 그들은 그 여행을 즐기지 않았다.

They did not enjoy the trip.

❷ 그들은 그 여행을 즐기지 못했다.

They could not enjoy the trip.

❸ 그들은 그 여행을 즐기고 있지 않았다.

They were not enjoying the trip.

❶ 불행하게도, 그가 나를 항상 사랑했던 건 아니다.

Unfortunately, he did not always love me.

❷ 그녀가 항상 나에게 잘해 주는 건 아니다.

She is not always nice to me.

❸ 지원자들이 반드시 대학 졸업자여야 하는 건 아니다.

The applicants do not necessarily have to be college graduates.

❶ 아무것도 우리를 막을 순 없다.

Nothing can stop us.

❷ 누구도 그 파티에 가지 않았다.

[Nobody / No one] went to the party.

❸ 아무도 이 질문에 답을 못한다.

[Nobody / No one] can answer this question.

❶ 어제 우리 둘 중 누구도 그를 만나지 않았다.

Neither of us met him yesterday.

❷ 우리 반 친구들 중 누구도 그 선생님을 좋아하지 않는다.

None of my classmates like the teacher.

❸ 그건 네가 상관할 일이 아니다.

It is none of your business.

I met a man yesterday.

다음 문장을 영어로 말해보세요.　　　　　　　　　　　🎧 영작문 31.mp3

❶ 내 딸은 과학자가 되기를 원한다.

My daughter wants to be a scientist.

❷ 사과 하나가 떨어졌다.

An apple fell.

❸ 고양이는 도도하다.

[A cat is / The cat is / Cats are] arrogant.

❶ 그 교수님이 이 기계를 발명했다.

The professor invented this machine.

❷ 그녀가 그 사람이야.

She is the person.

❸ 나 그 고양이를 알아.

I know the cat.

❶ 나는 이 클럽의 운영자이다.

I am the manager of this club.

❷ 나는 이 클럽의 (여러 운영자들 중 한) 운영자이다.

I am a manager of this club.

❸ 그녀는 (내 여러 친구들 중 하나인) 내 친구이다.

She is a friend of mine.

❶ 나는 도시에서 산다.

I live in an urban area.

❷ 그는 MBA학위가 있다.

He has an MBA degree.

❸ 그녀는 정직한 정치인이 되길 원했다.

She wanted to be an honest politician.

You can get a lot of information.

다음 문장을 영어로 말해보세요.　　　　　　　　　　　　　♪ 영작문 32.mp3

❶ 아는 게 힘이다.

Knowledge is power.

❷ 정보는 성공의 관건이다.

Information is the key to success.

❸ 상상은 지식보다 중요하다.

Imagination is more important than knowledge.

❶ 그는 시험에 관해 나에게 조언을 해줬다.

He gave me advice about the exam.

❷ 그 경찰이 증거 없이 그를 체포했다.

The police officer arrested him without evidence.

❸ 그들은 아무런 증거를 제공하지 않았다.

They provided no evidence.

❶ 여기는 대중교통 이용이 편리하다.

Using public transportation is convenient here.

❷ 이 지역의 수질 오염은 심각하다.

Water pollution in this area is serious.

❸ 그 공장은 많은 오염 물질을 만들어 낸다.

The factory produces a lot of pollutants.

❶ 그들은 많은 정보를 갖고 있지 않다.

They do not have much information.

❷ 이 수업에서 나는 많은 지식을 얻었다.

In this class, I gained a lot of knowledge.

❸ 교수님은 나에게 많은 조언을 해주셨다.

The professor gave me a lot of advice.

Experience is important.

다음 문장을 영어로 말해보세요.　　　　　　　　　　　　　🎧 영작문 33.mp3

POINT 1

❶ 당신의 머리는 하얗다.

Your hair is white.

❷ 머리카락 몇 가닥이 탔다.

A few hairs were burned.

❸ 나는 고양이 털에 알러지가 있다.

I am allergic to cat hair.

POINT 2

❶ 경험은 지식보다 더 중요하다.

Experience is more important than knowledge.

❷ 안 좋은 경험들은 잊어라.

Forget about bad experiences.

❸ 아르바이트들은 우리가 다양한 경험들을 갖게 해준다.

Part-time jobs allow us to have various experiences.

POINT 3

❶ 나는 비행기 이용의 편리함을 좋아한다.

I like the convenience of using a plane.

❷ 한국인들은 경제적으로 어려운 일들을 많이 가졌었다.

Koreans had a lot of economic difficulties.

❸ 당신은 이 안에서 현대 편의시설들을 즐길 수 있습니다.

You can enjoy modern conveniences in here.

POINT 4

❶ 나는 그에게 야구공을 던졌다.

I threw a baseball to him.

❷ 많은 미국인들이 야구를 사랑한다.

Many Americans love baseball.

❸ 신문은 구식이다.

[A newspaper is / Newspapers are] out of date.

I live near the Han River.

❶ 이집트에는 나일강이 있다.

Egypt has the Nile River.

❷ 대서양은 두 번째로 큰 대양이다.

The Atlantic Ocean is the second largest ocean.

❸ 동해가 그 바다의 정확한 이름이다.

The East Sea is the correct name of the sea.

❶ 나는 프랑스에 머물다가 영국으로 이동했다.

I stayed in France and moved to the UK.

❷ 일본은 한국 옆에 있다.

Japan is next to Korea.

❸ 미합중국은 가장 강력한 국가이다.

The United States (of America) is the strongest nation.

❶ 나는 어젯밤에 라디오를 들었다.

I listened to the radio last night.

❷ TV 볼륨 좀 키워 주세요.

Please, turn up the TV.

❸ 내 새끼 고양이가 다락방에 있다.

My kitty is in the attic.

❶ 당신이 오늘 우리 가게 첫 손님이에요.

You are the first customer of my store today.

❷ 세계에서 두 번째로 큰 나라는 캐나다이다.

The second largest nation in the world is Canada.

❸ 처음에는 널 좋아했었어.

At first, I liked you.

We should preserve the environment.

다음 문장을 영어로 말해보세요.　🎧 영작문 35.mp3

POINT 1

❶ 시골은 공기가 신선한다.

[The country/The countryside/A rural area] has fresh air.

❷ 나는 시골에 살았었다.

I lived in [the country/the countryside/a rural area].

❸ 시골에 사는 것은 이롭다.

Living in [the country/the countryside/a rural area] is beneficial.

POINT 2

❶ 우리는 환경에 의존한다.

We depend on the environment.

❷ 자연은 소중하다.

Nature is important.

❸ 동물을 연구하는 것은 우리에게 인간의 천성에 대해 가르쳐 준다.

Studying animals teaches us about human nature.

POINT 3

❶ 그 쌍둥이는 같은 옷을 입는다.

The twins wear the same clothes.

❷ 그의 아이큐는 나와 같다.

His IQ is the same as mine.

❸ 우리는 같은 배를 탔어요(같은 운명이에요).

We are in the same boat.

POINT 4

❶ 나 감기 걸렸어.

I have a cold.

❷ 그는 바이올린을 켜지 못한다.

He cannot play the violin.

❸ 매주 일요일 나는 축구를 한다.

I play soccer every Sunday.

She is one of my students.

다음 문장을 영어로 말해보세요.　　　　　　　　　🎧 영작문 36.mp3

❶ 그도 그들 중 하나다.

He is one of them.

❷ 그녀는 우리 선생님들 중 하나가 아니다.

She is not one of our teachers.

❸ 이 회사는 그 계열 회사들 중의 하나입니다.

This company is one of the affiliated companies.

❶ 몇몇 사람들이 그 책을 좋아할 것이다.

Some people will like the book.

❷ 그 사람들 중 몇 명은 그 영화를 즐길 것이다.

Some of the people will enjoy the movie.

❸ 그들 중 대부분은 새로운 사람들이다.

Most of them are new.

❶ 우리는 둘 다 군대에 갔다.

Both of us joined the military.

❷ 그의 아이들은 둘 다 그 여행을 좋아했다.

Both (of) his children liked the trip.

❸ 나는 너희를 둘 다 사랑해.

I love both of you.

❶ 그는 그녀 동료들 중의 하나이다.

He is a colleague of hers.

❷ 저는 당신의 열렬한 팬들 중 하나입니다.

I am a big fan of yours.

❸ 그녀는 김정일 사촌들 중의 하나이다.

She is a cousin of Jung-il Kim's.

The rich are getting richer.

다음 문장을 영어로 말해보세요.　　　　　　　　　　　　　　　　　🎧 영작문 37.mp3

❶ 이 개는 내 개보다 더 똑똑하다.

This dog is smarter than mine.

❷ 그는 나보다 빨리 달린다.

He runs faster than me.

❸ 같이 공부하는 것이 혼자 공부하는 것보다 더 효과적이다.

Studying together is more effective than studying alone.

❶ 이것이 더 현명한 결정이다.

This is a wiser decision.

❷ 나는 너보다 크고 살쪘다.

I am bigger and fatter than you.

❸ 그들은 더 행복하게 살았다.

They lived more happily.

❶ 이 컴퓨터는 당신 것보다 낫습니다.

This computer is better than yours.

❷ 당신은 더 많은 직원이 필요합니다.

You need more employees.

❸ 이 이상의 정보를 위해 제게 연락 주십시오.

Please, contact me for further information.

❶ 당신은 더욱 날씬해지고 있다.

You are getting slimmer.

❷ 더더욱 더워지고 있다.

It is getting hotter and hotter.

❸ 당신은 더더욱 예뻐지고 있군요.

You are getting prettier and prettier.

This is the most famous company in Korea.

다음 문장을 영어로 말해보세요.   🎧 영작문 38.mp3

POINT 1

❶ 벨은 마을에서 가장 아름다운 여자이다.

Belle is the most beautiful girl in town.

❷ 가장 빠른 동물은 치타이다.

The fastest animal is a cheetah.

❸ 나는 나라에서 가장 못생긴 남자와 결혼했다.

I married the ugliest man in the country.

POINT 2

❶ 나는 너를 가장 신경 써.

I care about you the most.

❷ 그들은 그것에 가장 덜 집중했다.

They concentrated on it the least.

❸ 그는 변호사가 되기를 가장 원했다.

He wanted to be a lawyer the most.

POINT 3

❶ 먼저, 당신의 도움에 고마움을 표합니다.

First (of all), I appreciate your help.

❷ 그들은 처음으로 월드컵 우승을 했다.

They won the World Cup for the first time.

❸ 처음에는 당신을 못 알아봤습니다.

At first, I could not recognize you.

POINT 4

❶ 당신은 내가 믿을 수 있는 마지막 사람이다(가장 믿을 수 없는 사람이다).

You are the last person I can trust.

❷ 이것은 내가 할 마지막 일이다(가장 하지 않을 일이다).

This is the last thing I will do.

❸ 이것은 내가 살 마지막 차다(가장 사지 않을 차다).

This is the last car I will buy.

It is too hot to eat.

다음 문장을 영어로 말해보세요.　　　　　🎧 영작문 39.mp3

1 ➊ 그녀는 아주 사랑스러워.

She is so lovely.

➋ 나는 너무 많이 먹었다.

I ate too much.

➌ 당신은 이 동물원에서 아주 많은 동물들을 볼 수 있습니다.

You can see so many animals in this zoo.

2 ➊ 나는 너무 행복해서 잠을 못 잘 지경이다.

I am so happy that I cannot sleep.

➋ 나는 네가 너무 많이 그리워서 너에게 전화를 해야겠어.

I miss you so much that I have to call you.

➌ 그는 너무 빨리 달려서 기자들이 그를 알아보지 못했다.

He ran so fast that the reporters could not recognize him.

3 ➊ 나는 너와 이야기하기에는 너무 지쳤어.

I am too tired to talk with you.

➋ 브라이언은 차를 사기에는 너무 가난하다.

Brian is too poor to buy a car.

➌ 당신은 실존하기에는 너무 좋은 사람이에요.

You are too good to be true.

4 ➊ 나도 이 아이스크림을 좋아한다.

I like this ice cream too.

➋ 그도 체스를 안 둔다.

He does not play chess either.

➌ 우리 또한 이런 이익이 나는 사업을 무시하지 못한다.

We cannot ignore this profitable business either.

He walked as slowly as a snail.

다음 문장을 영어로 말해보세요.　　　　　　　　　　🎧 영작문 40.mp3

❶ 그녀는 나를 학생으로 대했다.

She treated me as a student.

❷ 이 사업은 당신이 기대했던 것만큼 이윤이 납니다.

This business is as profitable as you expected.

❸ 이 문제는 당신이 생각하는 것처럼 심각합니다.

The problem is as serious as you think.

❶ 당신이 원하는 한 여기 머무르세요.

Stay here as long as you want.

❷ 그의 아버지는 그가 치타처럼 빨리 달린다고 생각했다.

His father thought that he ran as fast as a cheetah.

❸ 그들은 숨을 쉬어야 하는 것처럼 필사적으로 그것을 원했다.

They wanted it as desperately as they need to breathe.

❶ 당신은 이곳에서 당신이 원하는 만큼 많은 책을 읽을 수 있습니다.

You can read as many books as you want here.

❷ 그녀는 그녀가 예측했던 것만큼 많은 돈을 벌었다.

She earned as much money as she predicted.

❸ 나는 내가 원하는 만큼 많은 사람들을 만날 수 있었다.

I could meet as many people as I wanted.

❶ 가능한 많은 숫자를 기억하려고 노력해라.

Try to remember as many numbers as possible.

❷ 우리는 우리가 할 수 있는 한 열심히 일했다.

We worked as hard as we could.

❸ 그 정부 공무원은 그가 할 수 있는 한 열정적으로 우리를 도왔다.

The government official helped us as passionately as he could.

I had enough.

❶ 너 충분히 나이 들었니?

Are you old enough?

❷ 나는 충분히 열심히 일했다.

I worked hard enough.

❸ 그는 충분히 빨리 달렸다.

He ran fast enough.

❶ 너는 담배 피울 만큼 충분히 나이 들었니?

Are you old enough to smoke?

❷ 나는 보상을 받을 만큼 충분히 열심히 일했다.

I worked hard enough to get a reward.

❸ 그는 그 경기에서 우승할 정도로 충분히 빨리 달렸다.

He ran fast enough to win the game.

❶ 나는 충분한 책을 가지고 있다.

I have enough books.

❷ 우리는 영화 볼 충분한 시간이 있다.

We have enough time to watch a movie.

❸ 그는 애완동물 살 충분한 돈이 없다.

He does not have enough money to buy a pet.

❶ 그는 충분히 가졌어.

He had enough.

❷ 나는 읽을 게 충분해.

I have enough to read.

❸ 우린 돈이 좀 있어, 하지만 충분하지는 않아.

We have some money, but not enough.

I want not excuses but results.

다음 문장을 영어로 말해보세요.　　　　　　　　　　　　🎧 영작문 42.mp3

❶ 우리는 가난하지만 행복하다.

We are poor but happy.

❷ 그는 말랐지만 에너지가 넘친다.

He is thin but energetic.

❸ 시간은 빠르게 가지만 가끔은 천천히 지나갑니다.

Time travels fast but sometimes it goes by slowly.

❶ 그는 부자는 아니지만 잘생겼다.

He is not rich but handsome.

❷ 나는 위로가 아니라 돈을 원했다.

I wanted not consolation but money.

❸ 국민이 아니라 정부가 이 재앙에 책임이 있다.

Not the people but the government is responsible for this disaster.

❶ 너뿐 아니라 나도 처벌 받아야 한다.

Not only you but also I should be punished.

❷ 회장님은 유럽뿐 아니라 아프리카까지 방문했다.

The president visited not only Europe but also Africa.

❸ 그는 효율적으로뿐 아니라 정확하게 일을 한다.

He works not only efficiently but also accurately.

❶ 그들은 열심히 노력할 수밖에 없었다.

They had no choice but to try hard.

❷ 그 회사는 법을 지킬 수밖에 없다.

The company has no choice but to obey the law.

❸ 잭은 치열하게 경쟁하는 것 외에는 선택의 여지가 없다.

Jack has no choice but to compete fiercely.

We need another hero.

다음 문장을 영어로 말해보세요. ∩ 영작문 43.mp3

❶ 당신은 이곳에서 다른 사람들을 방해하면 안 됩니다.

You should not disturb other people here.

❷ 몇몇 사람들은 그것을 좋아하지만, 다른 이들은 그렇지 않습니다.

Some people like it, but others do not.

❸ 우리는 다른 나라에서 만든 제품을 안 산다.

We do not buy the products made in other countries.

❶ 우리는 또 다른 영웅이 필요하지 않다.

We do not need another hero.

❷ 또 다른 기회를 기다려 봐.

Wait for another chance.

❸ 그는 또 다른 용의자이다.

He is another suspect.

❶ 하나는 파랑이고 나머지 하나는 빨강이다.

One is blue and the other is red.

❷ 절반은 물이고 나머지 절반은 공기이다.

One half is water and the other half is air.

❸ 다른 쪽 뺨을 내밀어라.

Turn the other cheek.

❶ 이것은 내 것이고 나머지 것들은 너의 것이다.

This is mine and the others are yours.

❷ 나는 이 식물을 좋아하지만, 나머지 것들은 좋아하지 않는다.

I like this plant, but I do not like the others.

❸ 그녀는 그녀 반의 모든 다른 학생들과는 다르다.

She is different from all the others in her class.

The lecture is boring.

다음 문장을 영어로 말해보세요.　　　　　　🎧 영작문 44.mp3

POINT 1

❶ 그는 절대 냉동 음식을 먹지 않는다.

He never eats frozen food.

❷ 그녀는 부상당한 군인들을 돌봤다.

She took care of wounded soldiers.

❸ 구르는 돌은 이끼를 모으지 않는다(구르는 돌은 이끼가 끼지 않는다).

A rolling stone gathers no moss.

POINT 2

❶ 너의 이야기는 재미있다.

Your story is interesting.

❷ 이 영화는 지루하지 않다.

This movie is not boring.

❸ 이러한 변화는 놀라웠다.

This change was surprising.

POINT 3

❶ 토마스는 물리학에 관심이 있었다.

Thomas was interested in physics.

❷ 우리는 그 교수의 강의가 따분했다.

We were bored with the professor's lecture.

❸ 그의 어머니는 그가 동성애자인 것을 알아차리고 놀랐다.

His mother was surprised to realize he was gay.

POINT 4

❶ 당신은 그 관광지에 매료될 것이다.

You will be fascinated by the tourist attraction.

❷ 그는 그의 급여에 항상 만족한다.

He is always satisfied with his salary.

❸ 우리 아이들은 그 새로운 비디오 게임에 신이 났었다.

My children were excited about the new video game.

She is the girl who we all like.

다음 문장을 영어로 말해보세요.　　　　　　　　　　　　　🎧 영작문 45.mp3

① 나는 위험을 즐기는 사람들을 안 좋아한다.

I do not like people who enjoy taking risks.

② 그들은 나를 좋아하는 사람들이다.

They are people who like me.

③ 그녀는 투표하는 사람이 아니다.

She is not someone who votes.

① 그는 내가 좋아하는 사람이다.

He is the person who(m) I like.

② 그녀는 모두가 사랑하는 사람이 아니다.

She is not someone who(m) everybody loves.

③ 마이클은 우리 부모님이 선호하는 타입의 사람이 아니다.

Michael is not the type of a person who(m) my parents prefer.

① 나는 빨리 자라는 식물이 좋다.

I like plants which grow fast.

② 이게 내가 가장 좋아하는 개다.

This is the dog which I like the most.

③ 이것들은 우리에게 동물들에 관해 알려주는 책이다.

These are the books which tell us about animals.

① 그는 한 여자를 만났는데, 그녀를 사랑하게 됐다.

He met a woman, who he began to love.

② 나는 정부를 위해 일했는데, 이는 내가 기억하고 싶지 않은 일이다.

I worked for the government, which I do not want to remember.

③ 그가 그녀를 초대했는데, 이는 그가 그녀를 원했다는 뜻이다.

He invited her, which means that he wanted her.

The only one that I love is you.

46

다음 문장을 영어로 말해보세요.　　　　　　　　　　　🎧 영작문 46.mp3

POINT 1

❶ 그것은 내가 어젯밤에 본 개다.

It is the dog that I saw last night.

❷ 내가 원하는 전부는 사랑이다.

All that I want is love.

❸ 네가 해야 할 단 하나의 일은 공부다.

The only thing that you should do is to study.

POINT 2

❶ 네가 필요로 하는 전부는 돈이다.

All you need is money.

❷ 그들은 당신이 모르는 사람들이다.

They are the people you do not know.

❸ 내가 원하는 단 하나는 평화다.

The only thing I want is peace.

POINT 3

❶ 이곳은 사람들이 친절한 장소이다.

This is the place in which people are kind.

❷ 얘는 내가 함께 살고 있는 개다.

This is the dog with which I live.

❸ 나는 내가 학교 다녔던 뉴욕시를 사랑한다.

I love New York City in which I went to school.

POINT 4

❶ 여기가 우리가 서로 만났던 곳이다.

This is the place where we met each other.

❷ 나는 많은 사람들이 있는 서울을 방문했다.

I visited Seoul where there are many people.

❸ 여기는 내가 어제 점심 먹은 식당이다.

This is the restaurant where I had lunch yesterday.

It is important to finish this job.

다음 문장을 영어로 말해보세요.　　　　　　　　　　　　🎧 영작문 47.mp3

POINT 1

❶ 모두가 그를 좋아한다는 게 놀랍다.

It is amazing that everybody likes him.

❷ 물은 아래쪽으로 흐르는 게 자연스럽다.

It is natural that water runs downwards.

❸ 우리가 그 프로젝트를 끝냈다는 게 중요해.

It is important that we finished the project.

POINT 2

❶ 어려움들을 극복하는 건 힘들다.

It is hard to overcome difficulties.

❷ 너는 그를 피하는 게 나을 거야.

It will be better for you to avoid him.

❸ 컴퓨터 없이 사는 건 거의 불가능하다.

It is almost impossible to live without a computer.

POINT 3

❶ 이곳은 덥다.

It is hot here.

❷ 어제는 비가 왔었어.

It rained yesterday.

❸ 너무 어둡다.

It is too dark.

POINT 4

❶ 오후 7시다.

It is 7 p.m.

❷ 여름이다.

It is summer.

❸ 여기서 사무실까지 2마일이다.

It is two miles from here to the office.

It is between you and me.

48

다음 문장을 영어로 말해보세요. ∩ 영작문 48.mp3

POINT 1

❶ 마이클과 제레미는 친구이다.

Michael and Jeremy are friends.

❷ 그들은 천천히 그리고 조용히 걸었다.

They walked slowly and quietly.

❸ 나는 그것을 두 가지 이유 때문에 지지합니다: 돈을 많이 번다는 것과 스트레스를 해소한다는 것.

I support it for two reasons: to make a lot of money and to relieve stress.

POINT 2

❶ 그녀는 한국어와 영어를 할 수 있다.

She can speak Korean and English.

❷ 그들은 프랑스나 독일로 여행 갈 계획을 세웠다.

They planned to travel to France or Germany.

❸ 그에게는 두 가지 선택이 있다: 그걸 팔거나 갖고 있거나.

He has two options: either to sell it or to keep it.

POINT 3

❶ 그는 가수, 배우, 혹은 코미디언이 되길 원한다.

He wants to become a singer, actor, or comedian.

❷ 세 명의 기부자는 토마스, 제이미, 그리고 에이프릴이다.

The three donors are Thomas, Jamie, and April.

❸ 그것은 산소와 수소 등을 포함한다.

It contains oxygen, hydrogen, and so on.

POINT 4

❶ 너와 나는 절대 안 죽을 거야.

You and I will never die.

❷ 그녀와 나 둘 다 이 개를 소유하고 있다.

She and I both own this dog.

❸ 그와 나는 어젯밤에 영화를 보러 갔다.

He and I went to the movies last night.

I love him but he does not love me.

다음 문장을 영어로 말해보세요.　　　　　　　　　　　🎧 영작문 49.mp3

❶ 나는 개가 있고 그는 고양이가 있다.

I have a dog and he has a cat.

❷ 그녀는 내 아내지만 우리는 거의 애기하지 않는다.

She is my wife but we hardly talk.

❸ 이 사업은 이윤이 나지만 나는 투자할 돈이 없다.

This business is profitable, but I do not have money to invest.

❶ 나는 결혼했지만 아이는 없다.

I am married but have no child.

❷ 그는 내 생일을 알았었지만 곧 잊었다.

He knew my birthday, but forgot it soon.

❸ 한국인들은 더 부유해졌지만 그들의 전통 가치들을 잃어 왔다.

Koreans have become richer, but have lost their traditional values.

❶ 그 교수님은 유명하다. 하지만 잘 가르치지는 못한다.

The professor is famous. However, he cannot teach well.

❷ 우리는 영문법을 안다. 하지만 영작문은 잘 못한다.

We know English grammar. However, we cannot write English well.

❸ 그 문제가 더욱 심각해지고 있다. 그래서 대통령이 점점 더 걱정하고 있다.

The problem is getting more serious. Therefore, the president is getting more worried.

❶ 진정한 사랑은, 하지만 자매간의 사랑이었다.

True love was, however, love between sisters.

❷ 환경은, 그러므로 보존되어야 한다.

The environment, therefore, has to be preserved.

❸ 우리는 이에 따라 그를 따르기로 결정했다.

We, accordingly, decided to follow him.

50

I shouldn't have quit the job.

POINT 1

❶ 성공하기를 원한다면, 열심히 노력해라.

If you want to succeed, try hard.

❷ 그가 너를 사랑한다면, 그는 데이트 신청할 거야.

He will ask you out if he loves you.

❸ 내가 할 수 있으면 할게.

If I can, I will.

POINT 2

❶ 내가 할 수 있으면 하지(못해서 안 하는 거야).

If I could, I would.

❷ 내가 만약 김태희와 결혼한다면 행복할 텐데.

If I married Taehee Kim, I would be happy.

❸ 내가 만약에 화성에 간다면, 물의 흔적을 찾을 것이다.

If I went to Mars, I would search for a trace of water.

POINT 3

❶ 그들이 우리를 돕지 않았더라면, 우리는 성공 못했을 것이다.

If they had not helped us, we could not have succeeded.

❷ 내가 만약 공학을 전공했었더라면, 직업을 더욱 쉽게 얻을 수 있었을 것이다.

I could have found a job more easily if I had majored in engineering.

❸ 내가 삼성에 안 다녔다면, 널 못 만났을 거야.

If I had not worked for Samsung, I could not have met you.

POINT 4

❶ 난 너와 결혼했어야 했다.

I should have married you.

❷ 마이클은 그들에게 수학을 가르치지 말았어야 했다.

Michael shouldn't have taught them math.

❸ 그는 어제 너를 만났어야 했다.

He should have met you yesterday.